Emma Cline
Die Einladung

Roman

Aus dem Englischen
von Monika Baark

Hanser

Die amerikanische Originalausgabe erschien 2023
unter dem Titel *The Guest*
bei Random House in New York.

Vielen Dank an Bill Clegg und alle Mitarbeiter der Clegg Agency
und an Kate Medina und das Team von Random House.
Für frühe Hilfe bin ich Willing Davidson dankbar, Hilary Cline,
David Gilbert, Alexander Benaim, Sara Freeman, Lexi Freiman
und Megan, Elsie und Mayme Cline.

1. Auflage 2023

ISBN 978-3-446-27757-1

Umschlag: zero-media.net, München
nach einem Entwurf von Oliver Munday
Motiv: © FinePic®
Satz: Satz für Satz, Wangen im Allgäu
Druck und Bindung: CPI books GmbH, Leck
Printed in Germany

FSC www.fsc.org
MIX
Papier | Fördert gute Waldnutzung
FSC® C083411

Für Hilary

1

JETZT WAR AUGUST. Das Meer war warm und jeden Tag wärmer.

Alex wartete, bis eine Reihe von Wellen zu Ende war, bevor sie sich einen Weg ins Wasser bahnte, mit stapfenden Schritten, bis es tief genug war für einen Kopfsprung. Einige kraftvolle Schwimmzüge und sie war draußen, jenseits der Brandung. Das Wasser war ruhig.

Von hier aus war der Sand makellos. Das Licht – das berühmte Licht – gab dem Ganzen etwas Liebliches und Mildes: dem dunklen europäischen Grün des Buschwerks, dem Dünengras, das sich in flüsterndem Einklang wiegte. Den Autos auf dem Parkplatz. Selbst den Seemöwen, die einen Mülleimer umschwärmten.

Am Ufer waren die Handtücher von gelassenen Strandgängern besetzt. Ein Mann mit der Bräune teurer Ledertaschen stieß ein Gähnen aus, eine junge Mutter wachte über ihre Kinder, die zur Brandungslinie hin und zurück rannten.

Was würden sie sehen bei Alex' Anblick?

Im Wasser war sie genau wie alle anderen. Nichts Ungewöhnliches an einer jungen Frau, die allein im Meer schwamm. Unmöglich zu sagen, ob sie hierhergehörte oder nicht.

ALS SIMON ZUM ersten Mal mit ihr an den Strand gegangen war, hatte er am Eingang seine Schuhe abgestreift. Das machten anscheinend alle: Vor dem niedrigen Holzgeländer stapelten sich Schuhe und Sandalen. Und die nimmt keiner mit?, hatte Alex gefragt. Simon zog die Augenbrauen hoch. Wer würde denn anderer Leute Schuhe mitnehmen?

Doch das war Alex' erster Gedanke gewesen – wie einfach es wäre, hier draußen Sachen mitgehen zu lassen. Alle möglichen Sachen. Die Fahrräder, die am Zaun lehnten. Die Taschen, unbeaufsichtigt auf Handtüchern. Die Autos, die unabgeschlossen blieben, denn niemand wollte seine Schlüssel am Strand dabeihaben. Ein System, das nur funktionierte, weil alle glaubten, sie seien unter ihresgleichen.

BEVOR ALEX ZUM Strand aufgebrochen war, hatte sie eine von Simons Schmerztabletten geschluckt, Überbleibsel einer lang vergangenen Rückenoperation, und schon hatte sich die vertraute Watte über sie gelegt, und das Salzwasser ringsum wirkte zusätzlich narkotisierend. Ihr Herz klopfte angenehm, merklich, in der Brust. Wie kam es, dass man sich im Meer wie ein so guter Mensch fühlte? Sie ließ sich auf dem Rücken treiben, ihr Körper bewegte sich leicht im Hin und Her der Strömung, die Augen geschlossen gegen die Sonne.

Am Abend würde es eine Party geben bei einer Freundin von Simon. Oder einer Geschäftsfreundin – all seine Freunde waren Geschäftsfreunde. Bis dahin endlose Stunden, die es zu verschwenden galt. Simon würde den Rest des Tages arbeiten, Alex wäre sich selbst überlassen, wie schon die ganze Zeit über, die sie hier draußen waren – fast zwei Wochen inzwischen. Es machte ihr nichts aus. Sie war fast jeden Tag an den Strand gefahren. Hatte sich in stetem, aber, wie sie hoffte, unmerklichem Tempo durch Simons Schmerzmittelvorrat gearbeitet. Und hatte Doms zunehmend verstörende Nachrichten ignoriert, was relativ einfach war. Er hatte keine Ahnung, wo sie war. Sie versuchte seine Nummer zu blockieren, doch er kam mit irgendwelchen neuen durch. Bei nächster Gelegenheit würde sie ihre eigene Nummer ändern lassen. Am Morgen hatte Dom weiteres Gift verspritzt:

Alex
Alex
Antworte mir

Auch wenn die Nachrichten noch immer ein Schlingern in ihrem Magen auslösten, brauchte sie nur vom Telefon aufzublicken, und alles schien handhabbar. Sie war in Simons Haus, die Fenster geöffnet auf reines Grün. Dom war in einer anderen Sphäre, einer, bei der sie so tun konnte, als existiere sie kaum noch.

ALEX LIESS SICH noch immer auf dem Rücken treiben, öffnete die Augen, desorientiert vom Knallen der Sonne. Sie richtete sich auf, mit Blick zum Ufer: Sie war weiter draußen als gedacht. Viel weiter. Wie war das passiert? Sie versuchte Kurs auf den Strand zu nehmen, schien aber nicht vom Fleck zu kommen, ihre Schwimmzüge wurden vom Wasser verschluckt.

Sie holte Luft, versuchte es erneut. Ihre Beine strampelten heftig. Ihre Arme ruderten. Es war unmöglich abzuschätzen, ob das Ufer näher rückte. Noch ein Versuch, immer geradeaus, noch mehr nutzloses Schwimmen. Die Sonne brannte ohne Unterlass, die Horizontlinie wankte: Es war alles zutiefst indifferent.

Das Ende – es war gekommen.

Das war die Strafe, sie war sich dessen sicher.

Seltsam aber, wie dieser Schrecken nicht anhielt. Er durchfuhr sie nur, verschwand so augenblicklich, wie er gekommen war.

Etwas anderes trat an seine Stelle, eine Art reptilienhafte Neugier.

Sie erwog die Entfernung, erwog ihre Herzfrequenz, veranschlagte ruhig die Elemente, die im Spiel waren. War sie nicht immer gut darin gewesen, die Dinge klar zu sehen?

Zeit, den Kurs zu wechseln. Sie schwamm parallel zum Ufer. Ihr Körper übernahm die Führung, erinnerte sich an die Bewegungen. Sie ließ kein Zögern zu. Irgendwann begann das Wasser, ihr weniger kraftvoll zu widerstehen, und dann kam sie voran, dem Ufer immer näher, und dann nah genug, dass ihre Füße den Sand berührten.

Sie war außer Atem, ja. Ihre Arme schmerzten, der Herzschlag wummerte arrhythmisch. Sie war viel weiter unten am Strand gelandet.

Aber okay – sie war okay.

Die Angst war schon vergessen.

Keiner am Ufer bemerkte sie, keiner sah ein zweites Mal hin. Ein Pärchen ging vorbei, die Köpfe gebeugt, suchte den Sand nach Muscheln ab. Ein Mann in Watstiefeln steckte eine Angelrute zusammen. Gelächter schwebte herüber von einer Gruppe unter einem Sonnenzelt. Wenn Alex in echter Gefahr gewesen wäre, hätte sicherlich irgendjemand reagiert, einer dieser Menschen wäre eingeschritten, um zu helfen.

ES MACHTE SPASS, Simons Auto zu fahren. Es war beängstigend ansprechbar, beängstigend schnell. Alex hatte sich nicht die Mühe gemacht, den Badeanzug auszuziehen, und das Lederpolster war siedend heiß an ihren Oberschenkeln. Selbst bei gutem Tempo und heruntergelassenen Fenstern war die Luft satt und warm. Welches Problem musste Alex in diesem Moment lösen? Keins. Keine Variablen, die es zu berechnen galt; das Schmerzmittel verrichtete noch seine gute Arbeit. Im Vergleich zur Stadt war das hier das Paradies.

Die Stadt. Sie war nicht in der Stadt, und zwar Gott sei Dank.

Wegen Dom, natürlich, aber nicht ausschließlich. Bereits vor Dom hatte das Ganze einen Beigeschmack bekommen. Im März war sie sang- und klanglos zweiundzwanzig geworden. Sie hatte ein hartnäckiges Gerstenkorn, das ihr linkes Augenlid auf unschöne Weise hängen ließ. Das Make-up, das sie zum Kaschieren auftrug, machte die Sache nur schlimmer: Es infizierte sich erneut, pochte über Monate vor sich hin. Letztendlich hatte sie sich in einer ambulanten Klinik ein Antibiotikum verschreiben lassen. Jeden Abend zog sie an ihren Lidern und quetschte sich eine Spur Salbe direkt in die Augenhöhle. Nur aus dem linken Auge strömten unfreiwillige Tränen.

Alex fiel immer öfter auf, dass wildfremde Menschen sie in der Subway oder auf den Gehwegen, wollen von Neuschnee, auf eine gewisse Art anschauten. Den Blick verweilen ließen. Eine Frau in einem karierten Mohairmantel betrachtete Alex mit nervenaufreibender Konzentration, die Miene verzerrt vor offenbar wachsender Besorgnis. Ein Mann, dessen Handgelenke weiß waren vom Gewicht zahlreicher Plastiktüten, starrte Alex an, bis sie schließlich aus der Bahn stieg.

Was sahen die Leute in ihrer Aura, welcher Gestank ging von ihr aus?

Vielleicht bildete sie es sich nur ein. Vielleicht aber auch nicht.

MIT ZWANZIG WAR sie erstmals in die Stadt gekommen. Damals, als sie noch die Energie dazu hatte, einen falschen Namen zu verwenden, und noch glaubte, solche Aktionen hätten einen Wert, solche Aktionen bedeuteten, dass das, was sie tat, eigentlich nicht in ihrem wahren Leben passierte. Damals, als sie noch Listen führte: Wo sie überall mit den Männern gewesen war. Restaurants, wo Brot und Butter in Rechnung gestellt wurde, Restaurants, wo die Serviette neu gefaltet wurde, während man zur Toilette ging. Restaurants, wo es nur Steak gab, rosa, aber geschmacklos und dick wie ein gebundenes Buch. Frühstücksbuffets in Mittelklassehotels, mit unreifen Erdbeeren und überzuckertem Saft, schlackig vor Fruchtfleisch. Doch die Listen verloren schnell ihren Reiz, oder irgendetwas daran begann sie zu deprimieren, also hörte sie damit auf.

Jetzt war Alex in bestimmten Hotelbars nicht mehr willkommen, musste bestimmte Restaurants meiden. Alex' Zauber, wie auch immer er geartet war, verlor langsam seine Wirkung. Nicht ganz und gar, aber genug, dass sie allmählich verstand, dass es eine Möglichkeit war. Sie hatte mitbekommen, wie es anderen erging, den älteren Mädchen, die sie kennengelernt hatte, als sie hergezogen war. Sie desertierten, gingen zurück in ihre Heimatorte und versuchten, ein normales Leben abzugreifen, oder verschwanden komplett von der Bildfläche.

Im April: Ein Hotelchef hatte in leisen Tönen gedroht, die Polizei zu rufen, nachdem sie versucht hatte, das Essen mit der Kreditkarte eines alten Kunden zu bezahlen. Zu viele ihrer Stammkunden meldeten sich nicht mehr, aus welchen Gründen auch immer – Bedingungen, erkämpft durch Paartherapie und diesen neuen Trend zur radikalen Ehrlichkeit, oder die erste Aufwallung von Schuldgefühlen, beschleunigt durch die Geburt von Kindern oder einfach nur aus Langeweile. Ihr monatlicher Cashflow ging den Bach runter. Alex erwog eine Brustvergrößerung. Sie schrieb ihre Anzeige um, zahlte eine exorbitante Summe, um auf der ersten Seite der Suchergebnisse platziert zu werden. Senkte die Preise, senkte sie erneut.

Sechshundert Rosen, hieß es in der Anzeige. Sechshundert Küsse. Dinge, von denen man nur als sehr junges Mädchen sechshundert Stück haben wollte.

Alex ließ eine Reihe von Laserbehandlungen vornehmen: Blaue Lichtblitze durchzuckten ihr Gesicht, während sie durch eine getönte Schutzbrille blickte wie eine traurige Raumfahrerin. In der Zwischenzeit ließ sie neue Fotos von einem nervösen Kunststudenten schießen, der sanftmütig fragte, ob sie sich einen Tauschhandel vorstellen könne. Er hatte ein zahmes Kaninchen, das mit dämonischen rosa Augen durch das improvisierte Atelier hüpfte.

Mai: Eine ihrer Mitbewohnerinnen wunderte sich, dass das Klonopin so schnell zur Neige ging. Eine Geschenkkarte war verschwunden, ein Lieblingsarmband. Es herrschte Konsens darüber, dass es Alex gewesen sei, die die Klimaanlage kaputtgemacht hatte. Hatte Alex die Klimaanlage kaputtgemacht? Sie hatte keine Erinnerung daran, aber möglich war es. Dinge, die sie berührte, schienen immer öfter dem Untergang geweiht.

Juni: Aus Verzweiflung wurde sie nachlässig bei ihrem üblichen Backgroundcheck – sie verzichtete auf Referenzen, verzichtete auf Ausweise, und mehr als einmal war sie abgezockt worden. Ein Typ hatte Alex mit dem Taxi zum JFK Airport Hotel bestellt und versprochen, ihr das Geld persönlich zu erstatten, und dann ging er nicht mehr ans Telefon, und Alex stand auf dem Gehweg und wählte sich die Finger wund, und der Wind zerrte heftig an ihrem Kleid, während die Taxifahrer langsamer fuhren, um zu glotzen.

Und im Juli, nachdem die Mitbewohner verlangt hatten, dass die Mietschulden innerhalb der nächsten zwei Wochen beglichen werden müssten, sonst würden sie die Schlösser austauschen, kam Dom zurück in die Stadt.

DOM WAR FAST ein Jahr lang weg gewesen, ein selbstauferlegtes Exil infolge von Schwierigkeiten, in die er geraten war, von denen sie eigentlich nicht allzu viel wissen wollte. Was Dom betraf, war es besser, niemals allzu viel zu wissen. Er sagte, er sei verhaftet worden – mehr als einmal –, schien aber nie im Gefängnis zu sitzen, verwies stattdessen vage auf irgendeine Art diplomatischer Immunität, irgendeine Intervention in letzter Minute von hochrangigen Beamten.

Dachte er etwa, irgendjemand würde ihm glauben, was er erzählte? Er log mehr als sie, er log völlig grundlos. Alex hatte sich versprochen, Dom nicht mehr zu treffen. Dann meldete er sich – jemand, der tatsächlich Zeit mit ihr verbringen wollte, vielleicht der einzige Mensch, der Zeit mit ihr verbringen wollte. Ihr wollten die Gründe nicht mehr einfallen, weshalb sie jemals Angst vor ihm gehabt hatte. Sie hatten doch Spaß, oder nicht? Er mochte sie doch, oder nicht?

Er war in einer Wohnung untergekommen, von der er sagte, sie gehöre einem Freund. Sie tranken lauwarmes Ginger-Ale, und Dom lief barfuß umher, ließ sämtliche Jalousien herunter. Auf einem Fensterbrett stand eine Reihe mit Stickern beklebter Sprühsahneflaschen, auf dem Mülleimer lag eine Plastiktüte mit leeren Seltzerdosen. Ständig sah er auf sein Telefon. Als der Türsummer ging und immer weiter summte, ignorierte er ihn kichernd, bis das Geräusch endlich aufhörte. Er briet um vier Uhr morgens ein Omelett, das keiner von beiden anrührte. Sie guckten eine Realityshow: Die älteren Frauen auf dem Bildschirm saßen auf der sonnigen Terrasse eines Restaurants und schlürften gewaltsam an ihren Eistees. Die Gespräche der Frauen waren hitzig, die Gesichter maskenhaft und dramatisch verzerrt. »Das hab ich nie gesagt«, blaffte die dunkelhaarige Frau.

»Hast du das schon mal gesehen?«, fragte Dom, ohne den Blick vom Fernseher abzuwenden. Er wiegte einen Stoffpinguin in den Armen und nestelte an den glänzenden Knopfaugen herum.

Die Frau auf dem Bildschirm stand auf und warf dabei ihren Stuhl um. »Du bist toxisch«, schrie sie, »toxisch«, und reckte dabei den Mittelfinger in die Luft. Sie stakste schwer atmend davon, und ein Kameramann wich aus dem Bild zurück, als sie vorbeieilte.

Sie sahen sich noch eine Folge an, und dann noch eine. Dom lag mit seinem Kopf auf ihrem Knie und leckte sich die Drogen von den Fingern. Als er seine Hand in ihre Unterwäsche schob, ließ sie ihn gewähren. Sie schauten weiter. Alle Frauen in der Sendung hassten sich, hassten sich so sehr, damit sie ihre Ehemänner nicht zu hassen brauchten. Nur ihre kleinen Hunde, die blinzelnd auf den Schößen saßen, wirkten real: Sie waren die Seelen der Frauen, beschloss Alex, klitzekleine Seelen, die an der Leine hinter ihnen hertrotteten.

Wie lange war Alex dort bei Dom geblieben? Mindestens zwei Tage.

Und wie schnell, nachdem sie gegangen war, hatte Dom es bemerkt?

Fast sofort.

Dom rief viermal in schneller Folge an. Er rief sonst nie an, schrieb immer nur. Also war Alex auf Anhieb klar, dass sie einen Fehler gemacht hatte. Die Nachrichten kamen wie Schnellfeuersalven.

Alex
Willst du mich verarschen
WTF
Kannst du einfach mal
fucking
rangehen

Als er anrief, war Alex gerade auf einem netten, schwummrigen, zehnstündigen Benzo-Trip: Eine warme Kompresse kühlte auf den Resten des Gerstenkorns aus, To-go-Essen stank den Raum voll, war aber glücklicherweise außer Sichtweite. Doms Nachrichten hatten lustig gewirkt.

Doch dann hinterließ Dom am nächsten Tag eine Nachricht, bei der er fast heulte. Und er war halbwegs nett zu ihr gewesen, fast wie ein Freund, auf seine gestörte Art.

Schließlich schrieb sie zurück:

Kann grad nicht reden. Aber bald, ok?

Alex hatte zunächst angenommen, dass sich irgendeine Lösung auftun würde. War doch immer so. Also hielt sie Dom weiter hin. Er hakte fast jeden Tag nach.

Alex?

Die Dinge eskalierten. Dom, der erneut anrief. Dom, der ihr auf die Mailbox sprach. Der leichtherzig tat, fast scherzhaft, als handelte es sich bloß um ein geringfügiges Missverständnis, und dann ins Aggressive umschlug. Seine Stimme nahm einen gruseligen Psycho-Tonfall an, und sie bekam ernsthaft Angst. Sie erinnerte sich wieder an damals – letztes Jahr. Oder nein, es musste davor gewesen sein, bevor er aus der Stadt weggegangen war. Als er sie dadurch weckte, dass er seine Hände um ihren Hals gelegt hatte. Sie sah ihm direkt in die Augen – sein Griff wurde fester. Leichte Konzentration zeichnete sich auf seinem Gesicht ab. Sie sah nicht weg, bis er so fest zudrückte, dass ihre Augen zuklappten und sie spürte, wie sie in den Hinterkopf rollten.

Alex könnte ihre Nummer ändern, aber was war mit den Anzeigen, die sie schon bezahlt hatte, Anzeigen, die mit dieser Telefonnummer verknüpft waren? Dom würde bald die Lust verlieren, sagte sie sich. Er würde frisches Blut brauchen.

Doch dann, als sie eines Morgens ihre Wohnung verließ, entdeckte sie Dom auf der anderen Straßenseite. Dom, der auf dem Gehweg herumlungerte, die Hände in den Taschen. Es war Dom, zweifellos. Vielleicht auch nicht. Oder war das nur ein Zufall? Sie hatte ihm nicht ihre neue Adresse genannt. Plötzlich war sie paranoid. Das Gerstenkorn meldete sich zurück. Ihre Mitbewohner ignorierten sie in den Gemeinschaftsbereichen der Wohnung. Sie änderten das WLAN-Passwort. Aus dem Badezimmerschrank waren sämtliche Arzneien entfernt worden, sogar das Ibuprofen.

Alex überkam das verstörende Gefühl, ansteckend zu sein.

ES WAR EIN toter Abend gewesen, keine Interessenten.

Vielleicht strahlte Alex etwas Stachliges, Verzweifeltes aus – die Leute merkten es, wenn man bedürftig war, sie hatten einen Riecher fürs Scheitern. Immer wieder schaute Alex nach neuen Nachrichten, wartete, dass jemand anbiss, aber nur Dom leuchtete auf ihrem Telefon auf, wollte ihr ein Auto rufen, versuchte sie dazu zu überreden, ihn an der Subwaystation in der Nähe des Parks zu treffen. Alex drehte das Telefon um.

Alex war bei ihrem zweiten Mineralwasser im Whiskeyglas – besser keinen Alkohol trinken, sondern nur so tun als ob –, als sich ein paar Hocker weiter ein Mann an die Bar setzte. Ein Mann in einem weißen Hemd und mit vollem Haar. Normalerweise hätte sie den Mann sofort als Zivilisten eingestuft, als jemanden, dessen Selbstverständnis die Teilnahme an gewissen Vereinbarungen nicht vorsehen würde. Diese Männer stellten keinen guten Nutzen ihrer Energie dar. Aber vielleicht war das ein Fehler gewesen, die Fokussierung auf unmittelbare Belohnung – denn was hatte ihr das gebracht? Sie hatte den Schutz übersehen, den ein Zivilist bieten könnte. Etwas von Dauer. Adrenalin durchfuhr sie: Hier war ein Mann, der den Dingen eine neue Wendung geben könnte.

Wer eröffnete das Gespräch, er oder sie? Jedenfalls rückte Alex auf Einladung des Mannes auf den Hocker neben ihm. Seine Uhr funkelte, als er demonstrativ das Telefon in seine Tasche gleiten ließ: Sie hatte seine volle Aufmerksamkeit.

»Ich bin Simon«, sagte der Mann.

Er lächelte sie an. Sie lächelte zurück.

Hier war die Antwort, der Notausgang, von dem sie immer vermutet hatte, dass er sich auftun werde.

Alex spielte die Bälle korrekt zurück, als habe sie genau für diesen Moment trainiert, was ja vielleicht auch der Fall war. Sie gestattete Simon, ihr einen richtigen Drink zu bestellen. Beim Lachen hielt sie die Hand vor den Mund, als sei sie besonders schüchtern. Sie sah, wie er diese Geste zur Kenntnis nahm, ebenso, wie er die zwei bescheidenen Gläser Weißwein zur Kenntnis nahm, die züchtig über den Schoß gebreitete Serviette. Sie unterhielten sich gut. Alex musste ihm, Simon, wie ein ganz normales Mädchen vorgekommen sein. Ein normales junges Mädchen, das das Leben in der Großstadt genoss. Aber nicht zu sehr genoss:

Ein drittes Glas Wein lehnte sie ab, nahm aber die Einladung auf einen Kaffee nach dem Essen an.

Alles war richtig gelaufen. Simon bat sie um ein Date. Ein richtiges Date. Und dann noch eins. Alex hörte auf, die anderen Männer zu treffen. Mied bestimmte Trigger, bestimmte Stadtteile. Alex lud Simon nie in ihre Wohnung ein. Sie nahm keine spätnächtlichen Anrufe mehr entgegen. Widerstand dem Drang, etwas mitgehen zu lassen: Simons perlige Manschettenknöpfe, das Bargeld, das er nachlässig auf den Nachttisch packte.

Wann verschlimmerten sich die Dinge – ein paar Wochen später?

August stand vor der Tür, Alex hielt Dom noch immer hin und überlegte, wo sie übernachten könnte, falls – wenn? – ihre Mitbewohner sie vor die Tür setzten. Ihr Wohnungsschlüssel verschwand aus ihrer Handtasche – oder hatten die Mitbewohner ihn wieder an sich genommen? Sie verbrachte einen ganzen Abend auf den Stufen vor dem Haus, bis der netteste Mitbewohner endlich von seiner Spätschicht heimkam. Bei Alex' Anblick machte er, wie alle in letzter Zeit, ein langes Gesicht. Zumindest ließ er sie mit rauf, um zu duschen, aber länger bleiben durfte sie nicht.

Dann hatte sich Simon als Retter in der Not entpuppt.

Sein Sommerhaus außerhalb der Stadt. Er fände es toll, wenn sie im August mitkäme. Sie könne den ganzen Monat bleiben. Jedes Jahr an Labor Day gebe er eine gute Party – sie werde sich sicher amüsieren.

Alex verließ die Wohngemeinschaft, ohne die ausstehenden Mietschulden zu begleichen, wobei sie den Großteil ihrer alten Kleidung und die billigen Spanholzmöbel als Anzahlung daließ. Alex ignorierte die Anrufe und Nachrichten ihrer Mitbewohner, blockierte Doms Nummer. Dom würde schon drüber hinwegkommen, irgendwann. Keiner aus ihrem alten Leben, wie sie es bereits bezeichnete, wusste von Simon, wusste, wohin Alex verschwunden war. Keiner der Leute, denen sie, auf welche Weise auch immer, direkt oder indirekt, Unrecht angetan hatte.

Sie hatte sich verschwinden lassen – es war ganz einfach gewesen.

DEN REST DES Sommers würde sie hier verbringen, mit Simon, und dann im September – hatte Simon seine Wohnung in der Stadt. Es war die Rede davon, dass Alex einziehen könnte. Wann immer Simon auf eine mögliche Zukunft anspielte, senkte Alex den Blick; ihre Verzweiflung wäre sonst zu offensichtlich gewesen. Simon glaubte noch immer, Alex habe eine eigene Wohnung, und das war wichtig. Den Anschein von Eigenständigkeit aufrechtzuerhalten, ihm das Gefühl zu geben, er sei hier am Ruder. In diesem Punkt war Zurückhaltung geboten.

SIMON.

Er war ein liebenswürdiger Mensch, größtenteils.

Er hatte Alex auf seinem Handy Bilder von sich als junger Mann gezeigt, gutaussehend mit eifrigem Gesichtsausdruck. Er war jetzt in seinen Fünfzigern, doch das volle Haar war geblieben, und er war gut in Form. Das lag an den Massen von Heilbutt in der Tiefkühltruhe, die weißen Striemel, die er mit so viel Zitrone grillte, dass Alex davon der Mund vibrierte. Er hatte einen Trainer, der ihn an Elektroden anschloss, um per Schock seine Muskeln zu festigen, und der ihm Eisbäder und Innereien empfahl, all die neuartigen Ergänzungen der Berufsgesunden. Simon legte eine solch irre Disziplin an den Tag, weil er überzeugt war, der kleinste Lapsus in seiner Wachsamkeit würde in eine Katastrophe münden. Und wahrscheinlich hatte er recht. Gelegentlich verlor er die Kontrolle, setzte sich mit einem Glas Erdnussbutter auf die Couch und löffelte mit akribischer Sorgfalt, bis das Glas geleert und der Löffel abgeleckt worden war von seiner erstaunlich rosafarbenen Zunge. Traurig sah er in das ausgekratzte Glas, als würde ihn der Anblick kränken.

Simon hatte eine Tochter, die nicht bei ihm wohnte, und eine Exfrau auf der anderen Seite des Landes, aber es schien keinen Groll zu geben, zumindest keinen, den Alex wahrnehmen konnte. Simon verließ immer den Raum, wenn er mit seiner Tochter telefonierte. Caroline hatte das dunkle, glänzende Haar der Wohlhabenden, die gepflegten Augenbrauen und Kleidung aus Stoffen, die nur chemisch gereinigt werden durften. Eine dieser Reiche-Leute-Töchter, die zu bedauern waren, weil sie sich am Ende alles kaufen konnten, nur keine Schönheit. Alex hatte Caroline bloß auf Bildern gesehen, ein dünnes Mädchen, die Ellenbogen immer umklammert, ein Mädchen, das sogar beim Lächeln die Stirn zu runzeln schien. Sie hoffte verzweifelt darauf, Sängerin zu werden. Alex sah Kummer in der Zukunft der Tochter voraus, aber das war wahrscheinlich nur eine Projektion.

Simons Sommerhaus lag halbwegs nah am Meer. Die Wohnzimmerdecke war sechs Meter hoch, durchzogen von Holzbalken. Geschliffener Betonboden. Große Gemälde, die allein durch ihre Quadratmeterzahl hohen Wert implizierten. Simons Spezialgebiet waren Sekundärmärkte, und Alex nahm einen nachdenklichen Gesichtsausdruck an, wenn Simon ihr eine Runde JPEGs zeigte oder wenn sie bei einem Sammler zum Essen waren. Manchmal versuchte sie, die Preise zu erraten oder zu erraten, was Simon sagen würde, wenn sie allein waren. Doch Alex lag immer daneben – es gab zu viele unsichtbare Zusammenhänge. Mal hatte es bei den Abendauktionen für ähnliche Arbeiten zu wenig Zulauf gegeben. Mal hatte ein Künstler Materialien verwendet, die zum Zerfall neigten und das Stück zu flüchtig machten für die Versicherung. Wenn die falsche Person der Voreigentümer von etwas war – ein neureicher Sammler mit naivem Auge, ein Tech-CEO, gegen den gerade ermittelt wurde –, konnte das irgendwie darauf abfärben. Der Wert basierte auf einem Netzwerk von Faktoren, die ständig im Fluss waren. Manchmal war das Werk bloß eine Idee und existierte nur als Bild, das hin- und hergemailt wurde, und die Sammler verkauften ein erworbenes Stück, ohne es je persönlich gesehen zu haben.

Dieses Spiel, andere Leute vom Wert der Dinge zu überzeugen – in der Hinsicht waren sie und Simon gar nicht so verschieden.

DIE LETZTEN WOCHEN waren auf angenehme Weise verstrichen. Es war einfach gewesen, sich in Simons Leben hier einzufügen: Dessen Texturen und Gewohnheiten waren so fein gewebt, dass Alex sich nur hinzugeben brauchte. Sie aßen bei seinen Freunden zu Abend, nachdem deren Assistenten sich vorab per Mail nach möglichen Unverträglichkeiten erkundigt hatten. Keine, zwitscherte Alex immer zurück. Darum ging es Alex – keinerlei Reibungsfläche zu bieten. An den summenden, insektenbrummenden Nachmittagen gingen sie auf Gartenpartys, und Alex stand herum, während Simon redete und Weißwein trank. Seine Freunde begegneten Alex mit unbestimmtem Lächeln – vielleicht nahmen sie an, dass sie sich schon einmal vorgestellt worden waren, verwechselten sie mit einer von Simons anderen jungen Frauen. Schön, dich zu sehen, sagten sie immer, die sichere Floskel, die alle Möglichkeiten erlaubte. Amüsierst du dich?, fragte vielleicht mal jemand, richtete endlich eine Frage an Alex, und sie nickte, doch seine Augen waren immer schon wieder zu Simons zurückgeglitten. Manchmal waren sie herablassend, Simons Freunde, doch gegen die Missbilligung fremder Menschen war sie längst immun. All die vielen Male, die sie in der Öffentlichkeit mit doppelt so alten Männern an einem Tisch gesessen hatte, Männern mit schwitzenden, kahlen Schädeln. Sie spürte schon im Voraus, dass sie angestarrt werden würde, und verstand es, sich gegen diese Blicke nachhaltig zu wappnen.

Aber diese Sache war anders. Diese Sache mit Simon. Sie schmiegte sich an Simon und er redete weiter, ließ aber die Hand sinken und berührte ihren unteren Rücken. Auf der Heimfahrt erzählte er ihr von seinen Freunden. Deren Privatleben, deren heimlichen Problemen. Und Alex stellte Fragen und stachelte ihn an, und er warf ihr ein Lächeln zu, und seine Freude war plötzlich so jungenhaft.

Diese Sache war echt, sie und Simon. Oder könnte es sein.

Tagsüber sah Alex im Wintergarten fern, las Zeitschriften in der Wanne, bis das Wasser kalt wurde. Sie fuhr allein an den Strand oder schwamm in Simons Pool. Montags, mittwochs und freitags kam eine Frau, um Wäsche zu waschen und sauberzumachen. Alex verbrachte Stunden damit, von Zimmer zu Zimmer gescheucht zu werden von der schweigsamen, geschäftigen Patricia, die Alex' Gegenwart mit derselben unbewegten Miene zur Kenntnis nahm wie jede Unordnung.

Es war nicht schwer. Nichts davon war schwer.

Hin und wieder nahm Alex eine von Simons Schmerztabletten, um die loseren Stunden zusammenzuheften, wobei sie Simon davon nichts sagte. Sie benahm sich vorbildlich. Wenn sie aus einem Glas trank, spülte sie es gleich danach aus und stellte es in den Geschirrspüler. Sie wischte den zurückgebliebenen Wasserfleck vom Tisch. Ließ weder nasse Handtücher aufs Bett fallen noch die Zahnpasta ohne Verschluss herumliegen. Kontrollierte die Anzahl eingesackter Pillen, damit Simon nichts bemerkte. Schwärmte demonstrativ von Simons Hund Chivas, den Simon auf den Mund küsste.

Wenn Simon meldete, dass er gleich fertig sei mit der Arbeit, benetzte Alex ihr Gesicht mit Wasser, putzte sich die Zähne und schlüpfte in ein teures T-Shirt, das Simon ihr gekauft hatte. Dann saß sie herum und wartete, als wäre das Ende jeden Tages ein erstes Date.

Hatte Simon je auf Alex warten müssen, hatte Simon sie je freudig erwartet?

Nein. Aber wen kümmerte das?

Dies waren kleine Zugeständnisse in Anbetracht dessen, was sie ermöglichten.

NATÜRLICH HATTE SIE Simon nicht von Dom erzählt. Sie hatte Simon so einiges nicht erzählt. Sie hatte schon früh gelernt, dass es notwendig war, eine gewisse Distanz zu wahren. Ein paar Unwahrheiten aufrechtzuerhalten. Es war einfach und wurde immer einfacher. Und war es nicht besser, den Leuten zu geben, was sie wollten? Ein Zwiegespräch als reibungslose Transaktion geführt – ein seidenweiches Hin und Her ohne Einbruch der Realität. Fast alle bevorzugten die Geschichte. Alex hatte gelernt, sie zu liefern, hatte gelernt, wie man die Leute in den Bann zog mit einer Vision ihrer selbst, erkennbar, aber zehn Stufen hörgedreht, verstärkt zu etwas Besserem. Hatte gelernt, auf ihre eigenen Begierden anzuspielen, als wären es gemeinsame Begierden. Irgendwo, tief in ihren Hirnen, feuerten die Synapsen und tuckerten in die Richtung, die sie vorgab. Die Leute waren erleichtert, dankbar, sich einzuklinken in etwas Größeres, Leichteres.

Und es tat gut, jemand anderes zu sein. Zu glauben, und sei es nur einen halben Moment lang, die Geschichte sei anders. Alex hatte sich ausgemalt, was für eine Person Simon gefallen würde, und das war die Person, die Alex ihm vorgab zu sein. Alex' ganze abgeschmackte Vergangenheit wurde herausgelöst, bis es sogar ihr selbst allmählich so vorkam, als wäre nichts davon je passiert.

Simon glaubte, Alex habe im letzten Jahr ihren Collegeabschluss gemacht und sei gerade erst in die Stadt gezogen. Er glaubte, Alex' Mutter sei Kunstlehrerin und ihr Vater Footballcoach an einer Highschool. Er glaubte, Alex sei in der Mitte des Landes aufgewachsen. Einmal fragte er sie, warum sie ihrer Familie nicht nahestehe – sie sagte, ihre Eltern seien sauer auf sie, weil sie nicht mehr in die Kirche gehe. »Arme kleine Sünderin«, sagte Simon, wobei er aufrichtig berührt wirkte von der Vorstellung, dass Alex ganz allein sei auf der Welt. Was gar nicht so falsch war. Simon hielt Alex für eine echte Person oder echt genug für seine Zwecke. Alex sprach von der Möglichkeit, weiterzustudieren, und diese Andeutung eines bescheidenen Lebens der Selbstverbesserung schien Simon zu beruhigen. Ehrgeizig im mildesten Sinne des Wortes.

AUF DEM RÜCKWEG vom Strand war die Straße noch bedeckt mit den Überbleibseln eines Sommergewitters, doch die meisten größeren Äste waren geräumt worden. Das fahle Sonnenlicht löschte jede Erinnerung aus, zuckrig hell auf den Zedernschindelhäusern.

All die Nebenwege sahen gleich aus. Bäume mit verflochtenen Kronen, die hier und da bei einer Auffahrt einen Hohlweg bildeten. Wege, gesäumt von ein und demselben tiefen Sommergrün, einem so dicht gepackten Grün, dass man nichts von dem Dahinterliegenden sehen konnte. Die Häuser waren versteckt hinter Hecken und Toren, boten keine erkennbaren Orientierungspunkte.

Alex war in Gedanken, also achtete sie nicht genau darauf, in welche Straße sie eingebogen war. Eine jähe Bewegung inmitten der Bäume ließ sie herüberschauen. Vielleicht ein Reh. Es gab sie hier in rauen Mengen, ewig sprangen sie über die Straßen.

Ein Hupen erregte ihre Aufmerksamkeit. Ein Auto kam ihr entgegen. Wieder hupte der Fahrer, nachdrücklicher. Sie war in einer Einbahnstraße, erkannte Alex – zu spät. Sie versuchte, in eine Auffahrt zurückzusetzen, um zu wenden. Sie musste den Abstand falsch eingeschätzt haben: Das Geräusch erschreckte sie, bis sie begriff, dass es von ihrem Auto kam. Oder besser gesagt, von Simons Auto. Die hintere Stoßstange stieß knirschend irgendwo an.

Der andere Fahrer stoppte nicht, bremste nicht mal ab.

Wäre sie nicht so aufgewühlt gewesen – der Rippstrom, Dom, der Schmerzmittelschleier –, wäre das vielleicht nicht passiert. Alex übte schon, was sie zu Simon sagen würde, kalkulierte genau, wie kindlich sie sich aufführen müsste, um seinem Ärger zu entgehen.

Während Alex ausstieg, um sich den Schaden anzusehen, ließ sie den Motor laufen. Sie war mit der hinteren Stoßstange gegen eine steinerne Böschungsmauer geprallt, eine von Simons kirschroten Heckleuchten war eingedrückt, und es fehlte ein nicht unwesentliches Stück davon. Sie fand es auf dem Boden, jetzt nur noch eine Streuung aus rotem Plastik. Die Reparatur würde vielleicht fünfhundert Dollar kosten, könnte schlimmer sein. Aber wer wusste das schon genau bei diesen Nobelautos, mit ihrer besonderen Mechanik, ihren speziellen Ersatzteilen, dem importierten Lack? Zumindest hatte die Stoßstange nur eine ganz kleine Delle. Sie sah sich um, als käme aus irgendeiner Richtung Hilfe, jemand, der auftauchen und das Heft in die Hand nehmen würde.

Simon würde unglücklich sein. Sein geliebtes Auto. Und es war ein Punkt, der gegen sie sprechen würde.

Der Rest des Autos sah okay aus, wobei sie beim Absuchen den Blick absichtlich unscharf stellte – für die Beichte war es besser, wenn Alex das volle Ausmaß des Schadens nicht kannte. Er schien sich jedenfalls in Grenzen zu halten.

ALS SIE SIMONS Haus betrat, sank schlagartig die Luftfeuchtigkeit auf null, die schockartige Kälte der Klimaanlage ließ den Nachmittag leicht unwirklich scheinen. Der Tag löschte sich selbst.

Simons Büro war in einem separaten Gebäude auf dem Grundstück – Alex konnte durchs Fenster den Deckenventilator laufen sehen, was bedeutete, dass Simon da war und arbeitete. Gut. Sie wollte ihn noch nicht sehen. Sie war zu sehr durch den Wind.

Denk nicht an das Auto, denk nicht an Dom, gib diesem neuen Gefühl von Grauen keinen Namen.

Ein paar Runden im Pool, beschloss sie.

Die Fliegengittertür zum Garten war so gebaut, dass sie nicht zuknallen konnte; sie schloss sich hinter Alex in Zeitlupenstille.

Simons Assistentin Lori saß an einem Tisch neben dem Pool, vor sich zwei Mobiltelefone. Sie wohnte in irgendeiner günstigeren Stadt, eine Autostunde entfernt, und stand vor Sonnenaufgang auf, um zu Simon zu fahren. Sie hatte ein Rosentattoo auf dem linken Unterarm und eine Freundin, mit der sie zusammenwohnte und die sie gelegentlich absetzte, die aber nie aus dem Auto ausstieg. Unter anderem war Lori für Simons Hund Chivas zuständig. Lori versuchte ständig, Chivas beizubringen, einen klitzekleinen Wanderrucksack zu tragen, um darin auf ihren Spaziergängen eine Wasserflasche zu transportieren. Nach ihrer Rückkehr saß Lori jedes Mal eine Stunde lang im Schneidersitz auf dem Fußboden und suchte mit zusammengekniffenen Augen und ungeteilter, ans Erotische grenzender Aufmerksamkeit Chivas' Fell nach Zecken ab.

»Es ist die schlimmste Saison aller Zeiten«, hatte Lori

zahlreiche Male angemerkt. »Überall Zecken. Die Rehe sind übersät davon.«

Jetzt kläffte Chivas unablässig den uniformierten Mann an, der im Gras hockte und den Gasgrill für die Labor-Day-Party wartete. Als der Hund dem Mann halb auf den Rücken sprang, blickte der Handwerker hilfesuchend zu Lori. Lori sagte nichts.

Alex bemerkte ein paar Löcher im Rasen, wo Chivas Erdhörnchen gejagt hatte. Simon würde verärgert sein, obwohl er den Hund abgöttisch liebte, sich nicht störte an seinen wässrigen blauen Augen, dem blassen Fellwuchs, der girlandenartig die Schnauze schmückte.

Alex breitete das große Badetuch über einen der Metallstühle aus und zog ihn zum Trocknen in die Sonne. Sie hatte das Gefühl, sich in normalem Tempo zu bewegen, normale Dinge zu tun.

»Wie war's am Strand?«, fragte Lori, ohne richtig aufzublicken.

Vor ihr hatte es andere gegeben, das wusste Alex, andere junge Frauen mit Weekendern und hoffnungsvollen, gepflegten Körpern, andere Frauen, die um zehn Uhr morgens in die Küche schlenderten, um Kaffee zu trinken, den jemand anderes für sie zubereitet hatte, die sich den Baumwollslip aus der Poritze zupften und nach Simon umsahen. Dünne Mädchen in Tops, die Joghurt im Stehen aßen. Aber Alex hatte sie überdauert, war in ein anderes, permanenteres Gefilde gewechselt. Die anderen waren Geister; sie war real. Alex wohnte hier; ihre Kleider hingen im Schrank. Für den Rest des Sommers zumindest. Loris Meinung konnte ihr nichts mehr anhaben.

»Superschön.« Alex zwang sich zu lächeln, zwang sich,

Loris Blick zu begegnen. Schwer zu sagen, wie stark Loris Abneigung gegen sie war. »Das Wasser war perfekt.«

Bevor Alex in den Pool stieg, streckte sie sich lange genug, um spüren zu können, dass Lori sie beobachtete. Ahnte Lori, dass irgendetwas nicht stimmte?

Alex tauchte mit einem Kopfsprung ins Wasser.

DER POOL WAR schmal, aber lang, ideal für die Bahnen, die Simon täglich mit manischer Konzentration zog. Er erzählte Alex, er treibe deshalb so viel Sport, weil er damals beim MBA-Studium in Europa dick geworden sei vom vielen Hamburgeressen – das sei alles gewesen, was er in der Fremdsprache bestellen konnte. Seitdem war er besessen davon, nie wieder dick zu werden, stand um sechs Uhr morgens auf, um auf einem Gerät achtzig Etagen Treppensteigen zu simulieren, dann weiter zum Pool, wo er fieberhaft Bahnen schwamm, bis die Sonne aufging.

Trotz all der frühmorgendlichen Bahnen war er ein schlechter Schwimmer, seine Technik zu sehr Gewohnheit, um jemals verbessert werden zu können.

»Vielleicht versuchst du's mal so«, hatte Alex an ihrem ersten Tag hier gesagt und Simon eine Technik gezeigt, um seinen empfindlichen Rücken zu entlasten. »Das nimmt den Druck weg.«

Simon korrigierte ein paar Bahnen lang seine Technik, hielt sein ungestümes Bemühen im Zaum, dann ging er wieder über zu seiner alten Praxis.

»Du machst es schon wieder«, sagte Alex und schob sich durchs Wasser zu Simon. »Ich zeig's dir.«

»Lass mal«, brummte Simon, Alex' Hand abschüttelnd.

Sie zwang sich zu einem kurzen Lachen, setzte sich auf die Stufen des Pools. Simon kehrte schaumschlagend zu seinen Bahnen zurück. Was für ein Energieaufwand. Simon sagte etwas zu ihr, aber sie tat, als habe sie es nicht mitbekommen. Alex brachte ihre Hände zur Schöpfkelle zusammen und sammelte die Blätter, die abgerissenen Blüten von der Wasseroberfläche. Sie schuf einen nassen Haufen auf dem Beton, der den Pool umrandete, und brachte ihn zerstreut in Ordnung. Eine weitere Notiz zum Abheften also – Simon nicht korrigieren. Alex pflückte eine Biene aus dem Pool, nahm sie an ihrem hauchdünnen Flügel und fügte sie den anderen toten Dingen hinzu.

Wer würde das wegräumen? Irgendwer. Nicht sie.

NACH EIN PAAR schnellen Bahnen ließ sich Alex auf dem Rücken treiben. Sie hörte ihren Herzschlag in den Ohren. Sie atmete vier Zähler ein, hielt vier Zähler, atmete vier Zähler aus. Direkt über ihr war der wolkenlose Himmel, ein Blau, das festgezurrt wirkte. Der Flughafen lag auf der anderen Seite des Highway – ein kleines Flugzeug beschrieb einen Bogen in ihrem Blickfeld, verlangsamte für die Landung.

Alex war tatsächlich mal in einem Helikopter geflogen, mit Simon auf dem Weg hier raus. Der Lärm war ohrenbetäubend gewesen, ein Lärm wie in Kriegsfilmen, und es war eigenartig, dieser Krach, der einem das Herz umdrehte, gepaart mit dem traumartigen Gefühl, senkrecht in die Luft zu steigen. Es war spät gewesen, die letzte Stunde vor dem Nachtflugverbot. Der Helikopter schien außerordentlich tief zu fliegen, so tief, dass sie zwischen den dunklen

Baumkronen die beleuchteten Swimmingpools sehen konnte, die über die Landschaft verstreut waren, Inseln von Blau und Grün da draußen inmitten der Dunkelheit. Sie rechnete jederzeit mit einem Absturz – als verdiente solch unverhohlener Exzess, zügig bestraft zu werden.

Ein gedämpftes Geräusch, ein schlechtes Gefühl: Alex schlug die Augen auf und sah eine schattige Gestalt neben dem Pool stehen. Es war Lori, die Hände in die Hüften gestemmt.

»Wie bitte?«, fragte Alex.

»Ich sagte, brauchst du noch was, bevor ich weg bin?«

SIMONS SCHLAFZIMMER LAG im hinteren Teil des Hauses, am Ende eines langen Flurs. Drinnen war es still, die Vorhänge waren geschlossen gegen das Tageslicht und die Hitze. Das Bett war so stramm bezogen. Solch schockierende Reinheit, die ans Perverse grenzte. Sie wollte sich auf dieses vollendet faltenlose Bett werfen, tat es aber nicht. Das vollendete Bett, die kühlen Räume: Es waren bescheuerte Dinge, einzeln betrachtet, aber zusammengenommen waren sie ein überzeugender Ersatz für ein Leben. Ein Leben, wo Leid keinen Platz zu haben schien, wo etwas wie Schmerz oder Unglück zu zerfasern begann und weniger wahrscheinlich wirkte. Und wer könnte etwas dagegen sagen, gegen den Wunsch, geschützt zu sein? Kein Problem war unlösbar. Konnte sie sich vorstellen, dass es immer weiter aufwärtsgehen würde? Dass das Glück immer mehr und mehr wurde, die Welt sich plötzlich in jedwede Richtung öffnete wie eine dieser Trickkisten mit den aufklappbaren Seiten, die zeigten, dass es keine Grenzen mehr gab.

Selbst diese Sache mit Dom könnte handhabbar erscheinen. Als könnte sie sie wieder richten.

Wie? Sie wusste es nicht genau.

Alex beruhigte sich, indem sie eine Inventur des Zimmers machte, die sich wiegenden Bäume hinter den Vorhängen beobachtete. Sie tat so, als habe sie die Benachrichtigungen der Mailbox nicht bemerkt. Sie spielte ein Spiel auf dem Handy, bei dem es darum ging, Diamanten einzusammeln, bevor sie von einer schwarzen Schildkröte gefressen wurden. Sie spielte so lange, bis die Schildkröte schließlich alle Diamanten gefressen hatte.

YOU LOSE, stand auf dem Display in blinkenden Wörtern, und sie ließ das Handy aufs Bett fallen.

DIESER TEIL WAR tröstlich, das Sichzurechtmachen. Konkrete Maßnahmen ergreifen, das Ausführen der bekannten Schrittfolge. Alex war über die Jahre gut geworden in dieser Vorbereitungszeremonie.

Sie nahm sich Zeit an diesem Abend, arbeitete sich in Trance. Das Badezimmer vernebelte, die Klopapierrollen kräuselten sich in der Luftfeuchtigkeit. Bei all ihrer sorgfältigen Arbeit schien der Nachmittag weiter und weiter in die Ferne zu rücken. Alex starrte so lange in den Spiegel, bis auch ihr Gesicht abstrakt wurde, jetzt nur noch Licht und Schatten.

Sie tupfte sich Grundierung auf die Stirn, unter die Augen, entlang des Kiefers. Zügiges Hantieren mit einem feuchten Schwamm, um das Ganze zu verteilen und die Makel verschwinden zu lassen. Dann musste sie sich wieder zum Leben erwecken: Rouge, ein perlmuttfarbener

Highlighter auf den Brauenknochen. Mit kurzen Strichen zog sie ihre Augenbrauen dunkel nach – realistischer, die kurzen Striche. Sie begegnete ihrem Blick im Spiegel, während sie schweigend die Wimpernzange zusammendrückte.

Dreizehn, vierzehn, fünfzehn Mal.

Wie viele der anderen Mädchen war Alex schnell dahintergekommen, dass sie nicht schön genug war, um zu modeln. Den Glücklichen ging das eher früher auf als später. Aber sie war groß genug und dünn genug, dass Leute sie häufig für schöner hielten, als sie war. Ein guter Trick.

Dünnes braunes Haar, schulterlang geschnitten. Kurze Finger mit dreckigen Nägeln – wie konnte sich ein Mädchen in diesem Jahrhundert so dreckige Fingernägel zuziehen? Hinzufügen zur aktuellen Liste:

Fingernägel sauber halten.

Atem frisch halten.

Keine Zahncreme im Waschbecken hinterlassen.

Sie rasierte sich die Achseln, zog den Rasierer in Form eines Kreuzes hin und her. Fuhr dann ein zweites Mal über die Haut, zuckte zusammen bei dem abgeschabten Gefühl. Die Haut war glatt, als sie fertig war, brannte etwas an den verletzten Stellen. Ihre Haare waren grenzwertig, am nächsten Tag würde sie sie waschen müssen, aber zurückgekämmt waren sie heute Abend noch in Ordnung. Simon mochte es nicht, wenn sie ihr in die Augen hingen – ein paar Sprühstöße Öl, damit sie glatt blieben, alles an der richtigen Stelle.

»DA IST SIE ja«, sagte Simon beim Betreten des Schlafzimmers. Sein Anblick war wie ein Elixier – hier war es, Alex' Leben. Genau so, wie sie es zurückgelassen hatte.

Wenn Simon Feierabend machte, wirkte er immer ein wenig konfus. Er tastete ständig geistesabwesend in seiner Hemdtasche nach dem Telefon.

»Wow.« Simon musterte sie wie immer von oben bis unten, eine so übertriebene Geste, dass es fast schon Slapstick war, ein Zeichentrickwolf im Anzug.

»Das ist ein tolles Kleid«, sagte er. »Du hast einen tollen Geschmack.«

Simon hatte ihr das Kleid gekauft.

Die meisten Kleider, die Alex inzwischen besaß, waren Geschenke von Simon, die Markennamen wie Vokabeln in einer Fremdsprache. Ihr altes Zeug hatte sie in der Wohnung gelassen – ohnehin Mist, das meiste davon. Nicht einmal das Weiterverkaufen lohnte sich – Kleider mit Deoflecken, die Pumps aus Wildleder, die sie mehrmals hatte neu besohlen lassen. Sie hatte den Verdacht, dass Simon sie älter als zweiundzwanzig aussehen lassen wollte, in dieser dunkelfarbigen Kleidung, die er für sie aussuchte. Die Leinenblusen, die Hosen, Röcke mit Saum bis zum Knie. Die Kleidung war natürlich immer noch eng sitzend, betonte ihre Taille und Brüste. Es war lediglich ein Umweg, um dasselbe Ziel zu erreichen, akzeptabler, weil weniger offensichtlich.

Die Ohrringe, die sie trug, waren ebenfalls ein Geschenk: Simon hatte Alex die Ohrringe in einer Schachtel in einem Stoffbeutel in einem weiteren Beutel überreicht, und der Akt des Öffnens der vielen Schichten dehnte den Vorgang auf groteske Weise aus. Was er möglicherweise beabsichtigt hatte. Sie hatte sich nicht bedankt: Das hatten ihr die anderen Mädchen beigebracht. Man bedankt sich nicht – man lächelt und nimmt an, was sie einem schenken, als wäre es etwas, das einem schon gehört.

»Sind die hübsch«, hatte Alex gesagt und die Ohrringe hochgehalten. »Ich find sie wunderschön«, und das Seltsame war, dass sie ihr wirklich gefielen, die silbernen Tropfen. Wie Ohrringe, die sie sich vielleicht selbst ausgesucht hätte. Gelegentlich glaubte sie, sie und Simon seien tatsächlich so etwas wie verliebt.

»Willst du die Schachtel nicht behalten?«, hatte Simon gesagt, und Alex nickte und korrigierte sich sofort, faltete den Beutel ordentlich zusammen und wickelte die weiße Schleife wieder auf.

SIMON SETZTE SICH aufs Bett und Alex gesellte sich zu ihm, und ihre Hand suchte automatisch seinen Nacken. Sie knetete kraftvoll, dann kraulte sie ihm die Haare. Leicht. Sehr leicht.

»Nicht aufhören«, sagte Simon.

Diese Momente waren schön – Alex gab ihm etwas Greifbares, ließ ihre Nägel über seine Kopfhaut wandern. Simon lag mit dem Kopf auf ihrem Schoß wie ein Kind, die Augen geschlossen. Alex betrachtete ihn von oben. Er war relativ gutaussehend. Er bemühte sich, mehr Wasser zu trinken, und hatte angefangen, Pilzpulver in seine metallene Trinkflasche zu kippen. Alex hatte einen Schluck probiert: Das Wasser schmeckte dadurch sumpfig und teuer.

»Du riechst gut.« Simons Augen waren noch immer geschlossen.

»Ich hab geduscht«, sagte sie.

»Warst du am Strand?«

»Ja.«

Alex drückte die Fingerspitzen tiefer hinein in Simons Kopfhaut, hielt sich mit nichts von dem auf, was nach dem Strandbesuch passiert war. Kein demoliertes Auto, kein Ärger im Wert von Hunderten, wenn nicht gar Tausenden von Dollar, den Alex verursacht hatte. Die Aufnahme sollte auf dem Strandparkplatz beginnen, die Fahrt nach Hause ereignislos, das Reel zu Ende, als Alex das Auto parkte. Alex könnte Simon von dem Rippstrom erzählen. Von dem Moment, in dem sie glaubte, in Gefahr zu sein. Sie könnte ihm von Dom erzählen. Tat sie aber nicht.

»Die Wellen waren ein bisschen hoch«, sagte Alex. »Aber schön.«

»Mm.« Simon schwieg eine Zeit lang, ließ sich von Alex den Nacken massieren. »Vielleicht solltest du lieber das blaue Kleid anziehen«, sagte er. »Heute Abend. Es kann kühl werden am Wasser.«

»Klar«, sagte Alex, die Stimme leicht.

Schweigen.

Ganz normal, sagte sie sich, alles war ganz normal. Sie war besorgt, Simon könne ihr Unbehagen spüren. Aber das konnte er natürlich nicht. Seine Augen waren geschlossen. Alex ließ ihre Hand träge zu Simons Schritt hinuntergleiten und beobachtete ihn dabei. Seine Lippen öffneten sich automatisch, die Lider wurden schwer. Er öffnete die Augen, um Alex anzusehen, dann schloss er sie. Er spreizte die Beine und zog Alex am Handgelenk zu Boden. Wie einfach diese Dinge doch liefen.

Alex kniete vor dem Bett. Simon hatte sich zurückgelehnt. Alex öffnete Simons Hose, behielt einen sanftmütigen Ausdruck im Gesicht. Simon brauchte eine Weile, um richtig hart zu werden; ihr Geist schweifte ab, kehrte zurück. Ihre Gedanken wanderten zu verschiedenen Punkten im Raum. Zu den hervorblitzenden Ästen vor dem Fenster. Zu dem Gemälde über dem Bett, einem Neuzugang. Was war mit dem alten passiert? Er hatte Dinge immer so schnell satt. Sie würde danach ihr Make-up in Ordnung bringen müssen – dürfte dabei aber nicht wirken, als würde es sie kümmern. Alex spürte, wie Simon in ihrer Hand aufwallte. Alex begegnete seinem Blick, sah direkt zu ihm hoch, wie sie es alle zu bevorzugen schienen. Ihr Kleid war wahrscheinlich hinüber – auch gut. Simon wollte sowieso, dass sie das blaue anzog.

DER VERKEHR WAR übel, sogar an einem Montag, die Hauptverkehrsstraße staute sich in beide Richtungen. Simon seufzte, klickte durch die Radiostationen und fing wieder von vorne an. Alex' Knie wippte auf und ab vor Nervosität. Sie zwang sich, es sein zu lassen.

Alles, sagte sich Alex, war in Ordnung.

Simon hatte den Schaden an seinem Auto nicht bemerkt. Oder – was das Beste wäre – er hatte ihn bemerkt und einfach nicht erwähnt. War das möglich?

»Es ist Montag, wo kommen diese ganzen Leute her«, murmelte Simon. »Herrgottnochmal.«

Stockender Verkehr, Abgasgeruch in der Luft. Simon versuchte immer wieder, um die Autos vor ihnen herumzuschauen, als könnte er eine Alternativroute ausspähen, die für alle anderen unsichtbar war. Und vielleicht konnte er das sogar – bei all diesen Nebenstraßen hier draußen, die die Leute im Zickzack nahmen, begierig nach den geringsten gewonnenen Minuten.

»Du bist so still«, sagte Simon, ohne Alex anzusehen.

Alex zuckte mit den Achseln. »Nur müde.«

Alex versuchte ihre Gedanken zu bremsen, sie anzupassen an den zähfließenden Verkehr. Der Versuch, sich den größeren Kräften zu unterwerfen, dem mentalen Rauschen, das der Autoverkehr zuließ, hatte sogar etwas Beruhigendes – es gab nichts, was Alex tun konnte, um diesen Moment zu verbessern, keine Blickwinkel, die es zu betrachten, keine Spielzüge, die es vorauszudenken galt. Sie strich das Kleid über den Oberschenkeln glatt.

Ihre Handtasche lag auf dem Schoß, weiches Leder in der Farbe von Tabak. Es war ein weiteres Geschenk von Simon gewesen, mitsamt einem Stoffbeutel zum Aufbewahren und einem speziellen Poliertuch für die Beschläge. Taschen waren das Einzige mit tatsächlichem Wiederverkaufswert, hatte sie von den anderen Mädchen gelernt. Keiner der vorigen Männer hatte ihr jemals schöne Sachen gekauft: Plastikunterwäsche in zu knalligen Farben, eine blasse Boxershorts aus Satin, billige Nylonstrümpfe, die nach Chemikalien stanken. Als verspürten sie eine sadistische Freude dabei, ihr den Zugang zu Dingen von echtem Wert zu verwehren. Alex behandelte die Tasche sehr pfleglich, prüfte jede Schramme. Beim ersten Makel, den sie bemerkt hatte, einem ungewollten Kratzer mit dem Fingernagel, empfand sie echte Trauer.

Ihr Telefon war in der Tasche, und wenn sie das Gewicht verlagerte, könnte sie einen Blick aufs Display werfen, ohne dass Simon etwas mitbekam. Aber warum wollte sie nachsehen? Es konnte ja nur Dom sein, der ihr wieder Mahnungen schrieb, Ans. Verdammte. Telefon zu gehen. Und außerdem missfiel es Simon, wenn sie in seinem Beisein am Handy war. Er hatte nie etwas gesagt, aber Alex spürte, dass er sie beobachtete, wie er seinem internen Ablehnungsbescheid einen Punkt hinzufügte. Benimm dich, sagte sich Alex. Sie rührte das Telefon nicht an.

Die Party fand bei einer Frau namens Helen statt. Ihr erster Mann sei ertrunken, erzählte Simon Alex auf der Hinfahrt. Beim Tauchen, oder etwas Ähnlichem, er könne sich nicht erinnern. Einer dieser unwahrscheinlichen Unfälle, denen die Reichen zum Opfer fallen – zu viele Leute sorgten dafür, dass sie zu fit blieben, um eines natürlichen Todes zu sterben. Das Leben hatte aufgehört, gefährlich zu sein, da Sauerstoffflaschen und Hormontests und Vitamin-B-Spritzen die alten Killer abwehrten.

Der Verkehr war fast gänzlich zum Stillstand gekommen.

Simon schaltete das Radio aus. Musik schien ihm keine Freude zu bereiten – Alex gefiel es, dass er nicht so tat als ob. Jüngere Männer mussten immer alles mit Bedeutung aufladen, mussten jede Entscheidung und jede Vorliebe in ein Referendum über ihre Persönlichkeit verwandeln. Sie hatten ihr ein ungutes Gefühl gegeben, die Männer in ihrem Alter, mit denen sie zusammen gewesen war. Die Möglichkeit, entlarvt zu werden, war zu groß. Viel besser, die Pufferzone einer ganz anderen Generation zu haben: Die älteren Männer konnten Alex nirgendwo einordnen, nicht einmal versehentlich bekamen sie eine Ahnung ihres wahren Ichs.

Alex ließ ihre Hand auf Simons Knie ruhen. Vor dem Fenster zogen Häuser und Ladenfronten vorbei, dann ein

Stück Bauland für diejenigen, die nichts dagegen hätten, direkt am Highway mit all dem Lärm zu wohnen. Man konnte sich an alles gewöhnen, das war der Punkt.

»Oh Scheiße«, sagte Simon. »Na ja, das ist der Grund.«

Der Verkehr schlängelte sich um eine Unfallstelle herum. Ein weißes Cabrio stand zerknautscht am Straßenrand, ein klobiger SUV schief dahinter auf der Straße. Zwei Polizeiautos parkten auf dem Standstreifen, Blaulicht, aber keine Sirenen.

Es waren keine Opfer in Sicht, keine Verletzten, nur ein Polizist in orangefarbener Weste, der den Verkehr weiterleitete.

Simon stieß einen Pfiff aus und bremste ab, um zu gucken.

»Diese Linkskurve«, sagte er. »Die ist echt übel.«

»Vielleicht ist ja keinem was passiert.« Alex' Stimme hörte sich spröde an: Sie versuchte sie weicher klingen zu lassen.

»Unwahrscheinlich.« Simon war betrübt, er schüttelte den Kopf, wobei Alex einen Unterton von Erregung heraushörte. »Da kommt keiner lebend raus.«

Obwohl Alex begriff, dass sie in Simons Auto fuhren, obwohl Alex begriff, dass sie an diesem Nachmittag nur einen Unfall mit Blechschaden erlitten hatte, einen Bagatellschaden, beschlich Alex, aus welchem Grund auch immer, das Gefühl, dass sie in dem weißen Auto gesessen hätte. Dass sie gestorben sei, hier auf dem Highway. Es war ein dummer Gedanke, aber sie wurde ihn nicht los. Vielleicht war sie dabei, den Verstand zu verlieren. Gleichzeitig wusste sie, dass sie niemals den Verstand verlieren würde – was schlimmer war. Sie war fast neidisch gewesen auf ihre früheren Bekannten aus der Stadt, die total durchgedreht waren, per Abwärtsspirale in irgendeine fremde Sphäre. Es war eine Erleichterung, die Möglichkeit zu haben, sich komplett wegzubeamen aus der Realität.

Simon überquerte die Hauptstraße, bog in eine kleinere Straße, dann in die nächste. Die Häuser waren weiter zurückgesetzt, bis fast alles hinter einer Mauer oder einer Hecke verborgen war. Alex konnte riechen, dass das Meer näher kam.

»Weißt du«, sagte Simon und machte eine unbestimmte Geste aus dem Fenster, »das waren alles mal Kartoffeläcker. Schwer vorstellbar, oder?«

Er sagte das nicht zum ersten Mal. Simon schien Gefallen an der Vorstellung zu haben, wie aus Wertlosem Wertvolles wurde. Dabei war es gar nicht so schwer vorstellbar – man musste sich nur die Häuser wegdenken, die dicken fetten Kästen mit ihren wehenden amerikanischen Flaggen über den Eingangstüren, und es war Land, grün und golden und auf seine Art nicht unähnlich dem Ort, aus dem Alex stammte.

2

SIE HIELTEN VOR einem Eisentor, flankiert von einem hohen hölzernen Zaun, und eine Stimme knisterte durch die Gegensprechanlage. Simon wiederholte seinen Namen zwei Mal, bevor das Tor aufschwang und sie über den blassen Kies durchfuhren. Direkt geradeaus parkte ein Halbkreis aus Autos vor dem Haupthaus. Alex sah einen Tennisplatz und einen Pool hinter einem kleineren Tor.

Alex blickte weiterhin ausdruckslos und sanft, obwohl sie bei der offensichtlichen Nähe des Meeres ein Ruck durchfuhr. Sie stocherte mit der Zungenspitze entlang der vorderen Schneidezähne nach Verirrtem.

Simon stellte den Motor ab. »Gehen wir?«

Die Tür des Haupthauses ging auf, und ein Mops trottete auf sie zu. Ein Mann in schwarzem Polohemd und schwarzer Hose kam hinterher, doch der Mops war zuerst da und schwänzelte zeternd um Alex' Knöchel.

»Willkommen«, sagte der Mann. »Hier entlang.«

Im Haus flackerten Kerzen in hohen Windlichtern. Dennoch war es im Eingangsbereich zu dunkel, desorientierend nach dem Sonnenschein. Alex drehte sich um, wollte sichergehen, dass Simon hinter ihr war.

»Auf geht's«, sagte Simon, dessen Stimme merkwürdig widerhallte, während die Krallen des Mopses über den Marmor klackerten.

DER GROSSE RAUM, der zur Terrasse führte, wirkte dunstig, feucht vom Nebel, der durch die Fenster eingedrungen war. Jenseits der Terrasse lag der Ozean in seiner ganzen Breite. Die Sonne würde bald untergehen, das Licht ließ bereits nach.

Die Terrassentür war offen. Und dort, im Türrahmen, stand Helen.

Sie war ganz in Schwarz, ein ärmelloses Kleid mit einer Art Cape über dem Rücken. Das blonde Haar war zu einem festen Knoten im Nacken gebunden. Wie alt war sie? Alex konnte es nicht genau sagen – die Haut war professionell aufgesprengt worden, um das Durchschnittsgesicht einer Dreißigjährigen darzustellen. Ihre dunklen Augen wanderten unruhig umher, bis sie schließlich Simon und Alex in den Fokus nahmen.

»Simon«, sagte Helen und trat auf ihn zu, öffnete die Arme. »Ich war mir nicht sicher, ob du kommen würdest.«

Sie küssten sich auf beide Wangen. Helen wandte sich an Alex.

»Und wer«, fragte sie, »ist das?«

Alex zwang sich, munter zu wirken, wie das nette Mädchen von nebenan. Wer würde sich davon bedroht fühlen? Respektvoll, quietschsauber, das war die Haltung, die sie gegenüber älteren Frauen anzunehmen gelernt hatte. Dennoch musterte Helen Alex von oben bis unten, verweilte an jeder bemerkenswerten Stelle. Alex sah ihr zu, wie sie das Kleid und die Handtasche registrierte. Jemand wie Helen wusste bestimmt genau, was jeder Artikel gekostet hatte.

»Vielen Dank für die Einladung«, sagte Alex. Es war immer ratsam, keine Komplimente über das Haus zu machen, um keine Unvertrautheit mit derlei Wohnsitzen anzudeuten.

»Aber sicher«, sagte Helen mit nachlassender Aufmerksamkeit.

Helen hatte den Hauch einer albernen Gans an sich, aber vielleicht lag das nur an der Wirkung ihres Capes, das über ihren Rücken fiel, in der Brise flatterte. Alex ließ sich von Simon am Arm nehmen, ließ sich zu den Tischen auf der Terrasse führen.

Die Gäste sahen aufs Meer oder drängten sich unter einem Stoffzelt, die vollen Gläser hielten sie mit beiden Händen. Alex sichtete die Gäste, stets wachsam. Aber ein kurzer Blick sagte ihr, dass ihr niemand bekannt vorkam, kein Mann, der Alex mit sorgenvoll fragender Miene anstarrte.

Die meisten Frauen trugen kastenförmige Etuikleider, die ihre schlanken Beine zur Geltung brachten. Wie viele Einheiten Energie, wie viele Stunden Sport brauchte es für solche Beine? Ihre Handgelenke waren beschwert von Goldarmbändern, genauso übergroß wie die Ohrringe. Die Frauen hatten eine komische, mädchenhafte Art – winzige Schritte und unsicheres Lächeln, Satinschleifen um die Pferdeschwänze –, wobei die meisten wahrscheinlich über sechzig waren, aufgewachsen zu einer Zeit, in der Kindlichkeit ein lebenslanger weiblicher Affekt war.

Auf der Terrasse hatten zwei grauhaarige Männer in Anglerstiefeln und Overalls eine Austernbar aufgebaut und verteilten fachmännisch mit scharfen Messern die schroffen Austern. Alex kannte die Männer: Sie waren bei mehr als einer Party gewesen, auf die sie und Simon in den letzten Wochen gegangen waren, hatten sich um das Bett aus Crash-Eis gekümmert und Austern in ihren kleinen Salzlakeschälchen verteilt. Der Gastgeber versäumte es nie, ihre kernige Anwesenheit hervorzuheben, anzumerken, dass sie alles *am selben Tag* frisch gefangen hätten. Alex spürte eine Verbundenheit mit den Männern – sie alle waren hier, um eine Rolle zu spielen.

Helen starrte auf Alex' Kleid. Helen fragte sie, ob das Kleid von einem bestimmten Designer sei.

»Nein«, sagte Alex. War es aber.

Alex' Tonfall stimmte nicht ganz, und es reichte, um bei Helen ein kleines Stirnrunzeln hervorzurufen. Hoffentlich hatte Simon nichts mitbekommen. Reiß dich zusammen – Alex zwang sich zu einem Lächeln.

ALEX HIELT DEN Mann, der ihnen ein Glas Wein brachte, für denselben, der sie ins Haus gelassen hatte, aber es war nur jemand, der das gleiche schwarze Polohemd trug.

»Schöne Aussicht«, sagte Alex – und das war es. Von dort, wo sie und Simon standen, war der Strand nicht zu sehen. Nur Wasser, flach und silbrig, das sich vom Rand der Terrasse bis hinaus zur pinkfarbenen Horizontlinie zu erstrecken schien. Wie es wohl wäre, hier zu leben, tagtäglich diese entfesselte Schönheit zu bewohnen? Konnte man sich an den überwältigenden Anblick des Meeres gewöhnen? Neid durchfuhr Alex' Körper wie Adrenalin, ein schneller und belebender Flash, der ihr geradewegs zu Kopf stieg. Manchmal war es besser, nicht zu wissen, dass bestimmte Dinge existierten.

»Komm, wir schauen uns den Sonnenuntergang an«, sagte Helen und ergriff Simons Arm. Helen hatte Alex nicht unbedingt mit gemeint, doch Alex ging trotzdem hinterher.

SIE STANDEN AM Rand der Terrasse, an der hölzernen Treppe, die zum Wasser führte. Das letzte Licht tönte den Sand lila. Weiter unten am Strand rannte ein Hund geräuschlos in die Brandungswellen und wieder zurück.

Helen begutachtete ihren Strandabschnitt. Irgendetwas ließ sie sich versteifen, einen gekränkten Atemzug ausstoßen. »Na, guck dir das an«, sagte sie. »Ich hoffe, die beiden amüsieren sich.«

Alex folgte Helens Blick zu den zwei Liegestühlen, die unter einem großen Schirm aufgestellt worden waren. Alex konnte ein Pärchen ausmachen, das dort saß und plauderte. Sie trugen Jeans, einer von ihnen ein kariertes Hemd – offensichtlich nicht Helens Gäste, niemand, den Helen kannte.

»Ich sollte ihnen ein Glas Limonade bringen«, sagte Helen. Ihr Lachen schreckte Alex auf. »Die Leute müssen denken, sie hätten ein irres Glück, zufällig zwei unbesetzte Stühle zu finden. Nur für sie allein!«

Helen drehte sich hilfesuchend um. Als einer der Angestellten herüberkam, murmelte sie ein paar Anweisungen und wedelte mit den Fingern in Richtung der Strandliegen.

Zu dritt beobachteten sie, wie der uniformierte Mann durch den Sand stapfte. Als er sich vorbeugte, um das Pärchen anzusprechen, lachten die beiden schallend und gänzlich unbekümmert. Das Paar ließ sich Zeit, um aufzustehen, dramatisierte den Abgang. Der uniformierte Mann stand Wache, und als er überzeugt war, dass die Eindringlinge weiter den Strand hinuntergingen, begann er, den Schirm abzubauen und effizient die Stühle zusammenzuklappen.

DIE SONNE WAR untergegangen und die Angestellten eilten umher, um alles einzurichten für die neue Dunkelheit. Sie schalteten die Außenbeleuchtung an und zündeten die Zitronellakerzen an. Alex' Name war auf eine Platzkarte gekritzelt worden, eine offenkundige Ergänzung in letzter Minute. Simon saß an einem anderen Tisch. Er winkte Alex mit übertriebener Geste zu wie eine Comicfigur. Alex warf ihm eine Kusshand zurück. Zu Alex' Linken saß ein Österreicher, dessen Stirn so glatt war wie ein Ei. Seine Familie besaß eine Warenhauskette mit vielen Standorten in ganz Österreich, irgendein Warenhaus, das hundert Jahre alt war. Jeden August kam er hierher.

»Was Besseres gibt's nicht«, sagte er. »Unsere Freunde kommen auch alle.«

»Es ist wunderschön hier«, sagte Alex stumpfsinnig.

»Das ist es.« Der Mann seufzte. »Wunderschön.«

Alle sagten, hier draußen sei es wunderschön. Wie viele Male konnte dieses Gefühl wiederholt werden? Es war der höfliche Konsens, auf den sich zurückgreifen ließ, der den Rahmen für jedes Gespräch bildete – ein Slogan, der alle in ihrem gemeinsamen Glück vereinte. Und wer könnte je anderer Meinung sein? Es war so schön hier, dass die Leute gar nichts zu tun brauchten. Und das taten sie auch nicht, dem Tischgespräch nach zu urteilen. Niemand schien sich jenseits des Erwartbaren zu beschäftigen: an ihrer Rückhand arbeiten, grillen, einen Spaziergang machen, bevor es zu heiß wurde.

Den einzigen anderen zuverlässigen Gesprächsstoff, abgesehen vom Wetter oder von der wechselnden Temperatur des Meeres, bildete die Diskussion darüber, wann genau die Leute vorhätten diesen wunderschönen Ort zu verlassen, wie genau sie vorhätten den Stau zu vermeiden. Alex hatte mitbekommen, wie die Leute im Moment des Ankommens ihre Abfahrt heraufbeschworen, detailliert die präzise Logistik ihrer Abreise erwogen.

Als der erste Gang serviert wurde, war der Österreicher gerade dabei, der Tischrunde von irgendeinem schrecklichen Verbrechen in München zu erzählen, das am Anfang des Sommers passiert war. Eine Frau hatte fünf Babys getötet.

»Ihre eigenen?«, fragte Helen. Sie huschte von Tisch zu Tisch und schaltete sich in die Gespräche ein. Sie schien sich für die Gastgeberin eines großen Salons zu halten.

»Ja, ich glaube schon. Und die andere Tochter hat die Babys in einer Gefriertruhe gefunden.«

»Fünf?«

Der Österreicher nickte.

»Das muss eine große Gefriertruhe gewesen sein«, sagte Helen. »Welche Marke?«

Der Österreicher wusste es nicht.

»Schockierend«, sagte Helen nun mit lauterer Stimme, »nicht wahr? In der Natur gibt es so etwas nicht. Dass eine Mutter ihre eigenen Kinder tötet. Diese Frau letzte Woche in Los Angeles, die ihren Säugling zurückgelassen hat, um Leute zu erschießen. Wo gibt's denn so was? Die Wissenschaft«, sagte sie, »ist ratlos.«

Alex hörte nur mit halbem Ohr hin – Natur, Wissenschaft, Moral. Hörte sich annähernd richtig an für diese Leute an einem Montagabend im August. Sie machte einen halbherzigen Versuch, die pürierte grüne Suppe in der flachen Porzellanschale vor sich zu essen.

Helens zweiter Mann saß am übernächsten Tisch – Simon hatte ihn ihr vor dem Essen gezeigt. Er war viel jünger als Helen, fünfunddreißig etwa, die jüngste Person hier außer Alex. Wie hatten er und Helen sich überhaupt kennengelernt? Alex stellte sich eine dieser Pseudo-Stiftungen vor, ein Pseudo-Vorstand, in dem der Mann vielleicht beratendes Mitglied war. Seine Haare waren lang – es war schlau von ihm, diese Länge zu tragen, die Frisur betonte seine Jugendlichkeit. In Kombination mit dem Anzug und dem lockeren weißen Hemd hatte er etwas Ansprechendes. Alex beobachtete, wie er sich mit der Frau zu seiner Rechten unterhielt, wie er scherzhaft ihre Hand ergriff, um sie zu untersuchen, und dann seine eigene zum Vergleich hochhielt – die Frau war offensichtlich geschmeichelt von der Aufmerksamkeit.

Eine Angestellte verharrte an Alex' Seite, um Wasser nachzuschenken. Als Alex sich zurücklehnte, damit die Frau das Glas auffüllen konnte, kamen sich ihre Gesichter plötzlich so nah, dass sie versehentlich Blickkontakt aufnahmen. Alex sah hastig auf den Teller, um nicht unhöflich zu sein.

MITTEN IM ZACKENBARSCH kam ein Junge die Treppe zum Haus hinuntergesprungen, mit großen, jugendlichen Schritten. Seine Haare waren nass und dunkel, der Reißverschluss seines Sweatshirts hochgezogen, und er steuerte direkt auf Helen zu und beugte sich nach unten, um sie auf die Wange zu küssen. Er schnappte sich mit den Fingern ein Stück Fisch von ihrem Teller.

»Herrje«, sagte Helen und verpasste ihm einen Klaps, blickte aber strahlend in die Runde. »Mein Sohn«, verkündete sie. »Theo.«

Der Junge lächelte. Sein Gesicht war weich und pubertär – Alex hätte nicht sagen können, ob er irgendwann mal gut aussehen würde. Doch er hatte das Talent, sehr höflich zu wirken, auch wenn er mit offenem Mund kaute.

»Und, was hast du noch vor?«, fragte Helen und massierte die Hand des Jungen.

»Lagerfeuer«, sagte der Junge. »Mit ein paar Leuten. Wir kommen noch mal zurück und sagen Hallo, keine Sorge.«

WÄHREND DES NÄCHSTEN Gangs beobachtete Alex, wie Theos Freunde nach und nach eintrafen: Jungs in Badehosen und Sweatshirts, ein Mädchen in abgeschnittenen Jeans, die ihr in der Arschritze klemmte. Ein anderer Junge, sauber, engelhaft blond, die Trainingshose tief auf der Hüfte. Die Teenager versammelten sich auf der Terrasse, tranken Bier. Sie ließen die leeren Flaschen stehen, um sie von den Kellnern wortlos wegräumen zu lassen.

Später, als Alex einen Blick hinüberwarf, sah sie, wie das Mädchen Handyfotos von den Jungs machte, die allesamt die Sprache des Posierens fließend beherrschten. Nur eine Sekunde lang war das Funkeln einer Zahnspange zu sehen, an der unteren Zahnreihe des engelhaft blonden Jungen – er hatte gelernt, sie zu verstecken, dachte Alex, indem er mit geschlossenem Mund lächelte.

Als sie sich zum Tisch zurückdrehte, starrte der Österreicher sie erwartungsvoll an.

»Mh«, machte Alex, ein hinreichend wertneutraler Lückenfüller, und dies schien völlig akzeptabel. Unglaublich, wie wenig man tatsächlich geben musste. Die Leute wollten einfach nur sich selbst reden hören, und die Reaktion des

Gegenübers war ein Komma zur Gliederung ihres Monologs.

Ob Alex wisse, fragte der Österreicher, dass in bestimmten Inselstaaten die Frauen anhand der Kleidung ihre Hierarchie anzeigten und dass jeder Mann mehrere Frauen haben konnte? Ob Alex nicht der Meinung sei, dass einem solchen Maß an Klarheit etwas Schönes innewohne, diese Fähigkeit, dem Verlangen ohne Scham zu begegnen?

»Das hier«, sagte der Österreicher und klopfte mit den Fingerknöcheln auf den Tisch, »ist ein sehr schambehaftetes Land.«

Ob sie nicht auch dieser Meinung sei?

Alex nickte. Sie fühlte sich nicht bei Sinnen, unfähig, ihre übliche Selbstbeherrschung an den Tag zu legen. Sie hielt Ausschau nach Simon an seinem Tisch. Als Simon winkte, küsste Alex die Luft in seine Richtung und lächelte.

WÄHREND SICH DER Abend hinzog, fiel Alex ständig auf, wie Helens junger Ehemann mit verschiedenen älteren Frauen umging – immer wieder berührte er sie auf eine harmlose Art, seine wandernden Fingerspitzen landeten auf dem gebräunten hageren Arm einer Frau, oder seine Hand verweilte an ihrem unteren Rücken. Er war gut darin – und es machte Spaß, ihm dabei zuzusehen, zu schauen, ob er das Ganze durchziehen konnte. Wo war Simon? Auf der anderen Seite der Terrasse, er unterhielt sich mit einem sonnenverbrannten Klotz von einem Mann: einem General a.D., der mit verschränkten Armen und einem um die Schultern gebundenen Pullover dastand.

Alex' Unbehagen nahm Form an, ein Wunsch, der Abend

möge in Bewegung kommen. Der Österreicher unterhielt den Tisch jetzt damit, wie wundervoll Helens Frühstücke seien. Er hatte angefangen, die Speisen aufzulisten, die bei ihren berühmten Frühstücken zu haben waren, die verschiedenen Körner und Säfte. Alex merkte erst, dass sie lächelte, als ihre Wangenmuskeln zu schmerzen begannen. Helen erzählte lang und breit von irgendeiner App, in die sie investiert hatte. Die App sei, wenn man Helen Glauben schenken wollte, gerade im Begriff, eine Technologie zu perfektionieren, die mithilfe eines Atemtestgeräts für das Smartphone Krankheiten diagnostiziere. Helen betonte bestimmte Begriffe: *SDK. Tagesgranularität.* Irgendwer musste ihr gerade erklärt haben, was diese Begriffe bedeuteten.

»Unsere Kunst braucht mehr Technologie und unsere Technologie braucht mehr Kunst«, blökte Helen und sah in die mittlere Distanz.

Alex leerte ihr Weinglas, dann ihr Wasserglas. Das Meer sah ruhig aus, ein Schwarz, das dunkler war als der Himmel. Eine Welle der Nervosität ließ ihre Handflächen feucht werden. Es schien auf einmal sehr heikel, zu glauben, dass alles im Verborgenen bleiben würde, dass sie erfolgreich von einer Welt in die andere überwechseln könnte.

Der Anblick Simons gegenüber auf der Terrasse hätte beruhigender sein müssen. Alex entschuldigte sich und stand auf.

»Bin sofort wieder da«, sagte sie, obwohl ihr niemand zuhörte.

DIE ANGESTELLTEN WAREN beschäftigt, rein in die Küche und raus auf die Terrasse und wieder zurück. Im übrigen Haus herrschte Stille. Im Flur hingen gerahmte Skizzen entlang der Wände, Pläne für irgendetwas – wahrscheinlich die Reste eines wichtigen Menschen. Leute wie Helen liebten es, kreative Artefakte zur Schau zu stellen, als wäre sie selbst in den Vorgang verwickelt.

Alex folgte dem Flur, öffnete die Tür zu einem leeren Zimmer. Die Wände waren gesäumt von Regalen. Eine Lampe warf einen Lichtkegel auf einen Ledersessel. Eine weiße Blume steckte in einer Vase, und in dem jungfräulichen Kamin lag ein Anzündholz. Es war ein Nicht-Zimmer, tot und ungenutzt.

Die Dinge in den Regalen waren hässlich – ein schäbiger Briefbeschwerer aus Messing, ein Deko-Ball aus Teak, der nach Bernstein roch. Sie hielt inne, um einen zur Glätte gemeißelten kleinen Stein zu betrachten. Er passte perfekt in Alex' Faust. Er war mattschwarz, hatte ein paar Luftlöcher, ein paar Streifen in Grün und Blau, und das Gewicht war schön, schwerer als erwartet. Vielleicht sollte es ein Tier sein, die kleinen Höcker könnten Beine darstellen. Sie schloss die Finger um den Stein.

»Kann ich Ihnen behilflich sein?«, fragte eine Stimme.

Es war ein Mann im schwarzen Polohemd. Bloß ein Angestellter.

»Ich suche die Toilette.« Alex drehte sich leichtfüßig um und ließ den Stein in ihre Handtasche fallen. »Wenn Sie mir vielleicht den Weg zeigen könnten?«

ES GAB KEINEN Schrank zum Durchsuchen, keine Pillen zum Abstauben – eine Gästetoilette. Auf einer hohen Kante lag ein Lippenstift – offensichtlich Helens, dort gebunkert zum Nachschminken während der Party. Alex war drauf und dran, ihn mitzunehmen, doch der Lippenstift war ein burgunderroter Stummel. Nicht sehr schmeichelhaft. Eine brennende Kerze zeichnete hüpfende Schatten auf der Fußleiste. Alex' Stirn glänzte. Schweiß, sie schwitzte. Sie presste Klopapier dagegen, um den Glanz abzutupfen. Nichts zwischen den Zähnen. Anspannung, ein Gefühl zunehmender Dringlichkeit, und nichts, um dagegenzuhalten.

Alex setzte sich auf den Klodeckel, schlüpfte aus den Schuhen und drückte ihre nackten Füße auf den kalten Marmorboden. Geistesabwesend spielte sie mit dem kleinen steinernen Tier. Vielleicht war es wertvoll. Vielleicht aber auch wertlos.

Es war unvermeidlich, jetzt nach ein paar Drinks – sie holte ihr Handy aus der Tasche und öffnete die Nachrichten.

Dom. Sie würde endlich antworten.

Sie war betrunken, ja, aber auch das Haus traf Schuld – gewisse Häuser gaben einem das Gefühl, für alle Probleme gebe es Lösungen. Als könnte sie diese Sache mit Dom entschärfen. Und warum auch nicht?

Alex würde mit Simon reden. Heute Abend. Ihm die Situation in stark zensierter Fassung schildern. Er wäre guter Laune, beschwipst und großzügig. Sie würden Sex haben, wenn sie nach Hause kämen. Doch ihrer Erfahrung nach wurden Männer nach dem Sex nicht großherziger – sie zogen sich in sich zurück, wurden verschlossen. Also lieber auf der Rückfahrt mit Simon reden. Ihre Hand auf seinem Knie. Sie würde sagen, Dom sei ein Ex. Sich ein paar Tränen abringen, und sie wäre betrunken, also würde ihr das leichtfallen, und allein bei der Vorstellung dieses künftigen Gesprächs traten Alex die Tränen in die Augen – vielleicht hatte sie mehr Angst vor Dom, als ihr klar gewesen war.

Wie würde sie eine akzeptable Story daraus basteln?

Im Auto würde ihr etwas einfallen. Und Simon wüsste genau, was zu tun wäre. Wüsste genau, wie das Problem in Ordnung zu bringen wäre.

Sie tippte die Nachricht an Dom.

Sorry ruf dich morgen an. Versprochen.
Alles wird gut

Ein blauer Balken erschien, und ihre Nachricht flatterte langsam hinüber zu Doms Telefon, doch sie wurde nicht ganz geladen, stattdessen ploppte eine rote Warnung auf.

Nicht gesendet.

Kein Netz.

Auch in Helens Flur kein Netz. Auch nicht im großen Wohnzimmer. Einer der Angestellten sah, wie Alex ihr Telefon hin- und herneigte.

»Am Strand ist besserer Empfang.«

ALEX GING HINUNTER zum dunklen Strand. Außer Sichtweite des Hauses brannte ein Lagerfeuer im Sand, größer, als sie erwartet hätte. Ein Jeep war direkt auf den Strand gefahren. Um das flackernde Feuer herum saßen die Jugendlichen von vorhin, Theo und die anderen. Die Gruppe hatte sich verdreifacht. Aus einem Handy kam Musik, verstärkt durch eine leere Edelstahlschüssel. Mädchen saßen zitternd bei den Jungs auf dem Schoß, die nackten Schultern unter Badetüchern. Das Feuer brannte kräftig, die Größe war fast beängstigend – aber was könnte schon Feuer fangen, hier im Sand?

Alex ging weiter, hielt das Telefon vor sich. Als mehrere Balken aufploppten, hockte sie sich in den Sand, versuchte die Nachrichten zu aktualisieren, doch dann bekam die unmittelbare Dunkelheit Konturen, und zutage trat ein sich windendes Pärchen auf einem Handtuch. Alex brauchte einen Moment, bis sie den Jungen von vorhin erkannte, Theos hübschen blonden Freund, der seine Hand in der offenen Jeansshorts eines Mädchens hatte und sie hektisch hin- und herbewegte. Sie bemerkten Alex nicht.

»Gott«, sagte das Mädchen, die Stimme betrunken und schwimmend, »mach, was du willst.«

Alex verzog das Gesicht.

Ihr Telefon machte Pling – die Nachricht war raus.

Fast sofort erschienen drei Punkte. Dom schrieb.

du sagst du rufst an aber tust es nicht
hab gehört du bist noch da draußen

Wie hatte Dom bloß herausgefunden, wo sie war? Alex ging die Möglichkeiten durch. Wusste einer ihrer Mitbewohner Bescheid? Hatte Alex es jemandem erzählt? Es ergab keinen Sinn. Sie hatte das kranke Gefühl, dass Dom sie nie vom Haken lassen würde. Dass sie nie von ihm loskommen würde, nie wirklich.

Sie tippte eine Nachricht.

Wir können morgen reden.

Seine Antwort kam postwendend.

Jetzt. Ruf mich an.

Sie starrte aufs Display. Eine neue Nachricht von Dom.

Alex?

Das Handy fing an zu klingeln, das Display leuchtete auf.

Sie schaltete es aus.

ALS ALEX ZUR Party zurückkehrte, waren die Essteller abgeräumt und die Tische jetzt voll von Käseplatten und Silbertabletts mit trocken wirkenden Keksen.

Konnte jeder sehen, wie zittrig Alex war?

Doch niemand nahm sie zur Kenntnis: Sie stocherten am Käse herum oder standen grüppchenweise neben den Heizpilzen. Die Party war leicht aus der Fasson geraten. Sichtbare Schweißflecken, einigen der Pferdeschwänze war die Luft ausgegangen. Zu Simon und dem General a.D. hatte sich die Frau des Generals gesellt, eine kräftige Frau in einem zu förmlichen Kleid, bei dem der Saum über den Boden schleifte. Simon suchte Alex' Blick und weitete die Augen. Alex wusste, dass das hieß, sie solle sich dazugesellen. Normalerweise hätte Alex sich sofort an Simons Seite begeben, ihr Gehorsam fröhlich und reibungslos. Heute Abend lächelte Alex zurück, ging aber nicht rüber.

Simons Miene durchzuckte Unmut.

Angespannt. Alex war angespannt. Sie wollte Simon nicht sehen, wenn sie so aufgebracht war, so neben sich stand. Schlechte Entscheidungen traf. Dom wusste, dass sie hier draußen war. Die ganze Sache würde knifflig werden. Sie würde nachher mit Simon reden. Auf der Rückfahrt. Schluss mit der Aufschieberei: Sie würde Simon alles erzählen, oder eine Version von allem. Zusammen fänden sie eine Lösung.

In Alex' Abwesenheit hatte ihr jemand Wein nachgeschenkt. Alex hielt einen Kellner an und ließ sich stattdessen einen Wodka Tonic bringen. Helen streichelte ihren Mops mit gekrallten Fingern, anscheinend nichtsahnend, dass ihr Mann drüben auf der Terrasse mit wieder einer anderen Frau im Gespräch war.

Alex war jetzt betrunken genug, um sich in den Dunstkreis des Ehemannes treiben zu lassen.

»Hi«, sagte Alex und prostete ihm zu.

Die Frau, mit der er sich unterhalten hatte, wirkte verärgert über Alex' Eindringen. »Ich hol mir mal meine Strickjacke«, sagte sie, wobei sie Alex ignorierte. »Bin gleich wieder da.«

»Ich rühre mich nicht vom Fleck«, sagte Helens Ehemann. Er hatte einen Akzent, der aber forciert wirkte, nach Arbeit klang. Noch immer hatte Alex keinerlei Interaktion zwischen ihm und Helen gesehen.

»Du bist sehr geduldig«, sagte Alex, nachdem die Frau weg war. »Mit deinem Dienst an der Allgemeinheit.«

Sie wechselten einen Blick – und da war es, ein kaum merkliches Verlagern von Energie, von Erkennen. Das Gesicht des Ehemannes rekalibrierte sich, ließ eine Schicht Falschheit fallen.

»Ich bin Alex«, sagte sie. »Du bist Helens Mann, stimmt's?«

»Victor«, sagte er. »Kennst du Helen?«

»Mein Freund kennt sie. Simon.« Sie nahm einen Schluck von ihrem Drink. »Gute Party.«

»In der Tat.«

»Helen scheint toll zu sein«, sagte Alex in ausdruckslosem Ton.

»Sie ist eine interessante Frau«, sagte Victor. Er war vorsichtig. Alex konnte seine Hingabe nur bewundern. Was würde es brauchen, um Victor zu knacken, ihn dazu zu bringen, aus der Rolle zu fallen?

»Seid ihr schon lange verheiratet?«

»Fünf Jahre.«

Alex zog die Augenbrauen hoch, sagte aber nichts. Zumindest war Simon ein echter Mensch. Es war leicht, sich einzureden, er sei angenehm, begehrenswert. Unvorstellbar, sich für jemanden wie Helen zu entscheiden. Und das war nichts Vorübergehendes – Victor hatte sich voll und ganz verpflichtet, sich hier ein Leben geschaffen oder zumindest beschlossen, das, was er hatte, als Leben zu bezeichnen.

»Seid ihr den ganzen Sommer hier draußen?«

»Klar, noch ein paar Tage«, sagte Victor. »Bis Labor Day.«

»Wir auch. Simon gibt eine Party. Eine Labor-Day-Party.«

»Mh.«

Alex deutete unbestimmt aufs Wasser.

»Und, wachst du jeden Morgen auf und springst ins Meer? Würde ich jedenfalls so machen.«

»Manchmal«, sagte Victor. »Helen bevorzugt den Pool.«

Victor wirkte belustigt von Alex, aber argwöhnisch. Alex versuchte seinem Blick standzuhalten, ihn nicht fallenzulassen. Sie war sich nicht sicher, was sie hier gerade machte. Welches Spiel hier gespielt wurde.

»Kann ich ihn sehen?«

»Den Pool?« Victor zuckte mit den Achseln. »Ich denk schon.«

Sie ließen das Haus, ließen die Party hinter sich – die Luft fühlte sich sofort besser an, als wären sie plötzlich losgeschnitten worden. Der Pfad wurde erhellt von Lampen, die in der Erde versenkt waren und dem Blattwerk über ihren Köpfen etwas Ausgeschnittenes gaben, wie eine Tapete. Das Tor zum Pool klemmte – Victor musste kräftig ziehen, bevor es aufging.

»Nach dir.«

Der Pool war ein sauberer Hohlkörper aus Licht, und er war größer als der von Simon, eingegrenzt von einer Backsteinterrasse. Alex konnte sich vorstellen, wie schön es wäre, ihn der Länge nach zu durchschwimmen, ein paar leichte Züge durchs Wasser. Alex schlüpfte aus den Schuhen und streifte mit dem Fuß die Wasseroberfläche. Das Wasser war wärmer als die Luft.

Victor stand hinter ihr, zögerte, doch als Alex sich setzte, um ihre Beine ins Wasser zu tauchen, setzte Victor sich neben sie.

»Ich wär heute fast ertrunken«, sagte Alex unwillkürlich. »Im Meer.«

»Oh Mann.« Seine Besorgnis schien echt.

»Ich weiß nicht. Ich bin eine ziemlich gute Schwimmerin. Ich glaube, es war vielleicht ein Rippstrom.«

»Die Dinger sind gefährlich«, sagte er. »Kein Witz.«

Das Schweigen, das zwischen ihnen herrschte, war nicht unangenehm.

Alex strich ihr Kleid glatt. »Simon hat mir das gekauft«, sagte sie. »Das Kleid.«

»Es ist schön.«

Alex zuckte mit den Achseln. »Ein bisschen streng, oder? Er mag alles etwas streng.«

Sie zog ihr Handy aus der Tasche. Es war noch aus.

»Der Empfang ist nicht so toll«, sagte Victor. »Das ist das einzig Blöde an diesem Haus.«

»So hält sie dich hier also gefangen? Deine Hilferufe werden nicht gesendet?«

»Hey«, sagte Victor. Er lächelte, aber Alex merkte, dass ihn das Gespräch nervös machte.

»Sorry.« Man durfte nicht zu sehr drängen, das wusste Alex, durfte manches nicht laut aussprechen.

»Sie ist toll«, sagte Victor. »Eine tolle Frau.«

Alex war zu betrunken. Sie spürte, dass sie ein irres Grinsen im Gesicht hatte. Sie klammerte sich noch fester ans Telefon und bewegte die Füße im Wasser. »Schade, dass ich kein Schwimmzeug dabeihab«, sagte sie. »Das Wasser ist perfekt.«

»Ach, spring ruhig rein.«

»Ich glaub eigentlich nicht, dass es so eine Party ist.« Alex nahm noch einen Schluck von ihrem Drink. »Oder springt ihr alle nach dem Dessert zusammen in den Pool, hab ich da was nicht mitgekriegt?«

»Sie ist wirklich nicht verkehrt«, sagte Victor. »Helen.«

»Das hab ich nicht gesagt.«

Es war gefährlich, so zu reden – die Informationen offenlegen, der Sache einen Namen geben.

»Geh du zuerst«, sagte Alex. »Ist schließlich dein Haus, oder?«

»Oh ja«, sagte Victor. »Das Ganze. So weit das Auge reicht.«

»Wo hast du vorher gewohnt?«

»London«, sagte er. »Dann Brüssel. Jetzt hier.« Er hielt den Blickkontakt.

Alex hatte den idiotischen Gedanken, dass Victor irgendwie in der Lage sein könne, ihr zu helfen. Mit dieser Dom-Sache. Wenn sie einfach die Situation erklären würde. Alex und Victor waren nicht so verschieden. Er schien jemand zu sein, der verstünde, wie schnell die Dinge kompliziert werden konnten.

Sie lächelte ihn an. Der Kick war vertraut. Die schwindelerregende Aufregung, sich selbst zuzuschauen und abzuwarten, was man als Nächstes tun würde.

»Ich geh rein, wenn du auch reingehst«, sagte Alex. Eine schlechte Idee hatte ihre eigene gnadenlose Logik, eine Dynamik, die heikel, aber auch richtig war.

»Und wenn dich jemand reinschmeißt?«, sagte er. »Was dann?«

»Das würdest du nicht tun.«

Eine Pause, eine Frage in der Luft, die auf Antwort wartete.

Alex war sich nicht sicher, ob er es tun würde, bis er es tatsächlich tat, bis er sich auf sie stürzte, sie ungestüm umarmte – sie schwankten kurz, bevor er sein Gewicht verlagerte und sie beide ins Wasser klatschten. Alex tauchte lachend auf. Ihr Drink war in den Pool gefallen, die Limettenscheibe trieb dahin, das Glas sank in Zeitlupe auf den Boden.

Ihr Handy, sie hatte ihr Handy in der Hand gehabt, und es war noch immer in ihrer Hand, triefnass.

»Fuck«, sagte Alex, aber auch Victor lachte und zupfte an seinem durchnässten Hemd. Er driftete durchs Wasser auf Alex zu, sein Gesicht waberte in den Poollichtern. Sie berührten sich nicht, aber sie waren sich nahe. Alex' Kleid war schwer und schwebend zugleich. Sie stellten Blickkontakt her, und er schien zu fühlen, was sie fühlte: dass das hier richtig war, die richtige Situation, sie beide hier in diesem Pool. Alex trat mit den Beinen auf der Stelle. Es war nichts passiert, noch nicht, aber zwischen ihnen war etwas.

»Alex.«

Die Stimme kam von hinter dem Tor.

Dort, im seltsamen Licht, war Simon, die Hände in den Taschen. Er beobachtete sie, ohne zu lächeln.

Haha, dachte Alex. Der Mann da ist mein Freund. Seine Tochter ist keine gute Sängerin. Ich kann nicht zurück in die Stadt, weil ich blöde Sachen gemacht habe.

»Willst du da vielleicht rauskommen, Alex?«, sagte Simon.

Victor hatte aufgehört zu lachen, hatte aufgehört zu lächeln, aber Alex konnte nicht aufhören. Sie wusste, dass sie alles nur noch schlimmer machte, indem sie so lachte, und dennoch, sie trieb einen Augenblick zu lange, wartete einen Augenblick zu lange, bevor sie sich zu den Stufen schleppte, bevor sie sich aus dem Wasser zog.

3

AM MORGEN FÜHLTE sich Alex mehr oder weniger normal.

Die Vorhänge waren geschlossen, doch das Sonnenlicht dahinter war hell. Also war es schon spät. Kopfschmerzen blitzten immer wieder auf, kündigten sich aber nicht vollkommen an. Sie rutschte auf die kühlere Seite des Bettes. Leer – also war Simon bei der Arbeit oder radelte im Fitnessraum vor sich hin, vor einem der Filme, die er sich auf dem Laufband in halbstündigen Abschnitten ansah. Nicht mal Sport allein reichte: Jeder Moment musste ausgenutzt, aus allem musste mehr herausgepresst werden.

Alex' Körper enthielt Hinweise auf den vergangenen Abend. Ein unappetitlicher Geruch, Schweiß in den Kniebeugen, in den Achselhöhlen. Das Bettzeug fühlte sich nicht mehr frisch an. Die Erinnerung stieg auf – sie war schwimmen gegangen oder zumindest im Pool gewesen.

Simon war verärgert gewesen. Alex erinnerte sich jetzt an den Teil, kurz leuchtete die Heimfahrt auf: Die Heizung voll aufgedreht und auf ihr Kleid gerichtet, Alex saß auf Simons Jackett, damit das Polster nicht nass wurde.

War er wirklich sauer gewesen?

Es gab viele Wege, sich vor Wissen zu schützen, nicht zu sehr über Dinge nachzudenken, die man nicht bestätigt haben wollte.

Alex setzte sich auf und tastete nach dem Handy. Beim

Einschalten wurden die Icons sichtbar, doch dann flackerte das Display und wurde grau. Scheiße – das Handy war im Wasser gewesen. Kaputt? Als Alex es erneut einschaltete, schien es in Ordnung zu sein. Ihre Hände zitterten. Nur ein bisschen.

Sie machte sich nicht die Mühe, die Nachrichten abzurufen, nachzusehen, ob über Nacht frisches Gift eingetroffen war. Wie genau hatte Dom eigentlich erfahren, dass sie hier draußen war?

Unangenehm, sehr unangenehm – sie musste mit Simon reden. Es wurde Zeit.

Alex putzte sich die Zähne, dann ließ sie das Wasser warm laufen, um sich das Gesicht zu benetzen. Sie begann sich allmählich besser zu fühlen. Wacher auszusehen. Sie durchlief ihre Routine, hellte die Augen auf, tupfte Farbe auf die Wangen. Diese Arbeit fühlte sich tugendhaft an. Und wenn sie nicht direkt darüber nachdachte, schien auch die Übelkeit nachzulassen. Alex ging es gut. Es war alles bestens. Sie war dumm gewesen gestern Abend, leichtsinnig, aber sie und Victor hatten ja nichts gemacht. Ihr Handy war nicht kaputt. Sie würde mit Simon reden. Er würde wissen, was man gegen Dom unternehmen könnte.

Sie hatte gar nichts ruiniert. Das Unglück hatte Alex nicht berührt: Es war ihr nur so nahe gekommen, dass sie den kalten Hauch eines ganz anderen Ausgangs vorbeisausen spürte.

IM HAUS HERRSCHTE Stille. Lori musste hier gewesen sein – irgendwer hatte Kaffee in der Cafetière gelassen und einen leeren Becher auf die Anrichte gestellt. Der Kaffee war noch warm. Die Hanfmilch aus dem Kühlschrank hinterließ schwebende Klümpchen auf der Oberfläche. Alex versuchte sie mit dem Finger herauszustippen. Auch im Garten war niemand. Sie machte erneut den Kühlschrank auf: Da waren der Saft, die Marmeladen. Ein Gesundheitsbrot, das getoastet voll und nussig schmeckte. Das alles sah aus und roch nach zu viel des Guten. Sie machte die Tür zu. Lieber aufs Frühstück verzichten.

DIE TERRASSE WAR leer. Der Pool war leer. Simon arbeitete wahrscheinlich.

Nachdem sie geredet hätten, könnte Alex zum Strand fahren, mit einem der Fahrräder aus der Garage. Simon nervte sie ständig damit, eines der Räder zu nehmen, als sei es Alex' Pflicht, Spaß an Dingen zu haben, damit er es nicht musste. Oder Alex könnte einfach hier schwimmen. Der Pool sah heute besonders schön aus, ein Rechteck Blau, die Oberfläche ein Spiegelbild des Himmels.

Alex schlüpfte in einen Einteiler. Ein Badeanzug, den Simon mochte. Sie inspizierte ein eingewachsenes Haar in der Falte ihres Oberschenkels, eine Pustel, die vom Knibbeln nur noch schlimmer wurde. Sie zwang sich, das Stochern mit dem Fingernagel sein zu lassen, doch der Schaden war nicht mehr zu beheben.

DIE TÜR ZU Simons Büro war zu. Alex klopfte, dann begann sie sie aufzuschieben.

»Hallo?«, sagte sie.

Simon sah kurz zu Alex hoch, dann wieder auf seinen Computer.

»Alles okay?«, fragte Simon, die Augen am Bildschirm.

»Ich wollte nur mal Hallo sagen.«

Etwas an Simons Tonfall brachte Alex auf den Gedanken, dass sie richtige Kleidung hätte anziehen sollen. Zumindest Schuhe. Sie tat interessiert an den Büchern in den Regalen. Es kam ihr in den Sinn, dass noch genug Zeit war, zurück ins Haus zu gehen, die Sache auszusitzen.

»Hast du mir etwas zu sagen?«, fragte Simon und sah endlich zu ihr hoch.

Es war unmöglich, dass er über Dom Bescheid wusste. Nein, das ergab keinen Sinn. Konnte Dom irgendwie herausgefunden haben, dass Alex gerade hier wohnte?

»Ich habe heute Morgen das Auto gesehen«, fuhr Simon fort.

Alex lächelte, unabsichtlich, ein Lächeln purer Erleichterung. Bevor sie sich korrigieren konnte, bemerkte Simon das Lächeln. Es schien ihn sichtlich anzuwidern.

»Die Stoßstange«, sagte Simon, »das Rücklicht.«

»Was ist damit?«

Simon reagierte nicht; Alex drängte weiter.

»Ist dir gestern Abend jemand hinten draufgefahren?«

»Alex.« Simon seufzte. »Lori hat den Schaden schon gestern Nachmittag bemerkt.«

»Ist mir nicht aufgefallen«, sagte Alex. »Tut mir leid.«

Simon lächelte die Ecke der Zimmerdecke an.

»Okay«, sagte er. »Ist dir nicht aufgefallen.«

Alex registrierte, dass Simons Blick ihrem nicht ganz begegnete. Jetzt begann sie sich Sorgen zu machen. Zeit für den Abgang.

»Ich wollte nur Hallo sagen«, sagte Alex. »Sorry, dass ich dich gestört habe.«

Sie wandte sich zum Gehen. Sie war fast in Sicherheit, fast an der Tür.

»Und, große Pläne für heute?«, sagte Simon.

»Eigentlich nicht«, sagte Alex und drehte sich um. »Vielleicht zum Strand. Je nachdem.«

»Ich hab gedacht«, sagte Simon, »du könntest heute zurück in die Stadt fahren. In anderthalb Stunden geht ein Zug. Oder später, wenn du willst.«

»Wie bitte?« Alex stieß ein kleines Lachen aus.

»Ich muss arbeiten, Caroline will vielleicht für ein paar Tage kommen.« Simon deutete auf den Schreibtisch, die unsichtbare Form seiner Verpflichtungen.

»Ich kann mich beschäftigen«, sagte Alex. »Ich brauch eigentlich nichts. Wenn du und Caroline abhängen wollt.«

Es fühlte sich fast wie Aufregung an, diese Dringlichkeit, die sie überkam, das vibrierende Gefühl, dass Alex in Ordnung bringen musste, was schiefgegangen war. Was *gerade schiefging*. Simon sah sie nicht an. Der Badeanzug war in ihre Poritze gerutscht, aber sie zwang sich, ihn nicht wieder hervorzuziehen. Alex lächelte mit aller Kraft weiter.

»Oder ich könnte für ein paar Tage woanders unterkommen«, sagte Alex. »Irgendwo ist bestimmt Platz, dann habt ihr beiden eure Ruhe?«

»Ich bin nicht sicher, ob das sinnvoll ist«, sagte Simon.

»Oder ich könnte Caroline kennenlernen. Das würde ich gern.«

Simon schob seinen Stuhl zurück von seinem Schreibtisch. »Es ist kein guter Zeitpunkt, Alex.«

Alex konnte sich vorstellen, wie sie für Simon aussehen musste, von dort hinter dem Schreibtisch. Ein dünnes Mädchen, barfuß, in einem teuren Badeanzug, den Simon ihr gekauft hatte. Noch ein Problem, das gelöst werden musste.

»Bist du sauer auf mich?«

Es war eine schreckliche Frage, das wusste sie, kaum dass sie sie gestellt hatte, eine Frage, die die Antwort schon immer in sich barg. Alex sah, dass Simon nicht mehr bei der Sache war, nicht mehr verwickelt war in das Drama, das Alex heraufbeschwor. Ein Schalter war umgelegt worden. Das war das Schlimmste daran – zuzusehen, wie hastig Simon sich zurückzog, Geschäftsmäßigkeit walten ließ.

»Lass uns in einer Woche reden, in ein paar Tagen«, sagte Simon. Er klang, als wäre niemals ein Mensch erschöpfter gewesen als er. Er wollte Alex beschwichtigen, sie managen, wie er seine Kunden managte.

»Aber mein Handy ist kaputt«, sagte Alex. Sie hörte, wie jämmerlich das klang. Es schien unfair, sträflich unfair, wie grausam Simon sich benahm.

»Du bist damit schwimmen gegangen.«

»Er hat mich reingeschubst. Du weißt, dass er mich reingeschubst hat.«

Simon kniff sich in die Nasenwurzel. Alex fühlte, wie wenige verbleibende Minuten sie noch hatte, wie plötzlich das alles zu Ende ging. Ihr schwirrte der Kopf. Sie dachte an das Bett, das sie an diesem Morgen verlassen hatte – sie hatte sich an den Umstand des Bettes gewöhnt. Jetzt löste es sich auf.

»Ich kann nirgends hin«, sagte Alex.

»Das kann nicht sein. Hast du nicht deine Wohnung?«

Alex starrte Simon an, versuchte im Geiste, nach etwas Halt zu strampeln, aber da war nichts. Die Situation erlaubte keine Wut, ebensowenig dieses jähe Gefühl von Verlorenheit, das sie überkam.

»Bitte.« Alex merkte, wie ihr die Gesichtszüge entglitten.

»Willst du Geld?«, fragte Simon. »Bittest du mich gerade um Geld?«

»Nein«, sagte sie mit heißen Wangen. Die Berechnungen waren zu düster, um sie anzustellen; natürlich würde sie Geld brauchen.

»So hatte ich mir das nicht vorgestellt«, sagte Simon. Er warf einen Blick auf seinen Computerbildschirm, versuchte es unbemerkt zu tun. »Lori kann dich zum Bahnhof fahren. Sie kauft dir eine Fahrkarte.«

Simon nahm sein Telefon, die Daumen bewegten sich angestrengt, wobei Alex erkennen konnte, dass sein Blick ins Leere ging. Könnte Alex einfach hier stehen bleiben, bis er seine Meinung änderte? Die rohe Anwesenheit nutzen, um die Sache auszusitzen? Könnte das alles, solange sie den Raum nicht verließ, eine andere Wendung nehmen?

Simon schaute zu Alex auf, doch seine Miene war fragend, als wäre gerade ein wildfremder Mensch in sein Büro spaziert. Dann wurde sein Blick weicher: nur eine Spur, aber genug, dass Alex es wahrnahm.

»Ich ruf dich irgendwann an«, sagte Simon. »Vielleicht, wenn Caroline wieder weg ist.«

ALEX SUCHTE IHRE Kleidung zusammen, während sich die Haushälterin, die nervöse Wache, in der Nähe der Schlafzimmertür aufhielt. Hatte Lori die Haushälterin dort postiert? Woran sollte die Frau Alex hindern? Am Stehlen? Alex packte die Kleidung, die Simon ihr geschenkt hatte, in ihren schwarzen Weekender, eine übergroße Schultertasche. Die Kleider in den tristen Farben, die Hosen mit dem Hauch von Büro. Alex spielte mit dem Gedanken, alles zurückzulassen, was Simon ihr gekauft hatte – die ganze Kleidung als Haufen aufs Bett zu kippen –, doch schon bei der Vorstellung dieser Geste war ihr klar, dass sie es niemals tun würde. Notfalls könnte sie ein bisschen was von dem Zeug verkaufen. Es war dumm gewesen, die Preisschilder zu entfernen. Anzunehmen, dass irgendetwas von dem Ganzen von Dauer sein würde.

Alex faltete alles sorgfältig zusammen, bevor sie es in die Tasche legte. Sie sah bislang unbemerkte Flecken auf einer Seidenbluse, eine Aura von Schweiß im Achselbereich. All diese herrlichen Sachen, die sie ruiniert hatte.

Im Badezimmer packte sie ihre Tiegel, ihre Cremes zusammen. Im Schrank waren Pillen: Simons Schlaftabletten, seine Schmerzmittel. Sie staubte ein paar Schlaftabletten ab und gab sie zu den restlichen Schmerzmitteln hinzu. Kein Grund, jetzt nicht den ganzen Vorrat mitzunehmen. Bevor sie die Dose einsteckte, schluckte sie eine der Schmerztabletten mit einer Handvoll Wasser aus dem Hahn. Das hatte sie sich verdient.

Eine Sekunde lang hatte Alex das Gefühl, sie liebe Simon, hatte das Gefühl, dass der Abgrund, in den sie blickte, ihr künftiges Leben ohne diese Person darstellte, diese von Alex geliebte Person. Simons Welt würde sich versiegeln, die Räume seines Hauses würden Alex' Anwesenheit vergessen. Hier ging es ihr gut. Sie war beschützt worden. Aber selbst als sie merkte, wie ihre Augen feucht wurden, war da ein Haken, eine Befangenheit, ein Sternchen hinter jedem aufrichtigen Gefühl. Sie würde eine Unterkunft finden müssen. Sie würde sich Dom vom Leib halten müssen. Der Horror der alltäglichen Aufgaben begann sich vor ihr aufzutürmen. Das Leben flachte so schnell ab angesichts dieser stumpfen Logistik – wie dumm Alex gewesen war, zu denken, sie könne sich entspannen.

Alex fand einen Fünfziger in einer von Simons Hosen, die er in den Wäschekorb gelegt hatte, dann nahm sie eine seiner Uhren in die Hand und legte sie zwei Mal wieder hin, bevor sie sie in ihre Handtasche fallen ließ. Die Handtasche, die Simon ihr gekauft hatte.

DER TAG WAR heiter und der Himmel klar. Lori trug ihre Sonnenbrille, eine billige Tankstellenbrille mit blauem Spiegelglas. Sie wartete neben dem Auto.

»Können wir los?«

Simons Auto war schon weg.

»Wo ist er?«

»Weiß nicht genau«, sagte Lori.

Anstatt sich in Loris Auto zu setzen, drehte Alex ab in Richtung Büro.

»Lass es«, rief Lori ihr nach. Aber was konnte Lori dagegen tun? Sie würde Alex nicht physisch zurückhalten.

Als Alex die Tür öffnete, war das Büro leer.

»Sagte ich doch«, meinte Lori hinter ihr. Alex wusste nicht, was sie erwartet hatte – irgendeine letzte Chance, eine Möglichkeit, Einspruch zu erheben. Bisher war ihr doch immer etwas eingefallen.

Lori wartete nicht darauf, dass Alex ihr zurück zum Auto folgte, aber natürlich tat es Alex.

HINTER DEM BAHNHOF mit den weißen Schindeln und dem breiten betonierten Bahnsteig zitterte eine Baumreihe in der Brise, ein Kräuseln von Grün. Ein satteres Grün als Grün. Alles wirkte zu lebhaft. Es würde nur wenige Stunden dauern, eine einfache Fahrt, und Alex wäre wieder in der Stadt. Und nun würde sich eine Membran über diesen Sommer legen und ihn versiegeln. Er würde zu etwas werden, das geschehen war, etwas, das vorbei war. Ein Leben, an dessen Rand sie vorgedrungen war. Alex wusste genau, was für ein Glück sie gehabt hatte: Das war nicht das Problem gewesen.

LORI WAR GESPRÄCHIG, auf der Fahrt zum Bahnhof, fast manisch, ihr Tonfall geschwätzig und fröhlich. Die Situation kam Lori sicher bekannt vor – vielleicht geschah das regelmäßig, irgendeine junge Frau, die verschwinden musste, während Simon demonstrativ abwesend war und Lori damit beauftragte, sein Chaos zu beseitigen.

Du warst die Ausnahme, bis du's nicht mehr warst.

Loris Auto war zugemüllt: Kaffee versauerte in Pappbechern, ein metallener Sonnenschutz lag zusammengefaltet auf dem Rücksitz auf einem Schlafsack. Es roch nach Simons Hund. Alex' Kater wurde manifest, kaperte ihr Nervensystem.

»Könnte doch nett werden«, sagte Lori. »In der Stadt zu sein.«

Alex reagierte nicht, schaute aus dem Fenster, während Lori die vielen schattigen Nebenstraßen entlangfuhr, bis sie in die Nähe des Bahnhofs kamen, in die Nähe des Städtchens. Sie passierten Restaurants, wo sie mit Simon gegessen hatte, Straßen, die zu den Häusern seiner Freunde führten. Zu nichts mehr davon hatte sie Zugang.

»Weißt du«, fuhr Lori fort. »Die Stadt leert sich, im August. Das kann toll sein.«

Als Alex schwieg, warf Lori ihr einen Blick zu.

»Er ist ein komplizierter Typ«, sagte sie. »Es liegt nicht an dir.«

Alex wusste nicht, warum Lori plötzlich nett war – entschuldigend sogar.

»Alles *bestens*«, sagte Alex.

»Er ist ein bisschen wie ein Kind, um ehrlich zu sein«, sagte Lori. »Total realitätsfern. Unfähig. Ohne mich würde er wahrscheinlich verhungern.«

Alex betrachtete Loris Gesicht. Lori hasste Simon, hatte ihn immer gehasst – das war jetzt offensichtlich. Seltsam, dass es Alex erst jetzt auffiel.

ALEX LIESS SICH von Lori die Fahrkarte kaufen. Lori steckte die Quittung ein – für Simon, vermutete Alex, für die Spesenrechnung. Oder vielleicht sollte sie sie als Beweis vorlegen, dass Alex wirklich weg war.

»Wär's das?«, sagte Lori, als Alex mit ihrer einzelnen Tasche dastand. Es war keine Frage.

4

ALEX SASS AUF dem Bahnsteig. Auf einer Bank in der Nähe unterhielten sich zwei Typen in ausgebleichten Chino-Shorts und Baseballkappen angeregt, die Beine weit gespreizt. Sie wiegten riesige Plastikwasserflaschen im Arm und hörten nur auf zu reden, um hin und wieder dramatische Schlucke daraus zu nehmen. Sie sprachen gerade über eine Sonnenfinsternis in diesem Sommer, eine partielle Sonnenfinsternis. Es ging darum, wie der Mond anfangen würde zu wanken. Offensichtlich nicht in dieser Sekunde, aber bald. Der Mond, der da oben am Himmel wankt, und dann sind wir alle gearscht. Die Aussicht darauf schienen sie aufregend zu finden. Als sie Alex bemerkten, redeten sie nur noch lauter.

Je lauter sie redeten, desto mehr pulsierten Alex' Kopfschmerzen, bohrten sich durch den Schmerzmittelflausch. Man konnte bisweilen überwältigt werden von der Abneigung gegen wildfremde Leute: Wenn diese Jungs sich in nichts auflösten, würde die Welt sie wirklich vermissen?

Aber Alex würde man ja auch nicht vermissen, oder?

Alex blätterte ein Gratismagazin durch, das stapelweise auf dem Bahnsteig lag. Interviews mit örtlichen Restaurantbesitzern und amphetamingrinsenden Fitnessgurus, Geschenkideen für Gastgeberinnen, vor allem Dinge aus mundgeblasenem Glas. Ein Rosé in limitierter Edition, produziert von einem Supermodel, das jetzt in ihren Fünfzigern war. Das Magazin bestand hauptsächlich aus Werbeanzeigen. Bei näherem Hinsehen stellte sie fest, dass auch die Interviews Werbeanzeigen waren. Eine ganze Seite wurde vom Porträt eines fleischigen Maklers im Anzug und ohne Krawatte beansprucht, der auf unangenehme Weise lächelte.

Alex' Atem war abgestanden, Schweiß sammelte sich entlang ihres Haaransatzes. In ihrer Tasche war ein Apfel, ein grüner Apfel, und ein Tütchen gewürzter Mandeln. Ein zerdrückter Proteinriegel. Die Luft wirkte außerordentlich schwer. Noch eine Strafe. Die Dinge sprangen hastig hin und her zwischen wirklich und unwirklich.

Alex ging ihre Kontakte durch. Die Namen scrollten vorbei – manche hatte sie ein Mal getroffen, Männer, deren Nachnamen sie nie gekannt hatte.

Chris Party
Nicht Rangehen
Bens Freund gramercy
86th Street

Eine Liste von Leuten, die sie entweder vergessen oder in irgendeiner Weise vergrätzt hatte.

Wie viele Monatsmieten war sie ihren alten Mitbewohnern schuldig? Egal, Dom schien ohnehin zu wissen, dass sie dort gewohnt hatte. Sie war nicht willkommen im Mercer, nicht willkommen im Mark. Alex fiel niemand ein, den sie anrufen könnte, niemand, dem sie ihren Fall schildern könnte.

Sie begann eine Nachricht an Simon zu schreiben.

Können wir nicht reden?

Sie sah den Cursor blinken – dann löschte sie die Nachricht. In dreißig Minuten fuhr der Zug.

ALEX RIEF WILL an. Er war noch in der Stadt. Dachte sie zumindest: Sie hatten sich seit einem Jahr nicht mehr gesprochen. Vielleicht länger. Aber sie waren doch Freunde gewesen, oder nicht? Sie hatte sich bei ihm entschuldigt, sie war ziemlich sicher.

»Hallo«, sagte Will nach dem zweiten Klingeln.

Alex stand im schattigen Teil des Bahnsteigs. »Ich bin's, Alex.«

Er atmete aus und stieß dabei ein scharfes Lachen aus. Nicht mal eine Pause, bevor er loslegte.

»Ruf mich nie wieder an«, sagte Will, »ich mein's ernst.« Sie hörte, wie er irgendwem etwas zumurmelte, irgendein Gespräch fortsetzte, und dann kurzerhand auflegte.

Alex versuchte es bei Jon.

»Hey« – die Leitung stotterte ein wenig. Alex tigerte in der Sonne auf und ab. »Ich bin's«, sagte sie.

»Was gibt's?« Jons Stimme war ausdruckslos. Jon war einer der Letzten, mit denen Alex sich getroffen hatte, bevor sie Simon kennenlernte, fast ein Stammkunde.

»Nichts.« Alex lachte. »Bist du zu Hause?«

»Es ist Dienstag. Ich bin im Büro.«

»Ach so.« Es entstand eine lange Pause. »Ich bin's, Alex«, sagte sie.

»Ja, schon klar.«

Nicht sehr vielversprechend.

»Also«, sagte Alex, »ich denke drüber nach, zurück in die Stadt zu kommen.«

Jon war das Telefon aus der Hand gefallen, Geräusche zischelten durch den Lautsprecher.

»Hallo?«, sagte Alex.

»War mir nicht klar, dass du nicht hier bist«, sagte Jon.

Seine Stimme war tonlos, schwach – nicht wütend, nur desinteressiert, zutiefst desinteressiert.

»Ja. Na ja«, sagte Alex, und ihr Auf und Ab beschränkte sich auf immer kürzere Spannweiten. »War ich nicht, aber jetzt, weißt du, werde ich's sein.«

»Toll.«

Alex konnte sich vorstellen, welches Gesicht Jon gerade zog, da oben in der rezirkulierten Luft seines Büros. Alex hatte eine saftige Hotelrechnung mit seiner Kreditkarte bezahlt, wie sie sich vage erinnerte – sie hatte eine weitere Nacht drangehängt, sich vom Personal Mrs Anderson nennen lassen oder wie auch immer er mit Nachnamen hieß. Er war wenig erfreut gewesen. Die Einzelheiten beließ sie im Unscharfen.

»Ich hab gedacht«, sagte Alex, »vielleicht könnte ich kurz bei dir wohnen.«

Sie war nur einmal in seiner Wohnung gewesen: einer vermieterweißen Einzimmerwohnung in Tribeca. Er hatte Pinkelmatten in der Ecke für seinen Hund und eine Klimmzugstange in seiner Schlafzimmertür.

»Ähm.« Stille in der Leitung. »Ich weiß nicht, ob das eine gute Idee ist.«

»Nur für eine Woche. Ein paar Tage.« Schweigen. »Wir hatten doch Spaß«, sagte Alex und schlug eine leisere Stimmlage an, »oder nicht?«

Jon gab einen Laut gespielten Bedauerns von sich. »Alex. Es ist einfach«, sagte er, »keine gute Idee.«

Alex' Handy ging aus, bevor sie antworten konnte. Sie schaltete es wieder ein. Als es hochfuhr, flackerte ein Balken Schnee über das Display. Sie schaltete das Telefon aus.

Keine gute Idee.

Das war heute schon das zweite Mal, dass jemand ihr das sagte.

Sie sah auf ihr Telefon, aus Gewohnheit, obwohl sie wusste, dass es aus war. Ihr wässriges Spiegelbild starrte vom Display zurück. Wen könnte sie noch anrufen?

Laut Bahnhofsuhr war es kurz vor zwölf. Alex spürte, wie die Oberseiten ihrer Arme heiß wurden, die ersten Stiche eines Sonnenbrands. Sie stellte sich in den Schatten.

War Simon schon von ihrer Abfahrt in Kenntnis gesetzt worden?

Simon.

Er war sauer auf sie, ja. Genau in diesem Moment. Aber sie kannte Simon. Den Teil seiner Person, der einsam und gierig war und Angst hatte, nicht die Dinge zu kriegen, die er wollte – er würde anfangen, sie zu vermissen. Schon sehr bald.

Und hatte er nicht gesagt, er werde sie anrufen? Hatte er nicht ausdrücklich die Tür einen Spaltbreit offen gelassen? Er war zu schlau, um Dinge zu sagen, die er nicht meinte.

Sie spielte ihr letztes Gespräch noch einmal ab, kniff im Geiste die Augen zu. Und dann noch einmal.

Jetzt wurde sie klarer, die Situation. Auf welche Weise man das Ganze durchspielen musste. Er hatte ihr eine Botschaft übermittelt, Simon. Er bat sie zu warten, ihm ein paar Tage Zeit zu geben.

Wie hatte sie das bloß missverstehen können? Eine Pause – mehr war das hier nicht.

Ganz einfach. Alex würde hierbleiben bis Labor Day. Nur bis zu Simons Labor-Day-Party.

Simon wäre ein bisschen betrunken auf der Party. Er würde mit Alex rechnen, vielleicht sogar Sorge haben, sie werde nicht auftauchen. Sorge haben, dass sie irgendwie sein Signal verpasst, seine Einladung nicht verstanden hätte.

Dann käme Alex herein. Sie würde direkt auf Simon zugehen. Sie würde sich entschuldigen, sie würde ihn beschwichtigen. Und dann? Dann würde Simon sie zurücknehmen, denn das war das von ihm arrangierte Spiel, beide hätten ihr Ziel erreicht, und alles wäre gut.

Es war offensichtlich, jetzt, wo sie drüber nachdachte. Weniger offensichtlich: Wie sie die nächsten sechs Tage verheizen sollte.

ETWA VIERHUNDERT DOLLAR waren auf Alex' Konto. Vielleicht ein bisschen mehr. Sie hatte nicht nachgesehen, seit sie hier draußen war, weil es nicht nötig gewesen war: Simon hatte sich um alles gekümmert.

Es reichte nicht – egal wie herum sie den Kringel um die Zahl zog. Sie könnte sich für eine Nacht ein Hotelzimmer nehmen. Vielleicht. Aber hier gab es ja nicht mal Hotels, nur die alten viktorianischen Pensionen, gefüllt mit den ungeliebtesten Verwandten oder den milchigen Europäern. Mehr denn je wirkte dieser Ort wie eine Ansammlung von Häusern, wohin das Auge reichte, oder mehr noch wie eine Ansammlung von Toren. Ein guter Trick, wenn man darüber nachdachte. Wie privat alles war, wie versteckt. Um noch besser auszugrenzen, wer nicht dazugehörte. Es war undenkbar, es machte einen rasend, wie viele dieser Häuser leer standen.

DER AUS DER Stadt kommende Zug fuhr ein, und die Türen öffneten sich schaudernd. Eine Menschenmasse stieg aus – eine Frau, die sich ein Baby vor den Brustkorb geschnallt hatte, ein mit Tennisschlägern bewaffnetes Pärchen, launische Teenager, die sich mit vorauseilender Ungeduld nach der Haushälterin umsahen, die losgeschickt worden war, um sie abzuholen. Die Leute strebten auf jemanden oder etwas zu, irgendeinen Endpunkt, der ihrer Ankunft entgegensah.

Die letzten Passagiere strömten aus dem Zug, lachten und kreischten, während sie den Bahnsteig fluteten. Es war eine Gruppe von zehn bis zwölf Leuten, alle Anfang zwanzig, gekleidet für eine bestimmte Form von Freizeit. Sie redeten zu laut, spielten sich auf, dass sie Urlaub machten, Spirituosen ragten aus Schultertaschen. Dieses Jahr sollten Frauen kleine Korbhandtaschen kaufen, als wären sie Jane Birkin. Alex beobachtete ein Mädchen, das eine Korbhandtasche trug. Der unglückselige Effekt war, dass die Person mit der Tasche in der Hand offenkundig nicht Jane Birkin war. Das Mädchen trug ein langes geblümtes Kleid, das nagelneu aussah, wahrscheinlich extra für diese Reise gekauft.

Es waren Ferienhausleute, schätzte Alex, fünfzehn bis zwanzig Personen, die sich in ein dünnwandiges neues Fertighaus zwängten, mit billig in der Stadt gekauften und zum Transport in Badetücher gewickelten Tequilaflaschen. Sie würden Montagabend wieder fahren und sich einbilden, ganz nah an etwas herangekommen zu sein, eine exklusive Erfahrung gemacht zu haben. In Wahrheit würde die Welt, die sie sich vorstellten, sie niemals miteinbeziehen.

DIE BEIDEN TYPEN, die auf dem Bahnsteig gewartet hatten, standen auf, um sich der Gruppe anzuschließen. Alle gaben sich ringsum die Hände und stellten sich vor – also, begriff Alex, kannten sich die Leute nicht sonderlich gut. Ein Junge klopfte einem anderen auf den Rücken, während sie irgendetwas auf ihren Displays verglichen.

Als eines der Mädchen Alex ansah, wurde Alex etwas munter, reine Gewohnheit.

»Hallo«, sagte das Mädchen, und ihre Stimme ging fragend hoch.

»Hey«, sagte Alex winkend. »Hallo.«

Das Mädchen lächelte reflexhaft; Mädchen waren so höflich, sorgten so bereitwillig dafür, dass andere sich wohlfühlten.

Alex stand auf, als das Mädchen herüberkam.

»Wie war die Fahrt?«, fragte Alex.

»Ach«, sagte das Mädchen, »ganz okay. Halt so 'n bisschen dritteweltmäßig – voll das Gedränge.« Sie trug winzige Perlenohrringe, einen leichten Pullover von Patagonia. Einen tropisch bedruckten Rock, der ihre blassen Beine zur Geltung brachte. »Voll heiß heute, oder? Aber im Zug ist die Klimaanlage so, dass man sich totfriert.«

Alex lachte, doch sie beobachtete das Mädchen und gleichzeitig die Leute dahinter. Alex lehnte sich zu dem Mädchen.

»Ich bin Alex. Ich glaub, wir haben uns schon mal kennengelernt. Oder?«

»Ja, voll«, sagte das Mädchen und blinzelte hastig. »Hey. Lynn.«

»Stimmt, Lynn«, sagte Alex. »Ich erinnere mich.« Es geschah einfach, entwickelte eine Eigendynamik. »Wie ist denn jetzt der Plan?«

»Mh, ich glaub, Brian hat ein Auto bestellt?«, sagte Lynn achselzuckend. »Oder wir müssen mehrmals fahren, je nachdem.«

Einer der Typen, der auf dem Bahnsteig gewartet hatte, kam zu ihnen.

»Wir nehmen uns jetzt einfach ein Taxi«, sagte er. »Ist zwar schweineteuer, aber hier rumzusitzen geht alles von meiner Ferienzeit ab.«

»Soll ich jetzt mitkommen? Mit euch?«, fragte das Mädchen. »Was ist mit Brian?«

»Wir sollten jetzt einfach fahren«, sagte Alex. »Wir können ihm ja vom Taxi aus schreiben.«

Der Typ sah Alex an, ein Moment der Verwirrung, ein schneller zweiter Blick, und stutzte aber nur kurz.

»Genau«, sagte er. »Genau. Gut.«

Und so drängte sich Alex mit den anderen auf die Rückbank eines Großraumtaxis.

Der Fahrer schien der Gruppe schon beim Einsteigen überdrüssig, und Alex genauso. Die Stimmen waren zu laut, die Witze ausgelutscht, irgendeiner Sitcom oder einem Film entnommen. Doch Alex lächelte. Lächeln war wichtig. Alles würde gut werden. Es war nicht genug Platz in dem Minivan: Alex musste bei einem der Jungs auf dem Schoß sitzen.

»Sitzt du bequem?«, fragte der Junge. Drückte er ihr seinen Schritt an den Hintern? Alex lächelte weiter.

ALEX SUCHTE NACH einem sauberen Glas, aber in keinem der Küchenschränke waren welche. Nur ein Turm roter Plastikbecher und ein paar gebrauchte Kaffeebecher in der Spüle. Die Geschirrspülmaschine war fies und feuchtwarm, als sie sie öffnete, und roch nach Bier. Auch dort keine Gläser. Musik pulsierte aus dem Garten und würfelte jedweden Denkversuch durcheinander. Schwer vorstellbar, dass die Leute, die hier übernachteten, es ertragen konnten, geschweige denn die Nachbarn.

Ein Mädchen kam durch die Haustür, zog einen großen Rollkoffer hinter sich her. »Wo soll ich mein Zeug hintun?«, fragte sie.

Wegen der Musik konnte Alex nicht hören, was das Mädchen als Nächstes sagte.

Alex deutete zur Treppe. »Versuch's mal mit dem ersten Zimmer oben.«

Das Haus war neu, mit falschen Gipssäulen, einem Wohnzimmer mit doppelter Deckenhöhe, klobigen Holzmöbeln und Polsterbezügen, die man in der Maschine waschen konnte. Es roch nach Raumspray und Kartoffelchips aus Vorratspackungen. Die Arbeitsplatte war zugestellt mit Alkohol in gigantischen Industriegrößen, der Marmor darunter lasiert von verschütteter Flüssigkeit. Sie hatte schon einen Blick auf den Pool draußen geworfen. Er sah etwas grau aus. Hin und wieder zockelte ein Poolroboter über den Boden des Beckens, eine halb in sich zusammengefallene Luftmatratze trieb auf dem Wasser. Bierflaschen standen verstreut auf den umliegenden Tischen und ergossen sich aus einer schwarzen Mülltüte ins Gras.

Alex zog sich im Badezimmer ihren Bikini an. Ein Bikini war die richtige Wahl für dieses Haus, für diese Leute. Das Badezimmer war ekelerregend – ein Haartrockner steckte noch in der Steckdose, ein Handtuch mit Selbstbräunerstreifen lag zerknüllt auf dem Boden. Flecken marmorierten die Toilettenschüssel. Sie drückte die Spülung mit ihrem sandalenbekleideten Fuß.

Alex versteckte ihre Tasche im Schrank. Sie fand ein Zimmer mit vier nackten Doppelmatratzen und einem Futon und legte einen Pullover auf den Futon, um ihn zu besetzen.

Sie füllte einen Plastikbecher am Wasserhahn in der Küche, leerte ihn, dann kippte sie einen Schluck Wodka hinein. Sie kämmte sich mit den Fingerspitzen die Haare, fuhr sich mit der Zunge über die Vorderzähne. Sie mixte einen zweiten Drink, diesmal mit viel mehr Alkohol und einem Schluck lauwarmem Cranberrysaft und ging mit beiden Bechern in den Garten.

Sie begutachtete die Szenerie: Eine Gruppe spielte Bier Pong, das Bier schwappte auf den fleckigen Rasen. Ein Publikum, bestehend aus Mädchen in Bikinitops und Keilabsätzen, hielt sich abseits, die Ellenbogen nervös mit den Händen umklammernd, die Mienen starr vom Interesseheucheln. Der Aufbau erinnerte an einen billigen Porno, wo niemand richtig gut aussah, aber alle wild auf Action waren.

»Hier«, sagte Alex und reichte dem Typen im Liegestuhl, der aussah, als könnte er hier das Sagen haben, den stärkeren der beiden Drinks. War das Brian?

Er war überrascht, das merkte Alex; er versuchte Alex'

Gesicht hinter ihrer Sonnenbrille auszumachen. »Danke«, sagte er. Er war nicht besonders gutaussehend, zwang seinen Zügen mit aggressiver Gesichtsbehaarung Gestalt auf.

Alex stieß ihren Becher gegen seinen, ein hohles Aufeinandertreffen von Billigplastik.

»Cheers.«

Alex trank aus, und er tat es ihr nach.

»Das war ne gute Idee«, sagte Alex. »Mal raus aus der Stadt zu kommen.«

»Oder?«, sagte der Mann und nahm Alex' lockeres Lächeln zur Kenntnis, ihren Bikini. Alex merkte, wie er sich entspannte, wie seine leichte Irritation überging in benommenes Wohlgefallen, die Bereitschaft, mitzuspielen bei der Idee, sie könnten sich von irgendwoher kennen. So geschah es jedes Mal; Alex, die sich weit genug aufdrängte, damit die Leute aufmerkten, damit sie nervös wurden. Es war einfach, diese Nervosität in Adrenalin, Interesse, Nachgiebigkeit zu verwandeln.

AM SPÄTEN NACHMITTAG war Alex betrunken genug, um etwas Ähnliches wie Spaß zu haben. Spaß war es nicht gerade – es war nur, dass die Momente miteinander verwischten und sie nichts dagegen hatte, den Faden zu verlieren.

Wen kümmerte Lori, was auch immer sie Simon berichtete? Simons grimmiger, mit Zecken gespickter Hund. Alex' Leben mit Simon schien Millionen von Meilen entfernt, Teil einer Geschichte, die sie nicht betraf, nicht in diesem Moment, und wenn sie Simons Gesicht heraufzubeschwören versuchte, waren es nur Details, die ihr ungebeten in den Sinn kamen: Die magentafarbene Ader, die seinen Schwanz der Länge nach säumte. Wie er es mochte, einen Zeigefinger in sein Arschloch gesteckt zu bekommen. Seine Orgasmen, die immer beängstigend klagend geklungen hatten.

Alex wusste nicht, wie spät es war. Die Musik war laut, endlos. Konnte man ewig so leben, in irgendeiner Parallelwelt, die beherrscht war von Gegenwärtigkeit? Schon jetzt schien die Gruppe allerlei Vorfälle durchlaufen zu haben, allerlei Dramen. Beim Eiswürfelholen erteilte Alex einem weinenden Mädchen im Badezimmer Rat; selbst das Weinen hatte etwas von forcierter Fröhlichkeit, obwohl das Mädchen zusammengesackt neben dem Waschbecken saß, eine Haltung, die ihr leichtes Doppelkinn betonte. Sie trug ein klitzekleines silbernes *E* an einer Kette um den Hals, und beim Weinen fasste sie ständig an den Buchstaben.

Von dem, was Alex ausmachen konnte, befand sich das Mädchen in einer On-off-Beziehung mit einem der Jungs hier, und er hatte sie angeschnauzt, als sie ihn vor seinen Freunden küssen wollte. Alex schätzte sich manchmal glücklich, von solch gewöhnlichem Chaos ausgenommen zu sein. Ihre Abmachungen waren zumindest ein Versuch, die Bedürfnisse beider zu berücksichtigen, sie boten eine Abkürzung, die diesen ganzen Sumpf umging. Wer wollte schon dieses Mädchen im Badezimmer sein, die einem rotgesichtigen Typen hinterherheulte, der in der Öffentlichkeit nichts von ihr wissen wollte?

Die rechte Brust des Mädchens fiel andauernd aus ihrem Bikinioberteil.

Alex zupfte das Oberteil wieder zurecht.

Alex brachte dem Mädchen einen Becher Wasser. Das Mädchen starrte den Becher an.

»Na komm«, sagte Alex. »Trink. Trink aus.«

Das Mädchen verschüttete den halben Becher über ihrer Brust. Sie betrachtete sich mit mildem Erstaunen.

»Scheiße.« Sie wischte mit einer halbherzigen Faust.

Alex steckte dem Mädchen die Haare hinter die Ohren.

»Alles wird gut«, sagte Alex, »alles ist bestens.«

Als sich das Mädchen beruhigt hatte, fragte Alex, ob sie sich ihr Handy ausleihen könne.

Das Mädchen nickte leidend und schob das Telefon über den Boden in Alex' Richtung.

Alex checkte ihre Mails – von Simon kein Wort. Warum auch. Na ja, die Uhr. Sie hatte Simons Uhr eingesteckt. Böse, dachte sie, wirklich böse, aber in diesem Moment fühlte es sich nicht böse an. Nur lustig, auf eine irgendwie entrückte Art. Wäre er sauer deswegen? Sie würde ihm die Uhr zur Party zurückbringen. Es war ihm wahrscheinlich nicht mal aufgefallen.

Alex öffnete eine neue Mail, doch sie spürte das Mädchen neben sich und wusste nicht, was sie schreiben sollte oder wem. Alex loggte sich wieder aus, dann löschte sie die Chronik. Während Alex dem Mädchen über den wogenden Rücken rieb, ging ihr auf, dass sie das Telefon einstecken könnte. Es so lange benutzen, bis ihr etwas einfiel, um ihr eigenes reparieren zu lassen. Das Mädchen stieß einen Schluckauf aus; Alex tätschelte sie sanfter. Sie ließ das Handy neben dem Mädchen liegen. Lieber damit warten, bis sie eine Nacht hier überstanden hätte.

ALEX MUSSTE SCHWIMMEN gegangen sein – schwer vorstellbar, dass sie in den dreckigen Pool gestiegen war, wo das Wasser mittlerweile wahrscheinlich zur Hälfte aus Bier bestand, aber wie sonst waren ihre Haare nass geworden? Sie roch das Chlor. Ihr Bikini fühlte sich feucht an. Sie sollte sich trockene Unterwäsche anziehen, eine Infektion vermeiden, aber das erschien überaus mühsam. Der Typ, der neben Alex saß – war das Brian? –, versuchte gerade, ihr ein Foto von einem Reh zu zeigen, das er im Garten gesehen hatte.

»Die sind immer so am Chillen, einfach so im Garten«, sagte er. »Die haben anscheinend keine Angst.«

Das stimmt, dachte Alex müßig, hier gab es jede Menge Rehe. Hin und wieder hatte sie ein paar Rehe gesichtet, die durch Simons Garten sprangen, während der Hund wie ein Geisteskranker hinterhersprang. Wer wusste schon, wie die Rehe hereinkamen, angesichts der Mauer rings um das Haus. Aber sie taten es.

Was Simon wohl gerade trieb? Seine Arbeit beenden, Pläne machen fürs Abendessen. Letzte Planungen für die Party. Seine Exfrau anrufen, oder irgendein neues Mädchen anrufen – er war der Typ, der immer jemanden in der Hinterhand hatte, der keine Lücke tolerieren würde, keinen Augenblick, den er womöglich mit sich allein verbringen müsste. Und vielleicht würde er mit einem anderen Mädchen ausgehen, einen Abend verschwenden, aber das würde ihn nur an Alex erinnern. Ihn dazu bringen, sie noch mehr zu vermissen. Er würde sich freuen, sie auf der Party zu sehen. Simon müsste nicht erfahren, wie sie ihre Tage hier draußen verbracht hatte. Er würde sich für sie schämen: Alex mit diesem Typen, seiner sonnenverbrannten Nase, seinen knielangen Badeshorts. Dem weichen Schub seines Bauches, als übte er schon fürs mittlere Alter.

»In der ersten Sekunde hatte ich echt Schiss«, sagte der

Typ und wischte durch seine Fotos, »als ich dieses wilde Tier da einfach stehen sah. Meine Fresse.«

Alex achtete kaum auf die vorbeiziehenden Fotos, der Typ swipte durch zahlreiche Bilder eines rotgrauen Rehs, bis er zu weit wischte und plötzlich ein Schwanz das halbe Bild ausfüllte, wie ein dicker verschwommener Finger.

»Fuck«, sagte er, »sorry.«

Er warf Alex einen entschuldigenden Blick zu, fummelte das Telefon zurück in seine Tasche. Sie blinzelte stumpfsinnig. Sie lehnte sich im Liegestuhl zurück. Die Sonne fühlte sich gut an. Der Typ redete immer weiter, doch Alex hörte nicht zu – er konnte wahrscheinlich gar nicht erkennen, ob ihre Augen hinter der Sonnenbrille offen waren oder geschlossen.

ALS ALEX AUFWACHTE, war der Himmel dunkel, der Garten erhellt von Flutlichtern. Ihr war eiskalt, sie war noch immer im Bikini, ein Handtuch lag über ihren Beinen. Ein paar Leute hatten sich um die Tischtennisplatte geschart, aufgerissene Säcke voll Eis schmolzen zu ihren Füßen. Es lief Musik, aber leiser. Alex konnte hören, aber nicht sehen, wie sich jemand am Zaun entlang übergab. Ihr Telefon ging immer noch nicht. Sie trug es trotzdem bei sich, fest in der Hand.

Die Digitaluhr am Herd sagte ein Uhr morgens. Der Futon oben, den Alex sich gesichert hatte, war von zwei Mädchen eingenommen worden, die ausgestreckt unter einem offenen Schlafsack dalagen. Alle anderen Betten waren besetzt.

Sie öffnete eine andere Tür am Ende des Flurs. Das Deckenlicht brannte noch, ein Typ lag bäuchlings auf dem Klappsofa. Er hatte die Schuhe von sich geschleudert, und ein Laken war nur halb über die Matratze gezogen. Er schnarchte.

Besser als nichts.

Alex schaltete das Licht aus. Sie legte sich auf die Seite der Matratze, wo am meisten Platz war. Der Mann regte sich und griff mit der Hand in ihre Richtung. Sie ließ ihn Kontakt mit ihrer Schulter aufnehmen, bevor sie seine Hand tätschelte und sie außer Reichweite schob.

Sie schlief halbwegs gut, wobei sie mitten in der Nacht wach wurde, als jemand die Tür aufstieß und Licht machte.

»Oh, Scheiße, sorry, Mann«, dann Gelächter, das Licht ging aus, die Tür ging zu. Noch mehr Gelächter. Das Gelächter war unfreundlich. Alex war es egal. Sie würde diese Leute nie wiedersehen.

AM MORGEN, ALS der Mann wach wurde und Alex bemerkte, dann seine offene Brieftasche vor ihr, wurden seine Augen groß, verhärteten sich, also sah sie, dass sie wirklich nur eins tun konnte.

»Was soll der Scheiß?« Der Mann schnappte sich die Brieftasche. »Wer bist du?«

»Oh Gott«, sagte Alex und zwang sich zum Lachen, wedelte mit der Hand an ihrem Hals. »Voll peinlich. Ich wollte nur gucken, wie du noch mal heißt.«

Er hatte sich aufgesetzt, starrte sie immer noch an, wobei sein Blick direkt hinunter auf ihre Brüste in dem Badezeug schoss. Sie lachte wieder und streckte den Arm aus, um sein Knie zu berühren.

»Gestern Abend«, sagte sie, »sorry, wir waren beide ziemlich besoffen.«

Der Typ fuhr sich kratzend mit den Fingern durch die Haare, sah Alex blinzelnd an. Alex spürte sein Unbehagen, rückte jedoch näher.

»Hat aber Spaß gemacht«, sagte Alex und sah ihn aus gesenkten Augen an.

»Echt?« Ein hämisches Grinsen formte sich, während er diese Neuinformation herunterlud, erfreut über die Vision seines vergangenen Ichs.

»Megaspaß«, sagte sie mit gehauchter Stimme, und manchmal war es so einfach, ihr Gesicht kippte nach hinten, bis sie sich küssten, seine Hand griff unsanft nach ihrer Brust. Ihre Erwiderung rastete mühelos ein – ihre Arme legten sich um seinen Hals, den Kopf gefällig zur Seite geneigt. Es war automatisch, die gesäuselte Lust, die sie viele Male zuvor schon geäußert hatte, viele Male noch äußern würde.

»Fuck«, sagte er, und sein Schwanz wallte auf. Betört vom Anblick seiner Hand auf ihr. Er hatte ein schmieriges Gesicht, pfeffrige Mitesser. Es war leicht, die Laute von sich zu geben, den Körper zu positionieren.

Als er ihre Brustwarze in den Mund nahm, wurde sie abrupt in den Moment versetzt – plötzlich war ihr Körper involviert, ihr Hirn gezwungen, das Geschehen zur Kenntnis zu nehmen. Ein Schwall strömte durch sie hindurch – und dann? Nichts dann.

Man konnte ständig filtern, was man fühlte, die Fakten aufnehmen und beiseiteschieben. Ein Rauschen beförderte einen von einem Moment zum nächsten, und dann wieder zum nächsten, bis die Momente vorbei waren, sich in etwas anderes verwandelt hatten.

Und es war schön, eine fremde Hand auf sich zu haben, wirklich.

Der Teil hatte sie nie gestört.

SPÄTER, ALS SICH Alex einen Weg in die Küche bahnte, sah sie die verwüsteten Pizzakartons, einen Plastikbehälter Milch, der schwitzend auf der Anrichte stand. Sie war plötzlich sehr durstig.

Eine Blondine im geblümten Strandkleid befragte die Mädchen auf der Couch gerade nach der korrekten Art und Weise, einen White Russian zu mixen.

»Morgen«, sagte Alex und rang sich ein Lächeln ab, aber niemand – weder die Blondine noch die Mädchen auf der Couch – gab das Lächeln zurück. Eine runzelte sogar die Stirn.

Die Kaffeekanne war leer, schuppig von Kalk. Nachdem Alex eine Packung Costco-Kaffee ausfindig gemacht hatte, ließ sie das Wasser laufen, zerknüllte ein Stück Küchenrolle und begann die Innenseiten der Kanne zu schrubben. Die Energie im Raum schien gestört. Etwas lag in der Luft. Als Alex einen Blick hinüberwarf, waren die Mädchen auf der Couch am Tuscheln.

»Sehr uncool«, murmelte eines der Mädchen und sah zu Alex herüber.

»Wie bitte?«

»Ach, nichts«, flötete das Mädchen und lächelte harsch, doch das Gesicht des anderen Mädchens bebte, und Alex sah, dass es das Mädchen aus dem Badezimmer war.

»Du hast mit Matt rumgemacht.« Dies wurde von der Blondine, die jetzt Milch in einem Plastikbecher schwenkte und mit dem Finger umrührte, mit monotoner Stimme vorgetragen.

Der Typ auf dem Futon, vermutete Alex.

»Das ist mein Freund«, sagte das zitternde Mädchen.

»Das wusste ich nicht«, sagte Alex und bemühte sich um angemessene Andächtigkeit.

Das Mädchen sah aus, als wäre sie den Tränen nahe, und ihre Freundin massierte ihr fest und kreisförmig den Rücken, was ihre Empörung aufzurühren schien.

»Wie heißt du noch mal?«, fragte die Freundin.

»Alex.« Sie säuberte weiter die Kaffeekanne mit zerfallender Küchenrolle, als würde diese Anstrengung helfen, als würde sie das Kommende verhindern.

»Und wen kanntest du noch gleich? Weil keiner von uns« – das Mädchen zeigte durchs Zimmer – »kann sich an dich erinnern.«

»Brian«, sagte Alex. »Er hat mich eingeladen.«

»Brian?« Das Mädchen auf der Couch schüttelte den Kopf. »Gut, also *Brian*. Und wie heißt Brian weiter?«

ALEX GING EINE Weile in der Sonne. Streckenweise, dort, wo sich die Baumkronen verflochten, lag die Straße im Schatten. Die Luftfeuchtigkeit brachte sie dennoch zum Schwitzen. Ihre Stirn war nass, auch der Hals. Sie hob den Saum ihres Shirts und versuchte eine Brise heraufzubeschwören. Ihre Sandalen scheuerten. Immer wieder musste sie stehen bleiben, sich vorbeugen, um einen Finger zwischen Haut und Sandalenriemchen zu schieben. Ihr Weekender war klein genug, um nach Strandtasche auszusehen, nicht nach einer Tasche, die ihr ganzes Hab und Gut enthielt, und das war wichtig. Es war wichtig, nicht verzweifelt zu wirken, nicht aus dem Rahmen zu fallen. Sie war ein Mädchen, das am Straßenrand entlangging, und solange sie sich an diese ruhigen Straßen hielt, war das nicht so unwöhnlich.

Sie wusste, in welcher Richtung das Meer lag, wusste, dass sie fast da war, als sie den Highway überquerte, schnell vor einem Lieferwagen auf die andere Seite sprang. Es war viel Verkehr, Leute fuhren zurück in die Stadt. Aber war heute Mittwoch oder Donnerstag? Mittwoch. Es wäre ziemlich leicht, sich mitnehmen zu lassen in die Stadt – so lange in die Sonne blinzeln, bis die Augen tränten, dann ein Auto anhalten. Erklären, sie habe sich mit ihrem Freund gestritten, er habe sie am Straßenrand stehenlassen.

Aber wozu? Simons Party war in weniger als einer Woche. Und in der Stadt war nichts. Jon war wieder mit seiner Frau zusammen, das hatte sie zumindest herausgehört. In ihrer alten Wohnung war sie nicht willkommen. Die Stadt war eine Reihe von Leuten, die Alex schon zu lange kannten. Und Dom war in der Stadt – Alex begann das Szenario durchzuspielen, und der Endpunkt war kein Ort, an dem sie gerne landen wollte.

WIE LANGE WAR Alex bei Dom gewesen? In dieser seltsamen Wohnung? Mindestens zwei Tage. Vielleicht mehr.

Jetzt erschien es dumm. Und offensichtlich, was als Nächstes geschehen würde, offensichtlich, wie Dom reagieren würde. Aber zu dem Zeitpunkt war es nicht offensichtlich gewesen.

Alex war am letzten Tag nachmittags aufgewacht. Ihre Kehle brannte. Die Wohnung war leer. Keine Spur von

Dom. Er war weg, um den wie auch immer gearteten dubiosen Besorgungen nachzugehen, die sein Leben bestimmten.

Sie hatte eine vage Erinnerung vom Vorabend, wie Dom die Bettdecke zurückzog und sie sich sinnloserweise mit der Hand zu bedecken versuchte. Aber es hatte das Lückenhafte eines Traums – vielleicht war es bloß das gewesen.

Sie sah sich im Badezimmerspiegel das Gerstenkorn an: So gut wie weg. Der leiseste Hauch von Rosa.

Ein Nest aus blutigen Taschentüchern lag in dem Holzmülleimer. Beim ersten Hinsehen war der Anblick beunruhigend, aber es waren nur die Überbleibsel von Dom, der häufig Nasenbluten hatte. Sie duschte kurz und kochend heiß. Der robuste Strahl erinnerte sie daran, dass das Wasser in einer Dusche tatsächlich Kraft haben sollte.

Sie musste nach ihrer Unterwäsche suchen: Der in sich verdrehte Baumwollslip war irgendwie unters Bett geraten. In ihrer Handtasche wäre ein frischer, wenn sie die Handtasche denn finden könnte.

Nichts im Kühlschrank bis auf ein schlammiges Glas Gürkchen, ein steinharter Käse, einbalsamiert in viele Schichten Frischhaltefolie. Eine Schachtel Hormonzäpfchen, die ungeöffnet und außerdem abgelaufen war. Vegetarische Tiefkühlburritos im Gefrierfach. Sie hatte sowieso keinen Hunger. Essen schien lediglich ein Konzept zu sein.

Endlich fand Alex ihre Tasche, den Wildlederbeutel mit dem Zugband und den goldenen Beschlägen. Ein relativ gelungenes Fake, auch wenn das Gold zu sehr glänzte. Sie holte sich ein Glas Leitungswasser und begann müßig durch die Räume zu schlendern.

Es war Doms Schuld, dass er Alex allein gelassen hatte.

In dieser Wohnung. In der Hinsicht war er lax geworden. Leichtsinnig.

Und manche Dinge hatten sich nicht geändert – Dom benutzte immer noch dieselben Verstecke. War er ihr nicht etwas schuldig?

Alex nahm alles. Auch das Bargeld.

Und jetzt war alles weg. Sie hatte das Geld ausgegeben, um diverse Schulden zu begleichen, sich ein bisschen mehr Zeit zu verschaffen. Wenn auch weniger Zeit als erwartet angesichts der schockierenden Menge Bargeld, eine Menge, die ihr lebensverändernd vorgekommen war. Letztendlich war es nur ein Tropfen auf den heißen Stein gewesen.

Auch die Drogen waren weg. Das hatte kaum einen Moment gedauert.

Alex hatte angenommen, dass ihr Diebstahl unbemerkt bliebe, oder eher, dass Dom ihn zwar bemerken würde, aber auf irgendeine verquere Weise nichts dagegen hätte. Dass er ihn als erwartbaren Verlust betrachten würde, als Teil der Geschäftskosten.

Oder vielleicht hatte Alex in einem Winkel ihrer selbst gewusst, dass sie alles zerstörte, gewusst, wie schlimm die Dinge werden könnten, und vielleicht hatte sie es trotzdem getan.

ALEX' HANDY REGTE sich nicht. Es war ein totes Rechteck, nutzlos, aber dennoch tröstlich in der Hand zu halten, schmal wie ein Gebetbuch.

Alex ging weiter den Highway entlang.

Sie wusste nicht, wie weit es bis zu Simons Haus war, aber sie hatte ein Gefühl für die grobe Richtung. Sie stellte sich vor, plötzlich aufzutauchen, die Tür zu dem ummauerten Grundstück zu öffnen. Aber es war noch zu früh. Lori würde sich der Situation annehmen. Sie würde notfalls jemanden hinzurufen, falls Alex sich wirklich als zu störrisch entpuppen sollte. Es war belustigend, sich auszumalen, wie sie Lori in Schwierigkeiten brachte, wie sie sie zwingen würde, ihren Abscheu deutlich zum Ausdruck zu bringen. Simon würde sich niemals einmischen: Leute wie Simon hassten es, Dinge tatsächlich laut aussprechen zu müssen, sie bevorzugten schleichendere Gifte.

Natürlich würde es Alex nicht wirklich tun. Natürlich würde sie sich im Zaum halten. Und Simon war nicht wirklich wütend auf Alex, nur verärgert, und diese Verärgerung würde sich bald in Luft auflösen. Die Party war das richtige Ziel, der richtige Kontext, um wiederaufzutauchen in Simons Dunstkreis – Alex musste sich bis dahin bloß beschäftigen. Die Sache aussitzen.

Noch fünf Tage.

ALS ALEX AN einen Strand gelangte, einen, den sie nicht wiedererkannte, sengte die Sonne zu sehr, um sich lange dort aufzuhalten. In der engen Strandtoilette schlüpfte sie in ihren Badeanzug. Der Betonfußboden war sandig, stehendes Wasser sammelte sich in den Ecken.

Eine Weile saß sie im Schatten auf der Bank. Autos fuhren weg, andere Autos fuhren vor. Sie beobachtete einen Vater, der den Treck zum Strand unternahm, schwer beladen mit Klappstühlen, Schirmen, einem Sack Strandspielzeug, die sperrigen Requisiten familiären Vergnügens. Teenager in einem weißen Jeep hielten quietschend, ihr Hund sprang an ihren Beinen hoch, während sie eine Kühlbox an den Strand schleppten. Dreimal schlenderte Alex zu den soeben verlassenen Autos, um nachzusehen, ob sie unabgeschlossen waren. Ein Auto war offen, aber es war nichts drin – Quittungen, eine Tube Sonnencreme, eine Badeshorts, die auf dem Armaturenbrett trocknete. Sechs zerknüllte Ein-Dollar-Noten in der Mittelkonsole, um die sie die Finger schloss. Erbärmlich.

Nach einer Weile hatte die Sonne den höchsten Stand überwunden, und Alex konnte neben ihrer Tasche im Sand sitzen und so tun, als sei sie zufrieden in Gesellschaft ihrer selbst, beruhigt vom Brausen der Wellen und der von aufgeladenen Ionen vibrierenden Luft, und sie ging sogar schwimmen, wohl wissend, dass ihre Tasche sicher wäre.

Ein heftiges Aufjaulen, ein Platschen – Alex warf einen Blick hinüber zu der Lärmquelle, einer Gruppe Jungs, die in den Wellen tobten. Ein Lächeln erhellte plötzlich das Gesicht eines der Jungs. Er lächelte sie an, seine Haare formten eine Kappe aus blonden Locken. Alex lächelte zurück – war das ein Weg, eine nützliche Möglichkeit? Irgendein College-Junge? Sie ließ sich eine Zeit lang treiben, tat, als wäre sie in Gedanken. Gleichzeitig verfolgte sie den blonden Jungen aus dem Augenwinkel, wachsam auf eine Gelegenheit wartend, doch als er endlich aus dem Wasser kam, war es, um sich einer Fraktion Erwachsener anzuschließen, die die Köpfe über ihre dicklichen Taschenbücher gebeugt hatten.

Alex saß da mit ihrer Tasche und ließ sich von der Sonne trocknen. Sie wünschte, sie hätte ein Handtuch. Die Gläser ihrer Sonnenbrille waren verschmutzt, aber sie konnte dennoch die Szenerie beobachten: Frauen in Leggings, die entlang der Brandungslinie Power Walking betrieben. Kinder mit schmalen Hüften und Schwimmshirts, die in die Wellen rannten und vor Vergnügen kreischten, wenn sie umgeworfen wurden. Die Gruppe Erwachsener, die in Zeitlupe ein Gespräch führten. Die Augen des blonden Jungen waren geschlossen, als sauge er die Sonne auf. Als die Luft weicher wurde, kam Unruhe unter den Erwachsenen auf. Sie fingen an, die Stühle zusammenzupacken und die Handtücher auszuschütteln, tranken den letzten Schluck aus den Wasserflaschen und banden die nassen Haare zurück.

ALEX SCHLIEF EIN – nur kurz, doch als sie erwachte, schien es wie ein anderer Tag –, die Sonne stand tief, der Strand leerte sich. Die Erwachsenen waren gegangen, doch die Teenager waren dageblieben. Sie zogen sich Kapuzensweatshirts über. Sie warfen einen neonfarbenen Football mit schockierendem Elan hin und her. Bald kamen noch mehr Teenager hinzu, alles Jungs. Eine Papiertüte voll Bier wurde prompt in eine Kühlbox umgepackt, und die Jungs bauten irgendein Paddelspiel auf, das ein Miniaturnetz erforderte.

Wie viel länger konnte Alex hier liegen, ohne fehl am Platz zu wirken?

Einer der Jungs hatte sie mit einer gewissen Intensität bemerkt, die sie vorgab nicht wahrzunehmen. Es war nicht der Blonde – sondern irgendein anderer mit einer Trichterbrust.

Sie begann sich aufzusetzen, in ihrer Tasche zu kramen, als sie den Jungen auf sich zukommen sah. Er blieb mit Sicherheitsabstand stehen.

»Willst du ein Bier?«, fragte er.

Alex beschloss, ihre Sonnenbrille aufzulassen. Sich Zeit zu lassen mit der Antwort. Langsamkeit funktionierte genauso gut. »Wie bitte?«

Der Junge hatte ein kleines, verkniffenes Rattengesicht. »Willst du ein Bier«, wiederholte er, »weil, wir haben welches.«

Er war selbstbewusster, als er mit einem solchen Gesicht hätte sein dürfen.

Alex zog den Jungen in Betracht.

Manchmal war es am besten, einfach ja zu sagen, um zu sehen, wie weit man damit kommen konnte. Entweder wäre es eine gute Wahl oder eine schlechte Wahl, im Moment noch unmöglich zu sagen.

»Klar«, sagte Alex. »Okay.«

»Cool«, sagt der Junge und verriet nur einen Hauch von Überraschung. »Sehr cool.«

DER RATTENGESICHTIGE JUNGE öffnete Alex mit äußerst übertriebener Mühe ein Bier, als erforderte es große Kraft.

»Salud«, sagte er und reichte ihr die Flasche. Noch halbwegs kalt.

Einige der Jungs scharten sich um einen kleinen Grill. Ein Typ riss mit den Zähnen eine Packung Hotdogs auf, dann stach er mit einem Taschenmesser auf die Packung ein. Er quetschte die Hotdogs heraus, und die nassen Rohre flutschten eines nach dem anderen auf den Rost. Alex setzte sich auf ein leeres Handtuch. Der Junge auf dem benachbarten Handtuch machte sich klein und schien Alex aus Höflichkeit bewusst nicht anzusehen. Es war der Junge, der in den

Wellen gespielt hatte, seine blonden Haare waren jetzt größtenteils trocken.

»Du kommst mir bekannt vor«, sagte Alex, ein blöder Satz, aber Tatsache war, dass er ihr wirklich bekannt vorkam, aus irgendeinem ganz anderen Zusammenhang: sein sauberes Gesicht, lockige Haare wie ein Cherub am Valentinstag.

»Echt?« Sein Kiefer war etwas weich, aufgedunsen, die Lider auf halbmast. Bekifft? Müde von der Sonne?

»Ich weiß nicht«, sagte Alex. »Ich glaube schon.«

Der Junge lächelte Alex an, ein schüchternes Lächeln, das die Zahnspange über seiner unteren Zahnreihe entblößte.

»Ah«, sagte Alex, »stimmt. Die Party.«

»Hä?«

»Helen«, sagte Alex. »Ich kenne ihren Nachnamen nicht. Dieses große Haus am Strand.«

»Mrs R.?« Der Junge runzelte die Stirn, auf langsame, liebenswürdige Weise. »Du kennst Theo?«

Alex wedelte mit der Hand. »Ach«, sagte sie, »egal, ich dachte nur, ich hätte dich da gesehen.«

Wurde der Junge rot? Er nahm einen Schluck vom Bier, dann zog er gedankenverloren an den Schnüren seiner Kapuze. Sein Mund war babyrosa, was ihm irgendwie etwas Sexuelles gab.

»Du bist nicht alt genug, um Alkohol zu trinken«, sagte Alex, »oder?«

Er errötete noch mehr. »Ich bin neunzehn.«

Alex hätte ihn jünger geschätzt. Sie nahm einen Schluck. »Was glaubst du, wie alt ich bin?«

»Keine Ahnung.« Der Junge lachte. »Vierundzwanzig? Fünfundzwanzig?«

Für einen Moment spielte Alex mit dem Gedanken, zu lügen. Doch sein Gesicht war so sanft.

»Zweiundzwanzig«, sagte sie. Mit der einen Hand buddelte Alex eine Vertiefung in den Sand, vergrub ihre Finger in der Kühle darunter. »Voll alt, oder?«

»Nö«, sagte der Junge, als habe sie ihn ernsthaft gefragt. »Das ist nicht alt.«

»Hey.« Der rattengesichtige Junge gab ihm einen Klaps auf den Rücken. »Gibst du mal den Schlüssel? Wir haben die Vape im Auto gelassen.«

Der Junge warf seinem Freund einen Schlüssel zu.

»Danke, Mann.« Der Freund wackelte mit den Augenbrauen, als würde Alex es nicht sehen.

Zusammen beobachteten Alex und der Junge, wie er auf den Parkplatz zusteuerte und einen kastenförmigen Range Rover aufschloss.

»Ist das dein Auto?«

»Gehört meinem Dad.« Der Junge wirkte nur leicht verlegen. Er biss sich auf die Unterlippe. Seine Lippen waren spröde und rosig. Als Alex sich auf dem Handtuch zurücklehnte, warf er einen Blick auf ihren Körper, dann starrte er aufgebracht geradeaus. Warum fand sie das irgendwie süß?

»Ich bin übrigens Alex«, sagte sie.

»Jack.«

»Jack also.« Beide lächelten.

»Und wo wohnst du?«

»Gleich über den Highway.«

Er nickte. »Cool.«

Sie schüttete den letzten Schluck Bier in den Sand. »Willst du noch eins?«

Auf einem Pappteller lagen drei angebrannte Hotdogs

und daneben eine Küchenrolle. Sie biss in einen Hotdog; er schmeckte nach Kohle, das Innere war noch kalt.

Mit einer Dose billigem Bier kehrte Alex zu dem Jungen zurück. »Das war das letzte. Können wir uns teilen.«

Sie rückte etwas näher an Jack heran als zuvor. Sofort setzte er sich aufrechter hin.

»Es gibt noch Hotdogs«, sagte sie.

»Ich bin Vegetarier«, sagte er. »Meistens.«

»Echt?«

»Ich probier's gerade aus. Ich hab so ein Buch gelesen.« Er überprüfte, ob sie ihm zuhörte. Sie nickte. »Ähm, *Siddhartha*. Hast du's gelesen?«

Sie zuckte auf eine Art mit den Achseln, die ja oder nein bedeuten könnte.

»Da geht's hauptsächlich so um Buddha. Er war selber kein Vegetarier, weil die alles annehmen sollten, was ihnen an Essen gegeben wurde. Weil, die waren ja Bettler.«

Wieder überprüfte er ihre Aufmerksamkeit.

»Aber dann hab ich mir so überlegt, wie man weniger Schaden anrichten kann.« Der Junge wirkte plötzlich betreten. »Ist bescheuert, keine Ahnung.«

»Klingt gut.«

»Ja. Es ist richtig gut. Eigentlich.«

»Wo wohnst du?«, fragte Alex. »Wo hier meine ich.«

»Es gehört meinem Dad.« Er nahm ein Feine-Damen-Schlückchen Bier. »Ich meine, mein Dad hat hier ein Haus.«

»Du wohnst also bei deinem Dad?« Alex hatte auf ein elternfreies Haus gehofft.

»Genau«, sagte Jack. »Bei meinem Dad und meiner Stiefmutter. Siehst du da drüben? Das Haus liegt da am Teich. Der ist total brackig dieses Jahr.«

Sie folgte seinem ausgestreckten Zeigefinger bis zu einer Baumlinie und den schwach erkennbaren Dächern von Häusern.

»Das, was so aussieht wie ne Scheune«, sagte er.

Ein grauer Giebel ragte in der Ferne höher hinauf als die anderen. Es war also klar, dass er alles hatte, was er brauchte.

Jacks Telefon machte Pling. Er übernahm den Fall sofort. Auf der Startseite stapelten sich die Nachrichten, die er professionell durchscrollte.

»Fuck«, sagte er. »Ich muss los.«

»Du gehst?« Sie war überrascht, spürte ihrer eigenen Enttäuschung nach.

»Ja, scheiße, sorry, meine Schwester ist gerade angekommen. Das ist heute so der eine Abend, wo ich alle sehen muss.«

»Schade.«

Auch er wirkte unglücklich darüber, dass er gehen musste, seine Zähne schlossen sich über seiner Unterlippe.

Alex hielt ihm die Dose hin.

»Willst du's austrinken?«

»Behalt's ruhig.«

»Bist du noch ne Weile hier?«, fragte sie. »Vielleicht könnte ich dir meine Nummer geben. Und du könntest mir schreiben, oder so, wenn irgendwo was Gutes los ist.«

Er blinzelte, ließ das sacken. »Klar«, sagte er, »klar, kann ich machen.«

»Hier, schreib deine Nummer rein«, sagte er und reichte ihr sein Handy. »Ich ruf dich an, dann hast du auch meine.«

Sein Hintergrund war ein gepixeltes Mandala. Alex gab ihre Nummer ein, die Nummer des Handys, das kaum funktionierte.

Jack drückte auf Anrufen. Sie hörte, dass direkt die Mailbox ansprang, deren Text zu ändern sie sich nie die Mühe gemacht hatte, also lautete er: *Dies ist die Mailbox von* – und dann Schweigen, eine Einheit tote Luft. Dann: *Bitte hinterlassen Sie eine Nachricht nach dem Signalton.*

»Hi«, sagte der Junge in sein Telefon. »Ich bin's, Jack. Ich sitze gerade mit dir zusammen. Und jetzt«, sagte er und sah ihr kurz ins Gesicht, »jetzt hast du meine Nummer.«

ALS DIE DÄMMERUNG kam, war Alex so klug, den Parkplatz zu verlassen und immer weiterzulaufen. Entlang der Dünen standen erleuchtete Häuser, aber weit weg voneinander und weit weg vom Wasser. Der Sand war immer noch warm, ein letztes Aufatmen der gespeicherten Wärme. Sie lief weiter, bis der Strand leer war. Zu ihrer Linken: das Wasser. Zu ihrer Rechten: die Dünen, die wiegenden Gräser, die hölzernen Fußwege, die zu den Häusern führten. Eines der Häuser war wahrscheinlich das von Jack, und die Familie setzte sich gerade hin, um zu Abend zu essen, Pestonudelsalat und Lachs und Mais von einem der Farmerstände. Der Vater und die Stiefmutter und die beiden Kinder. Jacks Schwester war älter, stellte Alex sich vor, so alt wie sie.

Na ja, dachte sie, okay. Okay.

Sie machte eine Einheit Box-Atmung, wie es dieser eine Typ ihr mal beigebracht hatte – er war Firmencoach, führte gestresste Geschäftstelefonate, während sie im Bett wegdriftete, CNN ohne Ton guckte und sich Mühe gab, die schaurigen Essensreste auf dem Zimmerservicetablett zu ignorieren. Er litt an Narkolepsie, ihm sei dasselbe Medikament verschrieben worden, das auch Kampfpiloten und IS-

Bomber nahmen. Er schwor auf Atemtechniken. Während er mit dicken Seilen trainierte, hörte er sich Zusammenfassungen berühmter Selbsthilfebücher an. Sein Sohn war an der Folge eines Football-Unfalls an der Highschool gestorben – »mein Junge«, nannte er ihn und lächelte, als er Alex Fotos zeigte. Alex hatte geweint – in dem Moment hatte sie echte Zuneigung für den Mann empfunden. Er hatte eine Faust auf ihren Solarplexus gedrückt und gesagt, sie solle tief durchatmen.

»Vier Zähler ein, vier Zähler halten, vier Zähler aus. Und halten.«

Wo war dieser Mann jetzt?

Sie atmete noch eine Runde, und dann noch eine. Schon besser? Vielleicht.

ALS ES VOLLKOMMEN dunkel wurde, hatte sich Alex weit genug vom Parkplatz entfernt, dass niemand mehr unterwegs war, in keiner Richtung. Alex kam am weißen Skelett eines Rettungsschwimmerturms vorbei. Eine metallisch glänzende Süßigkeitenverpackung zuckte über den Boden.

Wie eigentümlich das Meer in der Nacht war – seltsam gelassen, Wellen, die sich wie höfliche Nachsätze auf dem Sand entrollten. Auch die Häuser sahen seltsam aus, ragten mit leeren Fensteraugen aus den Dünen auf, die Größe zu unglaublich, als wäre das hier eine Tonbühne. Der Dunst in der Luft, die unnatürliche Wärme, das Mondlicht auf dem blassen Sand; es ergäbe einen Sinn, wenn nichts von alldem echt wäre.

Die so friedlich wirkende, schwarze Weite des Ozeans war furchterregend, als sie näher kam. Es wäre leicht, sich zu verlieren. Einen Schritt ins Wasser. Noch einen. Alle Fragen ganz einfach beantwortet.

Wollte sie sich selbst Angst einjagen? Nur ein bisschen. Sie setzte sich auf ein Stück Treibholz am Fuß einer Düne. In Ordnung. Nicht so schlecht, nicht so schrecklich. Vielleicht sogar langweilig, hier draußen zu sitzen, die Stunden herumzubringen, und langweilig hieß handhabbar, auch wenn unterhalb dieses Gedankens ein anderer Gedanke lag, ein Begreifen, dass was auch immer dies darstellte, was auch immer sie hier machte, provisorisch war. Sie könnte das nicht ewig machen. Nur bis – wann?

Fünf Tage noch bis zur Labor-Day-Party. Oder vier? Nein, fünf Tage.

Weit hinten am Horizont sah sie ein Aufleuchten. Ein Polizeiboot, ein Leuchtturm? Ein Feuerwerk? Aber nein, da war es wieder: Es blitzte mit heller Lautlosigkeit. Ein Gewitter inmitten des Ozeans. Ein Gewitter, das immerhin nicht hier war.

OBWOHL DER HIMMEL verhangen war, glaubte Alex nicht, dass sie schlafen können würde. Teils aus Hunger. Sie hatte eine Handvoll Tortillachips von den Jungs gegessen, plus den Hotdog. Alex lehnte sich zurück gegen die Düne, die Hände in den Achselhöhlen, eine beruhigende Angewohnheit aus der Kindheit, und spürte die Krause aus Stoppeln. Sie nahm einen Pullover aus der Tasche. Tastete herum, bis sie eine Jeans fand. Der Sand war beim Anziehen unvermeidlich: Er schürfte an ihren Oberschenkeln, in den Kniekehlen.

Sie konnte nicht einschlafen. Ihr Handy blieb nicht einmal lange genug an, um nach der Uhrzeit sehen zu können. Es war wahrscheinlich erst Mitternacht, wenn nicht früher. Vielleicht war es gut, dass das Telefon nicht funktionierte. Besser, nicht genau zu wissen, wie viele Stunden sie noch durchstehen musste.

Vielleicht war es dumm, hier zu bleiben. Konnte es in der Stadt wirklich so viel schlimmer sein? Die Stadt: Alex hatte sofort ein Bild vor Augen von dem Unglück, das dort wäre, sie erwartete. Dom, der gegen die Tür hämmerte, der sich weigerte zu gehen. (Welche Tür? Wo genau gedachte sie zu wohnen?) Das war zu dramatisch, so was machte Dom nicht – na ja, strenggenommen hatte er so was schon gemacht. Seine Hände an ihrem Hals. Oder als er ihr das Handy aus der Tasche gestohlen hatte, sie zwang, auf dem Boden zu kriechen, um es wiederzubekommen.

Und was würde er jetzt machen, jetzt, wo er wirklich sauer war? Sie fragte sich das, wusste aber, dass sie sich die Frage eigentlich nicht zu stellen brauchte.

Die Party war schon in wenigen Tagen. Dies war nur eine Wartezeit, damit Simon sich beruhigen konnte, eine Pause. Dann würde alles wieder sein, wie es war.

Alex fand die Pillendose in ihrem Zip-Täschchen und schüttelte sich ein paar davon in die Handfläche. Als sie sie dicht zu sich heranführte, konnte sie erkennen, welches die Schmerzmittel, welches die Schlaftabletten waren. Sie schluckte trocken eine Schlaftablette.

Sie und Simon hatten vor ein paar Wochen Ambien genommen und wollten aufbleiben. Es war seine Idee gewesen, er hatte von den Möglichkeiten des Partykonsums und der Luststeigerung aus einem Nachrichtenbericht über den Betrugsskandal eines Golfspielers erfahren. Simon war schnell eingeschlafen, aber erst nachdem er in Tränen ausgebrochen war – ein seltener, beängstigender Anblick, Simons Hand, die seine feuchten Augen betatschte, Simon, der mit lallender Stimme sagte, wie stolz er auf seine Tochter sei.

»Sie ist ein tolles Mädchen«, sagte er. »Wirklich. Caroline hat's nicht leicht gehabt.«

Er war besorgt gewesen, dass Alex Aufnahmen von ihm machte.

»Nicht filmen«, plärrte Simon, »nicht filmen.«

Das waren seine letzten Worte gewesen, bevor sich seine Augen schlossen, der Kopf zurück aufs Kissen fiel. Seine Gesichtszüge waren verrutscht, als Alex ihn ansah, das Gesicht zerfiel in Fragmente.

So viele der Männer hatten Angst gehabt, sie würde Aufnahmen von ihnen machen, ihnen irgendwie eine Falle stellen. Das wäre ihr nie in den Sinn gekommen – es kam ihr ohnehin schon wie eine Falle vor. Und warum hätte sie Beweise haben wollen, warum hätte sie sich selbst sehen wollen, die Bewegungen ihres Körpers betrachten, die eigene Stimme hören, wie sie einen unnatürlichen, entrückten Ton annimmt?

ALEX ROLLTE SICH um ihre Tasche zusammen und wartete darauf, müde zu werden. Es hatte aufgehört zu blitzen. Das Meer wirkte still, weich vom Dunst. Es war hübsch in der Nacht, beschloss sie, und wahrscheinlich bekamen es viel zu wenig Leute so zu sehen, der indifferente Strand war menschenleer. Es war nur das Meer selbst: ein kahler Rand.

Als die Scheinwerfer auftauchten, waren sie weit genug

weg, dass sie erst wie zwei Taschenlampen wirkten. Sie setzte sich auf. War das ein Schlaftablettenphantom, ein optisches Flimmern? Aber nein, die Lichter kamen näher, dann die eckige Form eines Autos, dessen Scheinwerfer zwei Säulen im Nebel formten. Ein Auto, das langsam den Strand entlangfuhr, in ihre Richtung. Die Tablette wirkte, definitiv. Ihr Hirn hinkte hinterher, jeder Gedanke war begleitet von einer eigenen schwummrigen Aura – das Auto, begriff sie, wollte sie holen. Kam, um sie mitzunehmen. Es war völlig klar: Dom hatte ihren Standort ermittelt. Es erschien sehr offensichtlich und sehr korrekt. Natürlich hatte es so kommen müssen.

Viel zu lange saß sie da, erstarrt, beobachtete die heranrückenden Lichter. Und dann befahl sie sich sehr ruhig, aufzustehen.

Überrascht vom haltlosen Sand schulterte sie ihre Tasche und stolperte durch die kratzigen hohen Gräser und über die Düne. Sie legte sich flach auf den Rücken, und wer wusste, ob sie überhaupt versteckt war, und sie blieb dort, schwer atmend, eine Hand auf der Tasche, die andere Hand auf dem Herzen. Die Lichter, hell wie der Tag, überspülten die Düne, ihren Körper – und dann waren die Lichter verschwunden.

DANACH WOLLTE SIE nicht mehr am Strand bleiben. Das Gehen fühlte sich schwerer an als zuvor, ihre Schuhe sanken in den Sand. Als die Häuser anfingen weiter weg vom Wasser zu stehen, jetzt abgetrennt durch kleine buschige Wäldchen, war es einfacher zu wissen, was zu tun war. Sie fand eine Öffnung in den Dünen und folgte eine Weile einem Pfad, einer Reihe von Brettern, die wie Bahnschienen auf dem Boden ausgelegt worden waren. Überall war Sand, Sand in den Schuhen, Sand eingeschlossen in den Hosenbeinen der Jeans. Sie verließ den Pfad, als ihn genug Bäume säumten, und fand eine Lichtung. Die Tasche war okay als Kopfkissen; sie breitete eines ihrer Kleider aus, um das Dünengras plattzudrücken. Sie versuchte, das Gras noch flacher zu machen. Versteckten sich dort im Gras nicht angeblich all die Zecken? Lieber nicht ausmalen, welche dunklen Flecken sie in der Nacht ausfindig machen, ihre Blutbahn anzapfen und Bakterien direkt in ihr Hirn schleusen könnten.

Ein Mädchen, das Alex in ihrem ersten Jahr in der Stadt kennengelernt hatte – damals, als Alex einen echten Job hatte, tatsächlich in einem Restaurant arbeitete –, hatte Alex erzählt, immer wenn sie Angst habe, tue sie so, als sei das, was ihr gerade zustoße, nur ein Film. Und wen kümmerte schon ein Film? War doch alles nur Spaß, oder?

Das Mädchen war irgendwann nicht mehr in die üblichen Läden gekommen, zu den Partys, offenbar verschwunden, wobei die Leute sagten, sie sei einfach nur zurück in ihre Heimatstadt. Sie war hochgewachsen, hatte eine komische runde Sonnenbrille getragen und dadurch altmodisch ausgesehen, und ihre Unterarme waren trübe von dunklem seidigem Haar. Sie hatte erzählt, wie ein Typ, mit dem sie zusammen war, mal richtig sauer auf sie geworden war und wie sie in irgendeinem Nobelrestaurant dasaß, während der Typ sie beschimpfte, und wie sie es einfach über sich ergehen ließ, einfach geschehen ließ, ihn über sie herfallen ließ und wie sie schließlich ihr volles Weinglas genommen und auf den Boden des Restaurants geknallt hatte.

Jetzt fiel Alex der Name des Mädchens nicht mehr ein.

Alex blinzelte in den Himmel hinauf, der größtenteils durch Bäume verdeckt war, die Wolken waren weitergezogen. Sie zwang sich, die Augen zu schließen. Sie merkte, dass sie immer noch nach Geräuschen horchte, auf irgendeine Störung wartete. Aber alles war still, sogar das Meer war zu weit weg, kaum wahrnehmbar.

5

DER SONNE NACH zu urteilen, war es fast Mittag.

Alex war früh aufgewacht: Ein gewaltiges Geräusch hatte sie aus dem Schlaf geschreckt, Panik ihren Körper geflutet. Alex' Hand fuhr hektisch hoch, um ihr Gesicht zu bedecken, die andere streckte sich schützend aus – zu wem?

Eine weitere Sekunde verging, bis sie begriff, dass es sich bei dem Geräusch nur um ein Reh handelte, eine plötzliche Erscheinung aus der Tierwelt, die durch die Bäume krachte. Das Reh schien Alex gar nicht zu bemerken, es war ihm egal, dass da ein Mädchen allein auf dem Boden saß.

Jetzt ging Alex den Seitenstreifen des Highway entlang, nur bis sie auf eine vertraute Straße stieß, wobei sie merkte, wie sich einige Autofahrer den Hals verrenkten, um sie anzusehen, war das Ganze doch zu entlarvend, zu ungewöhnlich. Niemand sonst war zu Fuß unterwegs – zumindest nicht entlang des Highway. Nur gelegentlich überholte sie ein Radfahrer; Männer, ummantelt mit spielzeugfarbenem Elasthan, die auf Liegerädern mit grimmiger Konzentration in die Pedale traten.

Alex ging weiter, die Temperatur war halbwegs angenehm, zumindest für den Moment, und dann hörte sie es. Jemand rief ihren Namen.

»Alex?«

Die Stimme kam von irgendwo hinter ihr. Ihr Puls begann zu rasen – Dom? Simon? Sie zwang sich, sich nicht umzusehen, immer geradeaus zu laufen.

»Alex, hey!«

Ein weißes Auto verlangsamte neben ihr, dann hielt es mit blinkenden Warnlichtern auf dem Seitenstreifen vor ihr.

Und jetzt stieg ein Mann aus dem Auto und winkte Alex zu. Sie erkannte das Auto nicht wieder, doch beim Näherkommen erkannte sie den Mann – sie hatte seinen Namen vergessen, doch sie kannte sein Gesicht. Es war der Haushälter von George. George war einer von Simons Sammlerfreunden. Sie und Simon waren in der ersten Woche bei George zum Essen gewesen, ein endloses Dinner, wo niemand Spaß zu haben schien, bis zur allerletzten Minute, wo sich alle überschlugen mit ihren Beteuerungen, wie viel Spaß ihnen der Abend gemacht habe, so viel Spaß, dass man das Ganze unbedingt ganz bald wiederholen müsse.

»Ich wollte in die andere Richtung«, sagte der Mann zu Alex, »und ich dachte mir, dass du das bist, also bin ich umgedreht. Ist alles okay?«

Er war jung, Mitte dreißig, und in seinem Button-down-Hemd und den Khakis gutaussehend auf eine langweilige, professionelle Art.

»Nicholas«, sagte der Mann und berührte seinen Brustkorb. »Ich arbeite für George.«

»Ach ja, klar«, sagte Alex, »klar.« Sie wedelte mit der Hand in der Luft. »Ich hab nur« – sie hielt inne und wog die Szene ab. »Ich bin zum Strand geradelt, und dann –« Alex lachte ein bisschen. »Hat wohl jemand mein Rad genommen.« Sie zog sich die Tasche höher über die Schulter. »Und mein Akku ist leer.«

»Oh, Mann«, sagte Nicholas, »echt?« Er fuhr sich mit den Händen durch die Haare, seine Bestürzung war echt. »Gibt's ja nicht.«

Sie zuckte mit den Achseln.

Nicholas war so nett. Es war sein Job, schätzte sie. Als sie und Simon bei George zum Essen waren, war Nicholas derjenige gewesen, der sie nach Unverträglichkeiten gefragt hatte. Als Alex nach der Toilette suchte, hatte Nicholas sie direkt hingeführt. Und Nicholas war derjenige, der stoisch danebenstand, während George und Simon sich darüber unterhielten, wie schwierig es sei, einen Koch zu finden, um nahtlos überzugehen zu dem vor Kurzem erhobenen Vergewaltigungsvorwurf gegen einen Basketballspieler, der irgendwie unlogisch sei und was sich das Mädchen denn wohl dabei gedacht habe, sagte George, einen Mann in ihre Garderobe zu bitten? Alex hatte Nicholas beäugt: Er reagierte nicht. Wie Alex hatte er sich in Dampf verwandelt, um die Dinge besser durch sich hindurchzulassen.

Nach dem Essen hatte Nicholas einen Teller warme Cookies an den Tisch gebracht.

»Ich sollte die nicht essen«, sagte George und aß den letzten Bissen von seinem dritten Cookie.

Es war einer der seltenen Abende gewesen, an denen Simon beschlossen hatte, zu trinken, wirklich zu trinken. Unbemerkt von Alex hatte sich Simon fast ins Koma gesoffen: Am Ende des Abends hatte Nicholas die beiden in Simons Auto nach Hause gefahren, und Simons Augen waren schwer, als er auf der Rückbank an ihre Seite sackte. Sie hatte nie darüber nachgedacht, was Nicholas gemacht hatte, nachdem er sie abgesetzt und das Auto in der Auffahrt geparkt hatte, sich nie gefragt, wie Nicholas nach Hause gekommen war.

»Wo ist Simon?«, fragte Nicholas.

»In der Stadt, für ein paar Tage«, sagte sie. »Wegen ein paar Meetings. Also bin ich allein im Haus.«

Ihre Stimme klang leicht genug, lässig, und Nicholas schien nichts von alldem für sonderlich seltsam zu halten.

»Komm, ich fahr dich nach Hause«, sagte Nicholas. »Oder sollen wir rumfahren und dein Fahrrad suchen? Vielleicht hat's jemand irgendwohin geschmissen.«

»Vielleicht.« Alex hielt sich schützend die Hand vor die Augen. Neben ihnen sauste der Verkehr vorbei – Nobelkarre, Nobelkarre, Nobelkarre, Landschaftsgärtner. Nobelkarre.

»Weißt du was«, sagte sie. »Ich glaube, ich hab ein bisschen zu viel Sonne abbekommen. Mir ist ein bisschen schwindlig.«

»Warum kommst du nicht kurz mit zum Haus? Ich muss nur ein paar Sachen abstellen. Wir können dein Handy aufladen, dir was zu essen machen.«

Sie warf einen Blick auf den Highway, auf ihre Tasche.

»Wo ist George?«

»Er kommt Samstag wieder«, sagte Nicholas. »Ich mach gerade Klarschiff, weißt du. Kühlschränke auffüllen, Räder aufpumpen.«

Er lächelte sie an, Nicholas, dessen Job es war, sich zu kümmern.

ES WAR GUT, in einem Auto zu sitzen, sich in diesem Tempo fortzubewegen. Die Fenster waren heruntergelassen. Alex sah ein weißes Ersatzhemd an einem Haken über dem Rücksitz baumeln, eine Kiste Wasser. Einen frisch bespannten Tennisschläger. Nicholas hörte einen Oldies-Sender, fröhlichen Motown.

»Kann ich ein Wasser haben?«

»Natürlich«, sagte er. »Nimm dir ruhig zwei.«

Die Flasche war warm vom Auto – sie leerte sie in einem Zug.

»Heiß da draußen?«, fragte er.

»Och«, sagte sie, »noch geht's.«

»Gut, dass ich dich gefunden habe. Willst du Simon von meinem Handy aus anrufen?«

»Schon okay«, sagte Alex. »Vielleicht nachher.«

»Alles klar.«

Es war natürlich Nicholas' Job, so freundlich zu sein. Es gehörte sogar zu seinem Job, nicht wie ein Angestellter, sondern wie einer von ihnen auszusehen, sich zu kleiden wie ein netter Schwiegersohn, der nur rein zufällig jeden deiner Wünsche vorhersah und sich diskret darum sorgte. Vielleicht sorgte die fehlende Uniform dafür, dass den Leuten wohler war bei dem Gedanken, dass ein fremder Mensch so tief eingebettet war in ihrem Leben, als würde Nicholas nur deshalb hier abhängen, weil er Lust dazu hatte, weil er einfach gern in ihrer Gesellschaft war.

Es war dunkel gewesen, als sie und Simon zum Essen dort eintrafen, und jetzt, bei Tageslicht, sah sie, dass das Haus von George viel größer war als das von Simon, das Grundstück um ein Vielfaches weitläufiger. Es gab einen Teich, der ihr damals nicht aufgefallen war, offensichtlich menschengemacht, mit einem Holzsteg und Seerosen am Ufer. Der Rasen war nahtlos, das Grün flach und unveränderlich.

»Lass mich nur schnell den Einkauf ausladen«, sagte Nicholas und parkte den Wagen auf der gepflasterten Vorfläche einer kleineren Garage.

»Kann ich beim Tragen helfen?«

»Auf keinen Fall«, sagte Nicholas, die Arme voller Tüten. Falls es ihn anstrengte, ließ er es sich nicht im Geringsten anmerken.

Sie folgte ihm in die Vorhalle, ließ ihre Tasche neben der Tür fallen, dann weiter durchs Wohnzimmer. Kunst an jeder Wand, vibrierend vor satten Farben. Eine Perserkatze pirschte vorbei, hielt für einen hochmütigen Moment inne, bevor sie auf einen gläsernen Wohnzimmertisch sprang. Die Couch war eine geschwungene Welle aus Polstern in Orange und Gelb, italienisches Zeug aus den Sechzigern, das vage an ein Meer aus Brüsten erinnerte. Der Abstand zwischen den Möbelstücken im Raum war unnatürlich groß. Durch die Fenster blickte man draußen auf wechselnde Grüntöne.

»Ich geh mal kurz ins Bad«, sagte Alex und schulterte ihre Handtasche.

»Den Flur runter«, sagte Nicholas, »du erinnerst dich?«

IM BADEZIMMER BENETZTE sich Alex das Gesicht mit Wasser, spülte sich den Mund aus. Eine Ansammlung von Pickeln hatte sich entlang ihres Haaransatzes geformt: Sie widerstand dem Drang, dran herumzupfuschen. Ihre Augenbrauen sahen zu blass aus, die Wangen ganz leicht sonnenverbrannt, die Lippen schälten sich und waren spröde.

Sie versuchte, sich so schnell wie möglich in Ordnung zu bringen – die Brauen ausfüllen, Concealer unter die Augen tupfen und um die Nase herum. Sie feuchtete Klopapier mit Handseife an und rieb sich damit beide Achselhöhlen. Gar nicht so übel; und selbst ihre Haare sahen besser aus, nachdem sie sie geflochten hatte, wobei ihre Kopfhaut leicht körnig war vom Sand. Sie wischte etwas Sand vom Waschbecken auf den Boden. Sie tupfte sich mit Klopapier den Lippenstift ab und spülte dann den ganzen Mist im Klo runter. Ein Inspizieren der Fingernägel. Sie kratzte mit den Nägeln über das Seifenstück, dann hielt sie sie unter den Wasserhahn, so heiß, wie es nur ging.

Da. Einwandfrei.

IN DER KÜCHE war Alex noch nicht gewesen: Anders als der Rest des Hauses sah sie nicht modernisiert aus. Schlichte hölzerne Küchenschränke aus den Fünfzigern, hellgelb gestrichen. Florale Tapete mit klitzekleinen blassrosa Rosenblüten, die eng hintereinander in der Diagonale marschierten. Auf einem Schreibtisch standen ein Festnetztelefon und mehrere Monitore, Bildschirme mit einem Raster aus schwarzweißen Überwachungsvideos. Ein kleiner Plastiksummer mit einem Knopf – ein Garagenöffner, dachte Alex, dann aber las sie die Beschriftung. PANIC.

Nicholas öffnete den Kühlschrank und begann Pellegrino-Sechserpacks aus weißen Einkaufstüten zu ziehen, dann Flasche um Plastikflasche Orangensaft und Grapefruitsaft. Er stellte sie rechtwinklig in die Regale.

»Dauert nicht lang«, sagte er. »Kann ich dir ein Getränk anbieten oder einen Snack?«

Sie setzte sich auf einen Hocker vor der Küchenanrichte. »Ich meine, irgendwas Kleines wäre super, wenn's kein Problem ist?«

»Natürlich nicht.« Er schloss die Kühlschranktür und faltete die leeren Tüten in präzise Drittel. »Der Koch kommt erst Freitag spät wieder, aber auf was hast du denn Hunger?«

»Ich will keine Umstände machen.«

»Ach was«, sagte Nicholas, »es ist mir ein Vergnügen. Ich koche sogar gern, es entspannt mich. Und ich komm so gut wie nie dazu.«

Erstaunlich, wie er einen fast dazu brachte, ihm jedes Wort zu glauben – sie konnte von ihm noch was lernen.

Er öffnete den Kühlschrank erneut, sah prüfend hinein. »Ich könnte dir ein Stück Lachs braten, mit ein bisschen Gemüse?« Er sah sie an. »Du magst doch Fisch, stimmt's? Oder einen schnellen Salat?«

»Also, das hört sich alles großartig an. Was am einfachsten ist.«

»Geh und setz dich raus. Ich bring's dir.«

»Nein, um Gottes willen«, sagte Alex. »Kann ich nicht helfen?«

»Ich hab's im Griff. Genieß die Sonne.«

»Ganz ehrlich«, sagte sie. »Ich würde lieber hier bei dir sitzen.«

»Wie du möchtest.«

Nicholas zog eine Pfanne hervor und nahm ein Stück leuchtend rosa Fisch aus etwas Wachspapier. Er wirkte anmutig, entspannt, auch wenn er sich wahrscheinlich wünschte, sie würde ihn in Ruhe arbeiten lassen. Es war wohl für alle einfacher, wenn klarere Grenzen gezogen wurden, aber bestimmt hatten sich auch schon andere gegenüber Nicholas so aufgeführt, hatten versucht zu zeigen, wie anders sie waren, wie leicht es ihnen fiel, sich mit dem Personal zu verbrüdern. Sie hatte eine eigene Version davon erfahren: Die Männer, die ihr endlose persönliche Fragen stellten mit vor befangenem Mitgefühl verzogenen Gesichtern. Die mit schlecht unterdrückter Erregung darauf warteten, dass sie irgendein vergrabenes Trauma aufbot. Männer, die darauf bestanden, dass sie zuerst komme, als wäre das der Beweis für ihre grundlegende Güte. Es war nicht schlimm, nur lästig. Denn tatsächlich verlangte es ihr mehr Energie ab, erforderte mehr aus den Rippen geleierte Pseudoemotionen, um sich den Männern anzugleichen.

Alex leerte das Wasserglas, das Nicholas ihr eingeschenkt hatte, und der willkommene Kälteschock der Eiswürfel machte ihr klar, wie viel Durst sie noch hatte.

Das Dinner mit George war unangenehm gewesen, hier in dem Esszimmer mit dem schwarzen Marmorboden und den schwarz lackierten Stühlen. Er hatte einen neuen Koch ausprobiert. Georges Stimme – knödelnd, nasal – war irritierend, hinzu kam, wie schnell er gelangweilt war, offensichtlich gelangweilt. Es machte alle nervös, machte ihnen bewusst, dass sie seine Aufmerksamkeit behüten mussten.

Seine Frau war extrem dünn, ein Model, das sich später dazu entschlossen hatte, Malerin zu werden. Dem Tischgespräch nach schien das Malerinsein hauptsächlich daraus zu bestehen, über Immobilien nachzudenken, denn die Ehefrau war konstant auf der Suche nach einem noch malerischeren Atelier. Sie trug einen rotbraunen Pullover mit limettengrünen Bündchen über einem steifen weißen Button-down-Hemd, roten Lippenstift, und hatte ihre Handtasche auf dem Nachbarstuhl stehen, die Reißverschlusszähne geschlossen zu einem scharfen Lächeln. Als den Gästen eine Schale Sorbet serviert worden war, hatte die Ehefrau kommentarlos eine Schale Blaubeeren bekommen: Sie aß sie Stück für Stück. Während des gesamten Dinners hatte sie kaum mit Alex gesprochen, vielmehr ihre zarte, nervöse Energie auf ihren Mann gerichtet. Auch George hatte kaum mit Alex gesprochen. Alex war eine Art gesellschaftliches Ausstattungsstück – nur ihre Gegenwart war erforderlich, die ungefähre Größe und Form einer jungen Frau. Alles, was über das Sitzen auf einem Stuhl und Dauernicken hinausging, stellte eine Ablenkung dar. Gelegentlich legte Simon ihr die Hand in den Nacken oder tätschelte ihr die Schulter.

Im Verlauf des Dinners lullte sich Alex in einen Trancezustand, die Langeweile war fast wie eine Droge, etwas, dem man sich hingeben, womit man sich vollfressen konnte. Simon hatte ihr erzählt, Georges Frau verlange von George, niemals mit einer anderen Frau allein zu sein. Als würde sich irgendeine Frau, von Leidenschaft übermannt, dem schmächtigen George an den Hals werfen. Aber lieber glauben, das Leben sei wertvoll, unter Beschuss, als die Alternative.

»SICHER, DASS DU keinen Hunger hast?«, fragte Alex. »Das ist abartig lecker.«

»Ich hab schon zu Mittag gegessen«, sagte Nicholas.

Wer wusste, ob das stimmte? Vielleicht sollte Nicholas bedürfnislos erscheinen, ohne irgendeine Form menschlichen Hungers.

Normalerweise hätte sie größere Hemmungen gehabt,

so vor ihm zu essen, doch dazu war sie viel zu hungrig. Und der Lachs war gut, der Salat auch, aufgeweicht von Öl und Zitrone. Immer wenn sie einen Schluck aus ihrem Wasserglas nahm, füllte er ihr aus einer Karaffe nach, fast ohne dass sie es mitbekam. Ihr Handy lud auf der Anrichte, wo Nicholas es in die Steckdose gesteckt hatte.

»Wie hast du George eigentlich kennengelernt?«, fragte Alex.

Nicholas erzählte, er sei Schauspieler gewesen oder habe es zumindest versucht. Er habe hier und da mitgespielt, eine Zeit lang sei es für ihn sogar ziemlich gut gelaufen bei einer Soap, was eigentlich gar kein schlechter Job gewesen sei. Echt. Man lerne viel. Die brächten einem bei, professionell zu sein. Rechtzeitig da sein, fit bleiben. Den Text lernen. Nichts davon sei so dauerhaft gewesen, wie er sich das vorgestellt hatte. Er kannte George von einer Party, wo er für eine Cateringfirma gejobbt hatte; George hatte ihn abgeworben. Nicholas sagte, er habe eine Tochter, die an der Westküste lebe.

»Oder im Westen zumindest. Reno. Nicht direkt Küste.«

»Echt?« Alex hielt sich die Leinenserviette vor den Mund, während sie zu Ende kaute. »Du wirkst gar nicht alt genug, um ein Kind zu haben.«

»Sie ist fünf. Bella.«

»Kann ich ein Bild sehen?«

Nicholas zückte sein Handy und hielt Alex kurz die Startseite hin: Sie sah das Foto eines blonden Mädchens mit einem auf die Wange gemalten Schmetterling. Das Mädchen sah gestresst und besorgt aus, ihr Lächeln war verkniffen. Wer sorgte für das Kind, wie war ihr Leben?

»Sie ist bezaubernd«, sagte Alex.

»Danke«, sagte Nicholas, warf einen Blick aufs Display und steckte das Telefon ein. »Klar, es ist schwer, sie nicht die ganze Zeit zu sehen, aber das hier ist ein echt toller Job. Und immer wenn ich kann, fahr ich zurück und besuche sie.«

»Und du schläfst hier im Haus?« Groß genug war es ja.

»Wenn wir hier sind und nicht in der Stadt, ja. Es gibt eine Personalwohnung«, sagte er. »Auf der anderen Seite der Garage.«

»Muss ja ganz schön seltsam sein. Dieser Job.«

Nicholas zuckte mit den Achseln. »Na ja klar, ich meine, jeder Job ist ein bisschen seltsam.«

Da war sie wieder, die berühmte Diskretion.

»Ja, aber das hier ist doch ziemlich abgefahren, oder?« Mit hochgezogenen Augenbrauen betrachtete sie die Küche, draußen den Rasen, das Grün derart satt, dass es widerzuhallen schien.

»Ich bin jedenfalls nicht so aufgewachsen«, sagte er.

»Ich auch nicht.«

Es entstand eine Pause – keiner von beiden ging näher darauf ein. Sie kratzte das letzte bisschen Essen vom Teller, wischte das restliche Öl mit dem Finger auf, bevor sie ihn zum Mund führte.

»Superlecker«, sagte Alex. »Danke.« Sie stand auf, um den Teller zur Spüle zu bringen.

»Ich nehm schon«, sagte Nicholas geschmeidig, als machte es ihm die größte Freude, ihr Geschirr zu tragen, und erst nachdem er noch zweimal insistiert hatte, reichte sie ihm den Teller.

»Was macht dein Handy?«, fragte er. »Sag Bescheid, wenn du zurückwillst, ich fahr dich gerne. Ich kann dir auch ein Taxi rufen, wenn dir das lieber ist.«

Sie versuchte ihr Telefon einzuschalten. Es gab nicht einmal mehr ein Stottern von sich. Der Bildschirm war schwarz und reglos, eine indifferente Leere. Ihr Puls schoss in die Höhe, doch sie guckte weiter fröhlich.

»Sorry, ich glaub, mein Telefon ist einfach hinüber«, sagte Alex. »Ich weiß nicht, was passiert ist.«

»Ich kann's mir mal ansehen.«

»Ich meine, klar, wenn du willst. Hau rein.«

Nicholas nahm ein anderes Ladekabel, dann probierte er eine andere Steckdose aus. Er verschwand für eine Weile. Während er weg war, streichelte Alex die Katze, deren Fell dieselbe rötliche Farbe hatte wie Georges Haare. Die Katze wirkte leicht gereizt von ihrer Zuwendung.

Nicholas kam zurück, wedelte entschuldigend mit dem Handy. »Ich dachte, es geht vielleicht, wenn ich's an den Rechner anschließe.«

»Und?«

»Es ist für vielleicht eine Sekunde angegangen. Dann nichts. Im Ort gibt's einen Laden, die könnten's dir vielleicht reparieren«, sagte er. »Ich kann dich vorbeibringen, auf dem Weg zu Simon. Wollen wir dann mal langsam los?«

Alex lächelte ihn an, dann sah sie auf ihre Hände.

»George ist erst in ein paar Tagen zurück«, sagte Alex, »richtig?«

»Samstag«, sagte Nicholas. »Früh.«

»Würde es dir was ausmachen«, sagte Alex, »ich meine, wäre es total schrecklich, wenn ich noch ein bisschen hier abhängen würde? Ich bin total kindisch«, sagte sie. »Ich hasse das Haus, wenn es leer ist. Ich krieg solche Angst, ich stell mich total an.«

Nicholas war offensichtlich verblüfft, aber gut darin, nicht überrascht zu wirken. Bestimmt war er schon mit Schlimmerem zurechtgekommen.

»Ich meine, klar.« Er rieb sich den Nacken. »Ich muss noch ein paar Sachen erledigen.«

»Aber ich wäre dir nicht im Weg, oder?«, sagte Alex. »Wenn ich hier einfach abhänge und lese oder so? Und du kannst mich echt rausschmeißen, wann immer du willst.«

Sie zwang sich, zu Boden zu schauen, zählte ein paar Sekunden, bevor sie ihn ansah. Sie wich seinem Blick nicht aus.

»Ich frag echt ungern«, sagte sie, »ist mir wirklich peinlich.«

Da war es, das Aufflackern von Empfänglichkeit, der kaum merkliche Blick auf ihre Brüste.

»Natürlich. Ich schreib nur schnell Mr H und sag ihm Bescheid, aber ich bin sicher, es ist absolut in Ordnung.«

Alex berührte seine Arm.

»Nicholas«, sagte sie, »hättest du was dagegen, George nicht zu erzählen, dass ich hier bin? Ich will nicht, dass Simon davon erfährt.« Sie ließ ihren Mund leicht beben, dann biss sie sich auf die Unterlippe. »Ehrlich gesagt, wir haben gerade ein bisschen Streit«, sagte sie, »und ich weiß, er würde ausrasten, wenn er wüsste, dass ich bei seinem Freund zu Hause bin. Und dir auf die Nerven gehe. Er kann echt gemein werden.«

Sie sagte das fast im Flüsterton, eine widerwillige Beichte, und Nicholas runzelte die Stirn, während er die Information aufnahm. Sie rieb sich die nackten Arme und lächelte ihn an, ein tapferes Lächeln.

»Tut mir echt leid«, sagte sie. »Ich hoffe, das bringt dich jetzt nicht in eine blöde Lage.«

»Nein«, sagte er, »nein.« Er atmete aus. »Ich meine, ich

bin sicher, es ist in Ordnung, wenn du hier ein bisschen abhängen willst. Oder? Ist ja nichts dabei.«

»Danke«, sagte sie und stellte sich auf die Zehenspitzen, um ihn zu umarmen. Sie nahm den leicht scharfen Geruch ihrer Achselhöhlen wahr, aber er hoffentlich nicht. Er hielt geschäftsmäßigen Abstand, tätschelte ihr die Schulter.

»Na klar«, sagte er. »Ich helfe gern.«

ALEX SASS IM Schatten und hielt die Beine in den Whirlpool. Das Sonnenlicht verzerrte die Oberfläche des Pools. Sie las ein Memoir, das sie im Wohnzimmerregal gefunden hatte, ein altes gebundenes Buch, dessen buttergelbe Seiten so spröde waren, dass sie sich mühelos mit dem Fingernagel einritzen ließen.

Sie hörte, wie irgendwo auf dem Grundstück ein Laubbläser ging, dann das Geräusch eines Rasenmähers. Hin und wieder lief ein Mann in langen Ärmeln und Baseballkappe mit einer Mülltonne voll Unkraut vorbei. Als sie ihm zunickte und winkte, sah er nur zu Boden. So viel Mühe und Lärm waren erforderlich, um diese Landschaft zu kultivieren, eine Landschaft, die Ruhe und Frieden heraufbeschwören sollte. Der Anschein von Stille erforderte endlose gewaltsame Intervention.

»Willst du ein Handtuch?«, fragte Nicholas, der auf dem Weg zur Garage vorbeikam. »Sonnencreme?«

»Du musst dich gar nicht um mich kümmern«, sagte sie, »ich will dir wirklich keine Umstände machen.«

Er zeigte ihr, wie man mit dem Schlüssel, der am Tor versteckt war, einen kleinen Poolbar-Bereich öffnen konnte: Wasserspielzeug hing an der Wand, es gab ein kleines

Waschbecken und einen Kühlschrank. Sie könne sich gerne alles nehmen, was sie brauche, sagte Nicholas.

Dieser Überfluss allein war berauschend. Sie zog ihren pinkfarbenen Zweiteiler an, der noch nach Chlor roch. Sie trank ein Corona und drei Miniflaschen Wasser aus dem Kühlschrank, verbrachte anschließend zehn geistesabwesende Minuten damit, ihren Körper mit Sonnencreme aus einer bernsteinfarbenen Tube einzuschmieren, Sonnencreme, die waldig und teuer roch. Sie fühlte sich leicht erregt, die Haut glitschig unter ihren Händen, spürte plötzlich, wie ihre Bikinihose gegen den Schritt rieb. Sie steckte die Sonnencreme in ihre Tasche. Ein Gastgeschenk, das später nützlich würde. So wie ihre neue Sonnenbrille: Als sie zum Pinkeln ins Haus gegangen war, hatte sie sie in der Schale auf dem Wohnzimmertisch gefunden, eine große Brille in Schildpattoptik, deren grüne Gläser die Welt gestochen detailgenau schärften.

Vier Tage noch bis Labor Day. Es kam ihr lang vor. Lang genug, um sich keine allzu großen Sorgen zu machen um das, was zwischen jetzt und dann passieren könnte.

Ihre Haut schimmerte in der Sonne, ihre Hände waren glatt von der Sonnencreme, und als sie die Beine in den Whirlpool tauchte, sah sie einen Ölschleier, der sich langsam auszudehnen begann, ein Regenbogen, der von ihrer Haut ausging – sie verschmutzte das Wasser, Sand glitzerte auf den Stufen, aber na und? Irgendwer würde das Ganze schon saubermachen.

»Setz dich doch zu mir«, rief Alex, als Nicholas das nächste Mal vorbeikam. »Bitte.«

Sie war etwas angetrunken, selbst nach nur einem Bier.

Sie schluckte einen Rülpser hinunter, schob sich die Sonnenbrille in die Stirn.

»Und, wie ist es so?«, fragte Nicholas. »Soll ich mal die Düsen anschalten?«

Schwer abzuschätzen, ob es ihn ärgerte oder nicht, den Bedürfnissen dieser Person nachkommen zu müssen, die nicht seine Arbeitgeberin war.

»Komm, setz dich zu mir«, sagte Alex, »bitte.« Sie tätschelte den warmen Stein neben sich. »Ich bin so allein.«

»Ich muss noch ein paar Sachen erledigen.« Nicholas legte den Kopf schief.

ALEX WAR EINGESCHLAFEN. Beim Aufwachen war sie eine Sekunde lang desorientiert. Dann sah sie wieder klar. Die aufgereihten Liegestühle entlang des Pools, der gelbe Abwärtsschwung einer Skulptur auf dem nahe gelegenen Rasen. Die Luft roch zwar nach gemähtem Gras, doch der Truck des Landschaftsgärtners war verschwunden, und der Tag, ein weiterer Tag, war fast um.

Sie inspizierte ihr Dekolleté, drückte die Haut platt, um zu sehen, ob sie weiß wurde. Aber nein, sie hatte es irgendwie geschafft, einen Sonnenbrand zu vermeiden. So ein Glück. War sie kein Glückskind? Lediglich der Geist von Fisch in ihrem Mund, der sandige Nachgeschmack des Biers, die zweite Flasche, halb leer auf dem Tisch neben sich. Als sie sie anhob, war das Bier warm.

Das Buch lag aufgegrätscht auf dem Boden – sie hatte fast zwanzig Seiten gelesen, konnte sich aber nicht recht entsinnen, wovon es handelte. Das Memoir einer Frau, deren Mutter sie zu sehr geliebt hatte. Deren Brüder sie noch mehr geliebt hatten. Ein Problem des emotionalen Übermaßes, psychologische Zipperlein.

Als sie aufstand, rauschte all ihr Blut in den Kopf. Sie stieg in den Pool, hielt sich mit einer Hand die Haare über die Schultern, damit sie trocken blieben. Der Pool war amniotisch warm, das Wasser seidig und roch nach Mineralien. Sie ließ die Haare fallen. Hielt die Luft an, tauchte unter. Eine lockere Bahn. Sie tauchte am anderen Ende wieder auf. Dort, am anderen Ende, wo sie gerade gewesen war, stand Nicholas, sein weißes Hemd leuchtete in der Dämmerung. Seine Hand war zu einem Winken erhoben. Sie schwamm zurück und stieg aus dem Pool, wrang sich das Wasser aus den Haaren.

»Wie war's?«, fragte Nicholas.

»Perfekt.«

Sie grinste ihn an, schnappte sich ein Handtuch vom Liegestuhl. Sie hüllte sich darin ein, hielt es knapp unter ihrem Bikinitop zusammen, damit ihre Brüste hochgeschoben wurden. Sie wischte sich die Nase mit dem Unterarm ab.

»Salzwasserpool«, sagte sie. »Stimmt's?«

»Yep.«

»Gehst du auch manchmal rein?«

»In den Pool?« Er zog ein Gesicht. »Nein.«

»Auch wenn keiner da ist?«

Er zuckte mit den Achseln. »Vielleicht ein-, zweimal.«

Das Eingeständnis dieser kleinen Übertretung schien ein Schritt nach vorne zu sein, wobei Alex vermutete, dass es gelogen war. Sie frottierte sich jedes Bein energisch mit dem Handtuch ab, dann begann sie ihr nasses Haar über der Schulter zu einem Zopf zu flechten. »Kann ich deine Wohnung sehen?«

»Sie ist nicht sehr groß«, sagte er.

War er verlegen? Oder nur ungeduldig? Nein, beschloss sie, er war neugierig.

»Aber klar«, sagte Nicholas, »du kannst sie sehen, wenn du unbedingt willst.«

»Ich will«, sagte Alex. »Unbedingt.«

DIE PERSONALWOHNUNG WAR eine Schachtel mit grau gefliesten Böden; zumindest die Klimaanlage funktionierte gut, obwohl die Räume fast zu kalt waren, um gemütlich zu sein. Die meisten Möbel waren weiß und aus Plastik. Es gab einen älteren Fernseher, der an der Wand befestigt war, eine schwarze Ledercouch. Ein paar *Surfer*-Magazine auf dem Wohnzimmertisch. Alles war sehr ordentlich.

»Wohnst du hier das ganze Jahr?«, fragte Alex.

»Nur wenn Mr H hier draußen ist. Ansonsten sind wir in der Stadt.«

Wir, sagte er, als seien er und seine Arbeitgeber eine Einheit.

Sie setzte sich auf die Couch – sie hatte sich ihre Jeansshorts übergezogen, trug aber noch das Bikinitop und ein Oxfordhemd, das sie offen gelassen hatte. Wenn man lange genug schwieg, bis sich die Stille wirklich ausgebreitet hatte, fühlten sich Leute meist zu unwohl, um ihre Gedanken zu sammeln. Diese Gedanken zu einer Frage zu formen, wie zum Beispiel, warum war Alex immer noch hier?

»Willst du was trinken oder so?«, fragte Nicholas.

Ihre Miene hellte sich auf. »Was hast du denn da?«

»Ich kann dir original alles machen, was du willst. Ich hab mal eine Barkeeperausbildung gemacht.«

»Wirklich?«

»Oh ja«, sagte er. »Ich bin Gelehrter. Die Barkeeperausbildung und drei Semester am Actors Studio. Und, was darf's sein?«

»Überlass ich dir.«

Er beschloss, einen Tequilacocktail zu machen, für den man frische Kräuter benötigte. Er ging mit ihr hinaus, um ihr den Garten zu zeigen. Der stehe unter der Aufsicht eines Gärtnermeisters, sagte er. Es gab Tomaten inmitten der feuchten stachligen Ranken, ein Beet mit Basilikum, das der Luft einen satten, grasigen Duft verlieh. Sie sah Kürbisse im Schatten ihrer großen Blätter, und Nicholas beugte sich vor, als wollte er einen pflücken, ließ aber stattdessen nur die Hand auf der schwieligen Schale ruhen.

Auf der Rückseite war ein Bienenstock. »Wir haben auch Hühner«, sagte er, »willst du mal sehen?«

Sie vermutete, dass dieses Angebot reizvoll war für Leute aus der Stadt.

NICHOLAS WOLLTE ALS Nächstes einen anderen Drink mit einem Float aus dunklem Rum mixen, für den er wie ein Geistesgestörter den Shaker über seinem Kopf hin- und herhämmern musste. Er goss den Drink aus dramatischer Höhe in die Gläser. Bald schon hatten sie je zwei davon getrunken.

Wo war das Koks hergekommen?

Aus irgendeinem Winkel der makellos sauberen Personalwohnung, Koks, das Nicholas in zwei schlickige weiße Häufchen teilte, die sie sich vom Garagenschlüssel durch die Nase zogen. Es war nicht besonders gut, rann Alex sofort wie Speed den Rachen hinunter, aber, viel wichtiger, es gab anscheinend eine Unmenge davon. Sie verschüttete ein bisschen über ihre Brust, als sie den Schlüssel zur Nase führte, aber das war ihr – in dem Moment – egal. Sie könnten sich noch mehr organisieren, wenn sie wollten. War doch so, oder? Obwohl ihr Herz raste, war sie ruhig, sie stellte sich Möglichkeiten vor, die sich wie an einer Perlenschnur aufgereiht endlos in die Ferne erstreckten. Sie konnte immer kriegen, was sie brauchte. Passte sie nicht gut auf sich auf? Hatte sie es nicht geschafft, eine Rückkehr in die Stadt zu vermeiden, hatte sie die Dinge hier nicht vorangetrieben?

Es war wahrscheinlich spät. Der Himmel war stockdunkel. Sie hatte in Nicholas' Badezimmer schnell geduscht. Ihre Haare waren noch nass, aber zumindest waren sie sauber, glatt. Die Klimaanlage gab ein konstantes Maschinensurren von sich, das irgendwann zu weißem Rauschen wurde. Sie stöpselte ihr Handy in eine Steckdose, und das alleine fühlte sich wie Fortschritt an, eine Anzahlung auf das künftige Verbindungsversprechen. Als das Display anging, tippte sie nicht Doms Namen an (zwanzig ungelesene Nachrichten), sah aber zwei Nachrichten von einer Nummer, die sie nicht kannte: Ein Delfin-Emoji, eine Nachricht mit der Frage *was machst du heut abend?*. Sie brauchte einen Moment, bis ihr klar wurde, dass es der Junge vom Strand sein musste. Jack. Der Junge mit der Zahnspange. Ihr Telefon ging aus, bevor sie zurückschreiben konnte. Sie wusste nicht mal, ob sie überhaupt wollte: Es war schwierig, mehr als seine blonden Locken heraufzubeschwören, der Junge, der auf das große ferne Haus zeigte. Welches Buch hatte er noch mal gelesen? *Siddhartha*. Richtig.

Nicholas versuchte, Musik auf seinem Telefon abzuspielen, bevor er schließlich aufgab.

»Das WLAN hier drin ist total schlecht«, sagte er. »Im Grunde nicht existent.«

Er kniete sich auf den Teppich und lüpfte eine CD auf zarten Fingerspitzen in eine klobige alte Anlage.

»Ein CD-Player«, sagte Alex. »Wieso zur Hölle hast du einen CD-Player?«

»Ein Klassiker«, sagte er. »Kennst du diesen Song?«

Nicholas schien es nicht zu stören, dass Alex nicht reagierte.

Er kroch herüber und legte ein paar Lines auf dem Umschlag des *Surfer*-Magazins aus. Sie knieten zu beiden Seiten des Wohnzimmertisches, ohne sich direkt anzusehen, so wie sich Leute beim Drogennehmen oftmals nicht direkt ansahen.

»Du zuerst?«, sagte er.

Danach war ihr leicht schwindlig, und sie lehnte den Kopf zurück an die Couch. Selbst nach dem Duschen roch sie noch nach dieser teuren Sonnencreme.

Wie spät war es inzwischen? Der Gesprächsverlauf verschwamm, unklar, wie genau sie auf dieses letzte Thema gekommen waren: Nicholas wäre anscheinend, vor vielen Jahren, mal fast für einen großen Hollywoodfilm gecastet worden. Es sei zwar nicht die Hauptrolle gewesen – aber, sagte er, dennoch. Es hörte sich an, als sei ihm die Rolle versprochen worden. Eine lebensverändernde Rolle.

»Es ist halt nur«, sagte Nicholas, »ich wär gut gewesen. Echt.«

»Bestimmt«, sagte Alex. »Du wärst bestimmt großartig gewesen.«

»Es war so verdammt knapp«, sagte Nicholas. »Am Ende waren es nur noch ich und ungefähr zwei andere. Zwei andere!«

»Du wärst der Hammer gewesen«, sagte Alex. War ihre Stimme zu laut? »Abartig gut«, sagte sie. »Hundertpro.« Während sie es sagte, schien es wahr zu sein. Sie verspürte wahre Zuneigung für Nicholas. Er hatte Gutes verdient.

Sie hatten ausgetrunken, die Gläser waren leer bis auf ein paar verdrehte Minzblätter – sie sollte versuchen, ein bisschen Wasser zu trinken. Sie sollten beide Wasser trinken; Nicholas' Wangen waren leicht gerötet. Sie hatte wieder den Gedanken – dass sie aufstehen und Wasser trinken sollte. Sie rührte sich nicht. Jetzt redete Nicholas von George. Sie hatte vermutlich gefragt.

»Er behandelt mich gut«, sagte Nicholas. »Er ist ein guter Mensch.«

Alex musste das Gesicht verzogen haben, denn Nicholas' Stimme wurde plötzlich schrill. »Ich mein's ernst!«, sagte er. »Er ist toll.«

Sie starrte an die Decke, ihr Herz klopfte so stark, dass sie es spürte. Es war nicht unangenehm. Sie legte sich die Hand auf die Brust. »Wenn du meinst.«

»Viele Leute sind es nicht. Aber er ist ordentlich, sauber, und er hat ein gutes Herz, also weißt du, das ist schon ziemlich gut. Wenn man bedenkt. Er ist nicht gemein.«

»Wie ist er an das ganze Geld gekommen? Wie viel hat er überhaupt?«

Nicholas schob die Lines auf dem Tisch sorgfältig zusammen, beugte sich vor, um schnell eine zu ziehen. Er schnaubte geräuschvoll, dann setzte er sich auf. »Ich weiß es«, sagte er, »wirklich nicht.«

»Fünfzig? Hundert? Mehr?«

Er zuckte mit den Achseln.

»Fuck.« Alex ließ sich tiefer in die Couch sacken.

»Reiche Familie. Jetzt hat er ne Stiftung.«

»Ich kapier's nicht.«

»Keine Ahnung. Er mag halt Kunst. Was hast du da eigentlich alles drin?« Er stieß mit dem Zeh gegen ihre Tasche.

»Nichts«, sagte Alex. »Nur Klamotten.« Sie zog die Tasche zu sich heran.

Es kam ihr komisch vor, auf einmal, diese Tasche, die sie mit sich herumschleppte, diese Tasche mit ihrem ganzen Hab und Gut. Sie zog einen rosa Pullover hervor. »Fühl mal, total weich.«

»Klamotten? Wieso hast du ne Tasche voller Klamotten? Schräg«, murmelte er entspannt, »ganz schön schräg.«

Nicholas legte den Kopf auf seine verschränkten Arme.

Sie waren beide leicht kicherig, leicht verschwitzt.

»Und was ist hiermit?« Alex hielt ihm den kleinen Onyx aus Helens Haus hin. Er war kalt in ihrer Handfläche. »Gefällt dir das?«

Nicholas öffnete ein Auge, um den Stein zu betrachten, dann setzte er sich auf, um ihn in der Hand zu halten.

»Ganz schön schwer«, sagte er. »Mir gefällt, wie schwer er ist.«

Sie nahm den Stein zurück, wickelte ihn in den Pullover. Sie schob das Bündel tiefer in die Tasche.

»Was ist es denn?«, fragte Nicholas. »Irgendwas Wertvolles?«

Sie antwortete nicht, aber das schien ihn nicht zu stören. Nichts schien sie stören zu können, eine sanfte Ruhe war eingekehrt in dem Raum.

»Wie hast du Simon eigentlich kennengelernt?«, fragte Nicholas nach einer weiteren langen Pause.

»Auf ner Party. Wir kannten dieselben Leute.«

Glaubte er ihr? Nicholas schien drauf und dran, etwas zu sagen.

»Was?«, sagte Alex.

»Ich weiß nicht«, sagte er. »Magst du ihn? Er ist so viel älter. Du bist was, fünfundzwanzig?«

»Zweiundzwanzig.«

»Genau. Ein Baby! Wärst du nicht lieber mit jemandem in deinem Alter zusammen?«

Alex zuckte mit den Achseln. »Ich liebe ihn«, sagte sie und beobachtete Nicholas' Gesicht.

ALEX WOLLTE NACHTISCH, und das war der Grund, warum sie am Ende im Haupthaus landeten, Alex hinter Nicholas herlief, während er die Alarmanlage entsicherte. Sie konnte nicht aufhören zu lachen.

»Shh«, sagte er, aber auch er musste lachen – es war wie die Parodie eines Einbruchs, der Zeigefinger vor den Lippen, sein übertriebenes, cartoonhaftes Beharren auf Stille. Wer hätte sie denn hören sollen? Sie könnten brüllen, wenn sie Lust hätten, Alex könnte sich die Seele aus dem Leib schreien, und nichts würde geschehen.

Selbst im Halbdunkel war Nicholas' Gesicht attraktiv. Er hätte einen guten Schauspieler abgegeben. Die Lichter im Wohnzimmer waren aus – sie klammerte sich an Nicholas' Hemd, während er sie durch die Dunkelheit in Richtung Küche führte. Sie war barfuß. Sie wusste nicht mehr, wann oder wo sie die Schuhe ausgezogen hatte.

»Fuck«, sagte sie und zuckte zurück – etwas Warmes und Lebendiges streifte ihr Bein.

»Die Katze«, sagte Nicholas. »Entspann dich, Maria«, gurrte er, »einfach entspannen, Mistvieh. Ich sollte sie eigentlich mal füttern.« Er schaltete das Küchenlicht an.

»Da drin ist Gelato«, sagte er und nickte in Richtung des Gefrierschranks. Er hockte sich zu der Katze, deren Augen fast komplett von Fell bedeckt waren. »Na Maria, Hunger? Schon verhungert?«

Alex öffnete die Tür des Gefrierschranks – dort waren eine Flasche Wodka, vier Halbliterbehälter blassgrünes Speiseeis und zehn ungeöffnete Schachteln Parfum.

»Was ist das denn alles?« Sie betrachtete die Rückseite einer der zellophanverpackten Schachteln.

»Die sind von Greta«, sagte Nicholas. »Der Frau.« Er füllte eine winzige silberne Schale mit Wasser, während sich die Katze um seine Fußgelenke schlängelte. »Sie hat Angst, dass es vom Markt genommen wird.«

»Klar.« Alex nahm einen Eisbehälter heraus. »Findest du die beiden nicht zum Kotzen? Ich meine, mir kannst du's ja sagen. Mir ist es egal. Ich kenn sie ja nicht mal.«

»Wie gesagt. Ich mag sie.«

»Ich kann gar nicht glauben, dass George gefickt wird. Wer würde denn mit George ficken wollen?« Sie konnte nicht aufhören zu lachen. »Ganz im Ernst.«

»Gar nicht so wenige«, sagte Nicholas.

»Wer's glaubt.«

»Ohne Scheiß.« Nicholas nannte den Namen einer berühmten Schauspielerin: bekanntermaßen hübsch, bekanntermaßen zierlich.

»Nein«, sagte Alex. »Echt?«

»Oh ja«, sagte Nicholas. Sie standen an der Küchenanrichte und löffelten abwechselnd Eis aus dem Behälter. »Sie hat Borreliose.«

»Ist das nicht was Ausgedachtes?«

Das Eis schmeckte nach Basilikum. Sie ließ es auf ihrer Zunge schmelzen, dann reichte sie ihm den Löffel.

»Sie musste aus der Stadt wegziehen«, sagte Nicholas, »in irgendein Haus ohne Isolierung, und wo es keine Sendemasten in der Nähe gibt. Sie hat's im Gehirn, weißt du, da geht es hin.« Er lutschte den Löffel sauber.

DER ERSTE SCHALTER, den Alex im Wohnzimmer umlegte, bediente die Strahler: Nur die Kunst war zu sehen, schwebte in Quadraten aus goldenem Licht im schwarzen Raum.

»Lass uns wieder zu mir rübergehen«, sagte Nicholas. Er lag auf dem Rücken auf dem Wohnzimmerfußboden, streichelte die Katze, die ihm über den Bauch lief und mit ihren Tatzen sein Hemd knetete.

»Ich will mir nur erst mal das alles hier angucken«, sagte Alex. Sie hielt den halb leergegessenen Eisbehälter in der Hand – sie konnte den Deckel nicht finden.

Manche Werke sagten ihr nichts. Ein Foto von alten Schauspielern, bekleckst mit Farbe. Ein Standfoto aus einem Vampirfilm? Ein kratziger Strich auf einer neongelben Lehmplatte. Aber manche sehr wohl. Es gab ein modernes Bild, rabiat und primärfarben, im Grunde ein Museumsplakat, nur dass es bizarrerweise echt war.

»Ist das ernst gemeint?«, fragte Alex und blieb vor dem Gemälde stehen.

»Was meinst du damit?« Nicholas lag noch auf dem Boden, und seine Finger bearbeiteten die Ohren der Katze.

»Ich weiß nicht.« Sie trat direkt vor das Gemälde. »Warum ist das nicht hinter Glas oder so was?«

»Hier ist alles temperaturgeregelt«, sagte Nicholas. »Wegen der Luftfeuchtigkeit. Die Fenster sind getönt. UV-Schutz. Die haben einen Generator, falls der Strom ausfällt.«

»Kommst du manchmal einfach so hier rein und denkst nach über den ganzen Kram, wann das alles gemalt wurde oder was weiß ich?« Alex stellte den Behälter auf einen Beistelltisch, leckte sich die Finger sauber. »Man kann die Pinselstriche erkennen. Findest du das nicht gruselig?«

Nicholas stand auf. Er schaltete ein anderes Licht an.

»Ich bin gar nicht so oft hier drin«, sagte er. Er kam zu ihr herüber und stellte sich neben sie. »Und so alt sind die auch wieder nicht. Das richtig alte Zeug haben sie in der Stadt.«

»Dieses hier ist so geil«, sagte Alex. »Was zur Hölle! Wieso hängt das hier und nicht im Museum, oder?«

Sie kniff die Augen zusammen, dann zog sie ihn an der Hand, bis sie direkt vor dem Gemälde standen.

»Und, was halten wir davon? Gut oder schlecht?«

»Ich sag mal, gut, oder?« Nicholas schien leicht nervös zu werden. Sie spürte, dass seine Hand feuchtkalt war. Er ließ ihre fallen und wischte sich die Handfläche an der Hose ab.

»Ich hab das Gefühl, ich komm davon richtig drauf«, sagte sie. »Einfach nur vom geschätzten Wert komm ich drauf.«

Aus der Nähe war das Gemälde nichts als Farben. Blau wie der Himmel, wie die gemalten Linien am Boden des Pools.

»Kann ich's mal anfassen?«, fragte Alex.

Sie sah Nicholas nicht an, aber sie konnte ihn atmen hören.

»Was?« Er lachte mit leichter Verzögerung. »Es anfassen?«

»Nur für ne Sekunde«, sagte sie. »Nicht mal ne Sekunde.«

Er hielt sie nicht auf, als Alex die Kuppe ihres Zeigefingers gegen eine blaue Linie drückte, ihn dann wegzog, als habe sie sich verbrannt.

»Okay. Na ja. Ich hab's gemacht.«

Nicholas lachte, aber er bückte sich gerade nach der Katze und schaute ihr nicht wirklich zu.

Und warum tat sie es ein zweites Mal, warum folgte sie dem Impuls, erneut die Hand auszustrecken, die Fingerspitzen verweilen zu lassen.

»Hey«, sagte Nicholas, und sein Ton war plötzlich scharf, und vielleicht hatte sie diese Strenge hochschrecken, sie zurückzucken lassen. Es war keine Absicht gewesen, bestimmt nicht. Ein kleines Stottern, ein kleiner Ausrutscher mit dem Fingernagel – aber da war er, ein Kratzer. Ein gekritzelter Strich in der Farbe. Sie starrte ihn an. Sie starrte auf ihre Hand.

Sie hatte etwas getan, das nicht ungeschehen gemacht werden konnte. Und obwohl sie hauptsächlich geschockt war, zerknirscht, ruckelte da nicht unterschwellig noch etwas mit, so etwas wie ein Kick? So wie damals, als einer der Männer sie geohrfeigt hatte und sie danach lächelte, weil ihr nichts anderes eingefallen war. Er ohrfeigte sie, und sie hatte gelächelt wie eine Idiotin. Es schien sie beide zu überraschen.

Sie sah Nicholas konsequent nicht an, der herüberkam, die Katze fest in den Armen.

Sein Blick ging geradewegs zu dem Kratzer.

Sie wollte ihn wütender sehen, als er war. Stattdessen wirkte Nicholas, als würde er gleich in Tränen ausbrechen. Seltsamerweise sah er aus wie ein kleiner Junge, wie ein verängstigter kleiner Junge, und das war schlimmer als Wut. Er betrachtete eine Zeit lang das Gemälde. Kaum hatte er die Katze abgesetzt, schoss das Tier davon und verschwand in der Dunkelheit jenseits der Tür.

»Ist nicht so schlimm«, sagte Alex. Sie wollte nach seiner Hand greifen, aber es gelang ihr nicht. »Ist nicht so schlimm, oder?«

Nicholas hatte die Augen geschlossen. Er beachtete sie nicht.

»Man sieht's gar nicht«, sagte sie. »Nicht wirklich. Können wir's reparieren?«

Ein bescheuerter Vorschlag; es bestand keine Möglichkeit, das zu reparieren.

Sie setzte sich neben ihn. Sie schwiegen. Endlich öffnete Nicholas die Augen. Er sprang auf, stakste in Richtung Küche. Er blieb nur stehen, um sich den Eisbehälter zu schnappen, den sie auf dem Beistelltisch stehengelassen hatte. Selbst von der Couch konnte sie deutlich erkennen, dass der Behälter einen Wasserfleck im Holz hinterlassen hatte.

»Lass mich das wegmachen«, sagte Alex und sprang hoch. »Bitte.«

»Verschwinde einfach«, sagte Nicholas. Er sprach, ohne sie ein einziges Mal direkt anzusehen. »Ich mach das schon. Geh einfach und warte in meiner Wohnung.«

ALS NICHOLAS ZURÜCK in die Wohnung kam, saß Alex aufrecht am Küchentisch. Als könnte eine gute Körperhaltung die Situation irgendwie retten.

»Tut mir leid«, sagte sie.

Er antwortete nicht. Er schenkte sich ein Glas Wasser ein und leerte es in einem Zug. Er wirkte nüchtern, stocknüchtern.

»Ich ruf dir ein Taxi«, sagte er. »Du hast alles, ja?«

»Kann ich nur heute Nacht hierbleiben«, fragte sie, »bitte? Bitte?«

Sein Gesicht versteinerte sich. Er sah aus, als wollte er etwas sagen, doch er hielt sich zurück.

Alex stand auf, packte ihn am Arm. »Bitte? Simon ist nicht da. Ich will nicht alleine schlafen.«

»Es wäre einfacher«, sagte Nicholas, »dir ein Taxi zu rufen.«

NICHOLAS GAB ALEX ein T-Shirt und eine Boxershorts zum Anziehen. Sie waren mit Surfbrettern bedruckt, seltsam kindisch. Sie lag neben ihm im Bett. Er schlief in einem weißen T-Shirt und langen grauen Pyjamahosen, hatte ihr den Rücken zugedreht. Eine Zeit lang betrachtete sie seine Gestalt im Dunkeln. Sie merkte, dass er noch wach war. Er war kein schlechter Mensch. Er hatte eine Tochter, die er liebte. Sie hatte ihm Ärger bereitet. Er war nur nett zu ihr gewesen.

Alex rutschte, sodass sie sich an ihn schmiegen konnte, ihr Atem war in seinem Nacken. Er rührte sich nicht. Sie drückte ihm die Brüste in den Rücken, ihre Hand griff nach seinem Schritt.

»Hey«, flüsterte sie, »hör zu –«

Er zuckte zurück. »Mein Gott.«

Alex hatte begonnen, sich das Shirt über den Kopf zu ziehen. Er packte ihr Handgelenk mit, wie sie fand, übertriebener Kraft. Sie konnte im Dunkeln das Weiß seiner Augen sehen.

»Pass auf«, sagte Nicholas, »pass auf, deine Scheiße zieht bei mir nicht.«

»Was?«, sagte sie.

»Glaubst du, es ist nicht sonnenklar? Was Sache mit dir ist? Glaubst du, ich seh das nicht?«

Sie merkte, dass sie ein langes Gesicht machte.

»Warum bist du so?«, fragte er. Und er fragte wirklich. Erwartete irgendeine Erklärung, irgendeine logische Gleichung – *x* war ihr passiert, irgendetwas Schlimmes, deshalb war *y* ihr Leben, und das leuchtete natürlich ein. Aber wie sollte Alex erklären, dass es keinen Grund gab, dass ihr nie etwas Schlimmes widerfahren war. Es war alles ganz normal gewesen.

Als sie schwieg, schüttelte Nicholas den Kopf. Angewidert. »Ich schlaf auf dem Sofa.«

»Tut mir leid«, sagte sie. »Ich lass dich in Ruhe. Okay? Tut mir leid.«

Er rückte so weit wie möglich weg von ihr, ohne von der Matratze zu fallen.

War das Beschämung, diese Spirale des Grauens, dieses Hämmern im Kopf? Jeder Gedanke war zu entblößt, dem Raum fehlte es an Weichheit. Die Dinge waren zu sehr, wie sie waren. Sie hatten zu viel gekokst – ihr Herz war schwach und zerbrechlich, ihre Augen taten in ihren Höhlen weh. Sie wünschte, sie hätte eine Schmerztablette. Sie wollte aufstehen und in ihrer Tasche nach einer suchen, aber sie wollte keinen Lärm machen und Nicholas an ihre Anwesenheit erinnern. Sie konnte sich selbst riechen, konnte ihren Schweiß riechen.

Ihre Hand streckte sich nach Nicholas aus, schwebte über seiner Schulter. Sie berührte ihn nicht.

»Bitte sag es niemandem«, flüsterte sie im Dunkeln.

Er schlief schon, oder tat zumindest so.

AM NÄCHSTEN MORGEN hatte Nicholas nur mit ihr geredet, um ihr zu verkünden, dass in – Blick aufs Telefon – acht Minuten ein Auto da sein würde, um sie zu Simon zurückzufahren. Alex kochte Kaffee in der Maschine in der leeren Personalwohnung. Dann wartete sie in einem der taubedeckten Adirondack-Stühle am Teich, holte sich einen feuchten Hintern, während sie den Algen zusah, wie sie auf die Seerosen zutrieben. Ihr Akku war noch immer leer – sie war viel zu verballert gewesen vorige Nacht, um sich die Mühe zu machen, es überhaupt am Strom zu lassen. Blöd.

Die Algen verklumpten auf dem Wasser, brachen auseinander. Bestimmt hatte jemand die Aufgabe, die Algen abzuschöpfen, auch wenn der Teich keinem eigentlichen Zweck diente. Als der Fahrer endlich kam, mit seinem schwarzen SUV im Leerlauf in der Auffahrt stand, blickte Alex zur Haustür. Vielleicht käme Nicholas ja raus, um sich zu verabschieden. Ihr in letzter Minute die Absolution zu erteilen.

Er kam nicht.

Der Fahrer zoomte die Landkarte auf seinem Handy heran. »Es geht nach Daniels Hole Road?«

Sie gab sich der Vorstellung hin, wie der Fahrer sie bis vor Simons Haustür brachte. Wie Alex mit ihrer Tasche abgesetzt würde, wie Alex das Tor öffnen und hineingehen würde. Natürlich würde sie das nicht tun. Natürlich würde sie nicht vom Plan abweichen. Aber dennoch war es ein schönes Gefühl, dass sie immer noch in Simons Leben treten könnte. Jederzeit. Er war gar nicht so weit weg.

»Sie können ruhig in die Richtung fahren. Aber ich steig vorher aus.«

»Haben Sie eine Adresse, die ich eingeben kann?«

Was genau war ihr Plan? Sie würde ihn erkennen, wenn sie ihn sah. Würde wissen, was der nächste Schritt war. Sie machte eine vage Geste. »Ich sag einfach Bescheid, wann Sie anhalten können.«

»Wie Sie wollen.«

Sie steckte ihr Telefon in das Ladegerät am Rücksitz.

Noch drei Tage. Mehr musste sie nicht überstehen.

Alex sah die Straßen durch die Sonnenbrille vorbeiziehen. War das die Sonnenbrille von Georges Frau? Alles sah viel erträglicher aus mit dieser Grüntönung. Mehr wie ein Videospiel oder so was. Eine Welt, die an die wirkliche Welt angrenzte. Jenseits der Fensterscheibe landete ein kleines Flugzeug und verschwand. Sie kamen vorbei an einem kargen Golfplatz mit ein paar dahingondelnden Golfspielern, einem einsamen Golfcart, der über den nacktesten der Hügel fuhr. Golf gehörte zu den wenigen Dingen, die Simon sich herabließ im Fernsehen anzuschauen: Golf und Tennis.

Alex hatte nie mit ihm zusammen ferngesehen. Hatte nicht mal Interesse geheuchelt. Rückblickend hätte sie gefälliger sein können. Wachsamer. Sie hatte allmählich zu glauben begonnen, dass es gar kein Tauschhandel gewesen war.

NACH NUR ZEHNMINÜTIGER Fahrt trafen sie auf die Hauptstraße, näherten sich der Ortsmitte. Alex beugte sich vor.

»Entschuldigung«, sagte sie. »Könnten Sie mich einfach hier rauslassen?«

»Hier?«, sagte der Fahrer. »Einfach hier so?«

»Ja«, sagte sie, »super, hier am Rand ist gut. Danke.«

6

AN DEM ORT war nicht viel dran: ein paar Modegeschäfte, der edle Lebensmittelladen und der nicht-so-edle, ein schäbiges Kino. Eine Kirche, die zum Maklerbüro umfunktioniert worden war, eine einzige Kreuzung, wo sich die Autos häuften. Die Frauen, an denen sie auf den Gehwegen vorbeikam, sahen aus wie Mütter und Töchter. Die meisten waren gleich angezogen: weiße, knöchellange Hosen, teure Sandalen, Perlenohrringe. Sie hatten immer gute Haut, selbst wenn sie nicht attraktiv waren. Sie waren gekleidet, um die Ehefrauen zu beschwören, die sie entweder schon waren oder eines Tages sein würden, künftige häusliche Totems.

An den runden Tischen vor einem Café saßen Männer breitbeinig in Baseballkappen, Polohemden und Shorts mit jüngeren Versionen ihrer selbst, sie alle sahen auf ihre Handys. Niemand sagte etwas, aber dennoch einte sie irgendein primitiver Affekt, offensichtlich waren sie verwandt.

Sie zog eine Restaurantterrasse in Betracht. Die Markise war ausgefahren, die meisten der Tische waren unbesetzt. Es war noch früh, die Flaute vor dem Beginn der Lunchzeit. Ohne genau zu wissen, was der Plan war, lächelte sie einen älteren Mann an, der allein an einem der Tische draußen saß und bei dem sich im Nacken eine Krause aus Haut bildete. Er sah Alex an, dann sah er weg. Er warf nicht noch mal einen Blick zu ihr herüber. Vielleicht hielt sogar er sie für zu verzweifelt.

ALEX GING EINEN Block hinunter, dann überquerte sie die Straße und ging einen anderen Block wieder hinauf. Sie lief durch eine Seitengasse: Da war nichts, bis auf ein paar Mülltonnen, die zu einem Parkplatz führten, der an die Hauptstraße angrenzte. Dort befand sich der weniger edle Lebensmittelladen und dahinter das Grün eines kümmerlichen kleinen Parks mit einer Laube und ein paar Bänken im Schatten der Pappeln.

Der Lebensmittelladen war gut besucht, nur eine der Kassen war geöffnet. Die Gänge waren voll mit Einheimischen, Leuten, denen sie sonst nirgends begegnet war. Dies, vermutete sie, waren die ganzjährlichen Einwohner, Leute, die ihrem Alter entsprechend aussahen. Bürger der echten Welt.

Alex holte Proteinriegel, eine Tüte Nektarinen. Cracker und ein Glas Erdnussbutter. Eine Plastikschale panierte Hühnchenstreifen. Eine Schachtel Blasenpflaster, Abschminktücher. Einen Deostummel in Reisegröße. Die kleineren Artikel ließ sie in ihre Tasche fallen und verzog dabei keine Miene. Mit Dingen davonzukommen hing in hohem Maße davon ab, in der Außenwirkung auf Normalität zu beharren. Die restlichen, größeren Sachen würde sie tatsächlich bezahlen – noch eine nützliche Methode: zumindest ein paar Artikel zu kaufen. Das Unterfangen zu legitimieren.

Alex zog an der Kasse ihre Bankkarte durch das Lesegerät. Dauerte der Zahlvorgang besonders lange? Sie hatte genug Geld, sicherlich. Dennoch schien es möglich, dass die Karte abgelehnt werden könnte. Als hätte Dom sich irgendwie einen Weg in ihr Konto gefressen und alles verschluckt.

Der Kassierer hatte etwas gesagt, etwas, das ihr entgangen war, und er starrte sie an, wartete, dass Alex reagierte, die Finger in der Schwebe über dem Gerät. Kurz nahm sie an, dass die Karte gesperrt und sie in Schwierigkeiten war. Oder dass der Kassierer irgendwie alarmiert worden war, dass sich in Alex' Tasche Artikel befanden, die sie nicht zu bezahlen gedachte.

»Haben Sie eine Treuekarte?«, fragte der Kassierer. »Ich brauch nur die Telefonnummer.«

»Oh, nein. Keine Telefonnummer.«

»Wenn jemand aus Ihrer Familie eine Treuekarte hat«, sagte er, »können Sie auch einfach deren Nummer benutzen.«

Als sie den Kopf schüttelte, lächelte der Mann sie verschwörerisch an. »Wissen Sie was? Sie können meine benutzen«, sagte er und scannte eine laminierte Karte ein. »Und wir sagen's einfach nicht weiter, was meinen Sie?«

Seine Herzlichkeit verdutzte sie – vielleicht dachte er, sie würden sich kennen. Aber sie war eine wildfremde Person, und Alex hatte den Drang, ihm das begreiflich zu machen, ihm klarzumachen, dass sie seine Freundlichkeit nicht verdiente.

IN DEM KLEINEN Park setzte sich Alex auf die Bank, die am meisten im Schatten lag. Die Hühnchenstreifen waren warm und salzig. Der Nachgeschmack war unangenehm. Sie spielte mit dem Gedanken, sich zu übergeben, ein rasches und garstiges Manöver in den nächstgelegenen Mülleimer durchzuführen. Sie brachte die Energie dazu nicht auf. Die Nektarinen waren unreif. Verschwendung.

So viele Stunden noch, die sie durchstehen musste.

Alex sammelte ihre Sachen zusammen und verließ den Park. Sie kam an einem Friedhof vorbei, voll mit Grabsteinen und Plinthen, krumm und schief wie schlechte Zähne. Der Anblick machte sie nervös, die abrupte Gegenwart des Todes umgeben von einem weißen Palisadenzaun, der der kindlichen Vorstellung eines Zauns entsprach. Die Sonne war hinter die Wolken getreten. Oben am Himmel zog ein Flugzeug ein Werbebanner hinter sich her. Das Flugzeug machte kehrt, ruckelte in die Richtung, aus der es gekommen war, sodass das Banner auf links hinterherpeitschte, die Botschaft unentzifferbar war. Was auch immer es war, das die Leute verkaufen wollten.

»Achtung links«, rief jemand, und ein Glöckchen bimmelte, sodass Alex ins Gras zurückweichen musste. Ein Mann und eine Frau – wahrscheinlich nicht viel älter als Alex – radelten auf mintfarbenen Beachcruisern vorbei, in den Körben lagen zusammengerollte Badetücher. Was für ein Tag mochte vor ihnen liegen? Irgendeine lässige Verschwendung des Nachmittags. Was könnten die beiden schon für Sorgen haben?

So musste Alex auf andere gewirkt haben, an den Nachmittagen, die sie am Strand verheizt hatte. Beim Essen einer Tüte Kirschen, die Lori mit Eis gekühlt hatte. Beim Kämmen ihrer nassen Haare mit den Fingern, beim letzten Bad im Meer, bevor sie sich schließlich auf den Weg zu Simon machte. Sie vermisste diese Version ihrer selbst.

Alex wusste, dass sie im Ort bleiben, einen Laden ausfindig machen sollte, wo sie ihr Telefon reparieren lassen könnte. Diesem Jungen vom Strand schreiben sollte. Jack.

Stattdessen stellte sie fest, dass sie in Richtung des Pärchens unterwegs war, dass sie den beiden beim Dahinradeln nachsah, beim Dahingleiten, bevor sie außer Sicht waren.

Die Tasche prallte gegen ihre Seite, die Sandalenriemen entfachten eine neue Blase, und sie bereute ein paar Blocks weiter, nicht im Ort geblieben zu sein. Doch dann wurden die Häuser versteckter, und das hieß, dass sie fast da war.

DER ÖFFENTLICHE STRAND war gut besucht, selbst an einem wolkigen Tag. Die Sonnenbrillen ließen alle Gesichter gleichförmig wirken, eine Art Osterinselstarren. Große Hüte und Button-down-Hemden. Nur die Kinder bewegten sich mit anderem Tempo als gemächlicher Trägheit.

Der Parkplatz war voll, eine Schlange Autos rückte langsam weiter, wartete auf einen freien Platz. Leute, die warteten, bis sie dran waren mit Spaßhaben. Alex rannte vor einem Auto über die Straße. Der Fahrer hatte sie wohl nicht gesehen – das Auto machte einen Satz und hätte sie fast angefahren. Böse blickte sie die Windschutzscheibe an, die getönt war – kein Ziel für ihre Wut.

Alex hatte das kranke Gefühl, ein Geist zu sein. Der durch die Welt der Lebenden wanderte. Aber das war bescheuert, ein bescheuerter Gedanke. Bloß an heißen Tagen wie heute, heiß und grau, stiegen ihre Ängste dichter an die Oberfläche.

Die Bikinihose trug sie schon drunter, und in der Toilettenkabine band sie sich das Top um. Als sie aus der Kabine kam, stand eine Mutter am Waschbecken, die sich abmühte, ihrem Baby eine klatschnasse Badewindel über die pummeligen Beine zu ziehen. Die Mutter sah Alex an und schnitt eine Grimasse.

»Entschuldigung«, sagte die Frau und rückte vom Waschbecken weg.

»Kein Problem.« Alex lächelte die Frau an. Lächelte das Baby an.

Sie versuchte, ein guter Mensch zu sein. Als spielte es eine Rolle, ob sie einer gestressten Mutter zulächelte oder nicht. Als würde es irgendwie die Sache mit Simon voranbringen, eine kosmische Wiedergutmachung darstellen. Würde Nicholas George etwas erzählen? Oder Simon? Aber wie würde Nicholas erklären, dass er Alex erlaubt hatte zu bleiben, dass er Alex auf das Haus seines Arbeitgebers losgelassen hatte? Vielleicht würde er nichts erzählen.

Alex musste an einem Ort sitzen bleiben und sich überlegen, was zu tun war. Sie fand eine unbesetzte Stelle im Sand und legte sich hin, den Kopf auf die Tasche gebettet. Sie hatte noch das Buch aus Georges Haus und hielt es sich übers Gesicht, um das grelle Licht abzublocken.

Sie las denselben Absatz dreimal. Sie klatschte auf eine Mücke auf ihrem Bauch, blätterte die Seite um. Die Tochter hatte am Vorabend der zweiten Heirat ihrer Mutter versucht, Selbstmord zu begehen. Die Tochter hatte zu viel Liebe erfahren, das war die Quintessenz des Memoirs, so viel Liebe, dass es sie lähmte, und jetzt musste sie zum Ausgleich noch mehr davon erfahren. Alex fühlte sich unwohl dabei, dass jemand so offenkundig nach Liebe verlangte, sich so in die Karten gucken ließ. Als wäre das so einfach, als sei Liebe etwas, das einem zustand, und nicht etwas, das mühsam verdient werden musste.

Praktisch jedenfalls, was zum Lesen zu haben, eine eindeutige, sichtbare Aufgabe, die sie legitimierte, die bedeutete, dass ihre Anwesenheit so seltsam nicht war. Sie legte das Buch zur Seite, als ihr Handy für einen kurzen Moment anging, lange genug zum Leben erwachte, um einen Blick auf den Startbildschirm werfen zu können, bevor es wieder ausging. Besser als nichts. Sie hatte vermutet, dass es bei den Toiletten eine Steckdose geben könnte. Was nicht der Fall war.

Einen Ort finden, um ihr Telefon ans Stromnetz anzuschließen: Das war eine Aufgabe, ein ausgesprochen vernünftiges Ziel, und es war okay, beschloss sie, nicht weiter zu denken als bis dahin, noch nicht.

LINKS VOM HAUPTSTRAND noch mehr Strand, noch mehr Menschenmengen. Rechts eine offene Fläche. Alex ging nach rechts. Ein Stück weiter unten stand ein Backsteingebäude mit einer Backsteinterrasse, die in den Sand ragte, davor ordentlich aufgereihte hellblaue Sonnenschirme. Beim Näherkommen sah sie einen privaten Rettungsschwimmer, anders angezogen als der offizielle, der ein von Bojen abgestecktes Quadrat Meer überschaute. Seltsam, Backstein am Strand zu sehen, dieses gedrungene Backsteingebäude mit seiner breiten Terrasse. Es sah verkehrt aus, zu kultiviert und altmodisch für diese Landschaft.

Das musste der Club sein. Sie war noch nie da gewesen, hatte nur davon gehört. Der Strandclub sei was für die schlimmsten Leute, sagte Simon, ein Laden, in dem sie all ihre widerliche Loyalität zur weißen Oberschicht durch Nostalgie reinwaschen konnten. Die meisten Bewerber würden abgewiesen. Angesichts Simons Verachtung kam ihr in den Sinn, dass er sich wahrscheinlich beworben hatte und abgelehnt worden war.

Alex hielt sich leicht abseits. Nach einer Weile konnte sie erkennen, welche der vorbeilaufenden Leute abdrehen und treppauf in den Club gehen würden und welche nicht.

Der Club wirkte spartanisch, fast militärisch, aber egal. Im Grunde spielte es keine Rolle, was hinter einer Absperrung war, Hauptsache es *gab* eine Absperrung. Die Leute auf der Terrasse brauchten die vorbeilaufenden Leute genauso sehr, wie die vorbeilaufenden Leute die Leute auf der Terrasse brauchten.

Das einzige Drama entstand, als eine Nichteingeweihte stehen blieb, um sich im Schatten eines Sonnenschirms auszuruhen, und sich auf eine der Strandliegen setzte. Die Frau sah sich um, die Augen so rund wie Essteller, und versuchte zu verstehen, wo sie gelandet war. Es dauerte keine Minute, bis ein Mann im Polohemd zu der Frau ging und sich vorbeugte, um etwas zu ihr zu sagen – Alex beobachtete die Szene, beobachtete die Korrektur des Fehlers. Ähnlich wie das Paar auf Helens Party, das aus der Sphäre gestoßen wurde, in die es nicht gehörte, nur dass diese Frau reumütig und eifrig an der Entfernung ihrer Person beteiligt war. Alex vermutete, dass der Mann die dezentere Version eines Türstehers war, der die dargebotenen sozialen Codes entschlüsselte und entschied, wer Eindringling war und wer nicht.

Getaucht in den Schatten der blauen Schirme saßen die Leute auf der Terrasse an den Tischen, hielten Drinks in der Faust. Viele ältere Männer, deren verbrannte Haut den gleichen rostroten Ton angenommen hatte wie ihre schlecht sitzenden Badeshorts. Die Frauen trugen Kragenblusen über adretten Chino-Shorts. Die sozialen Gruppen waren nach Geschlechtern getrennt. Bis auf die polarisierten Sonnenbrillen hätte es eine Szenerie von vor sechzig Jahren sein können: die Männer bei der Vorstandssitzung, die am braunen Alkohol nippten, die Frauen und Kinder an separaten Tischen, die mit Salzwasserhänden Hähnchenstreifen aßen.

Alex könnte einfach einen der Männer ansprechen. Auf einen Tisch zugehen, wo nur wenige Männer über ihren wässrigen Cocktails hockten, ein handhabbares Publikum. Eigentlich einfach. Man winkte mit den Fingern, sprach in einer Stimmlage, die nur einen Tick zu leise war – sie wurden unruhig bei dem Versuch, das Geschehen zu verfolgen. Jede Störung der normalen Ordnung der Dinge, des erwartbaren gesellschaftlichen Skripts, ließ die Leute nervös werden, warf sie aus der Bahn. Schon die schweifende Berührung des Ellenbogens, das minimalste Drücken des Arms konnte jedweden Argwohn überbrücken. Plötzlich waren sie beeinflussbar, gewillt, sicheren Halt zu finden in den Geschichten, die man ihnen auftischte.

Und wie sich gezeigt hatte, störte es Männer zumeist nicht, von einer jungen Frau angesprochen zu werden. Sie vermuteten dahinter nicht gleich zwielichtige Motive, denn ihre Eitelkeit ließ die Möglichkeit offen, dass die junge Frau durch die schiere Wirkung ihrer Persönlichkeit herübergelockt worden war. Aber es wäre nicht sehr vernünftig, so etwas hier zu versuchen. Die Stimmung war zu häuslich, troff vor familiärer Nähe und ähnlich stumpfen moralischen Vorstellungen. Es hatte eine abschreckende Wirkung: die Ehefrauen nebenan, die Kinder.

Alex musste nur mit jemandem gesehen werden, der

schon durchgewinkt worden war, und das wäre Hinweis genug, dass sie dazugehörte.

Die Nannys könnten die richtige Strategie sein: Frauen in Strandshirts und billigen Sonnenbrillen, die mit Plastikschaufeln im Sand knieten, um Kindern beim Löcherbuddeln zu helfen. Ihre Körper waren zweckdienlich, es waren Körper, die nicht von Zeit und Geld im Überfluss zeugten. Die Kinder waren in klassischen Matrosenstreifen und lachsfarbenen Badehosen gekleidet. Die Nannys trugen grelle T-Shirts von irgendeinem Restaurant auf St. Martin oder Mustique, hatten Plastiktaschen von Citarella dabei, darin Tüten mit aufgeweichten Babykarotten, die sie ihren Schützlingen aushändigen würden.

Die Kinder waren in ihrem eigenen Reich, stolperten an der Brandungslinie entlang und machten nur die Runde zurück zu den Nannys, um sich einem weiteren Auftragen von Sonnencreme zu unterwerfen. Kinder waren zu sehr wie Alex. Geduldet, aber nicht notwendig, nicht mächtig.

EIN KLEINES MÄDCHEN schleppte einen Eimer voll Sand, die Miene verbissen, beschäftigt mit der Aufgabe. Sie ging so dicht vorbei, dass Alex sie berühren konnte: Alex streckte die Hand aus, um die Schulter des Mädchens kurz zu streifen.

Bevor Alex etwas sagen konnte, weiteten sich die Augen des Mädchens vor Schreck. Sie eilte zurück zu einem Handtuch, auf dem eine Frau lag. Eine Mutter, bemerkte Alex, keine Nanny, und das würde nicht funktionieren. Alex wartete darauf, dass das Mädchen etwas zu ihrer Mutter sagte, auf Alex zeigte, doch das Mädchen kippte einfach nur den Inhalt des Eimers aus und klopfte geschäftig den Sand platt.

Ein anderes Kind löste sich von einer Gruppe, einer Gruppe, die offensichtlich unter der Aufsicht einer Nanny stand: einer Frau in langen Hosen und einem großen Schlapphut, die eine Flottille Handtücher ausschüttelte. Der Junge warf sich in die seichten Wellen. Dann rannte er in schwindelerregenden Kreisen im Sand herum, bevor er auf dramatische Weise umfiel. Wie alt war er, sechs? Schwierig, das Alter von Kindern zu schätzen.

Er schien zu spüren, dass Alex ihn beobachtete. Der Junge setzte sich auf und warf einen Blick in ihre Richtung. Sie lächelte und bedeutete dem Jungen, zu ihr zu kommen. Sie winkte erneut, eindringlicher, und er krabbelte den größten Teil des Weges rückwärts auf allen vieren, bevor er aufstand. Als er bei ihr ankam, redete er nicht. Er keuchte nur, und sein nackter Brustkorb hob und senkte sich.

»Hallo«, sagte Alex. »Hallo. Hast du Spaß?«

Sie lächelte sanft, als hätten sie sich gerade einen Witz erzählt.

»Ich kenn dich nicht«, sagte er.

»Doch, klar. Ich bin Alex.«

Er kniff die Augen zusammen. Sah zurück über seine Schulter.

Alex folgte dem Blick – zurück zu der Nanny mit dem Hut, zwei kleinen Mädchen, die kreischend an ihrer Hose zupften, und Alex winkte der Nanny zu, damit der Junge Alex dabei sehen konnte, auch wenn die Nanny es nicht tat.

»So, pass auf«, sagte Alex.

Der Junge verschränkte die Arme.

»Willst du was Lustiges machen?«, fragte sie.

Er schien willens, ihr die Chance zu geben, ihn zu beeindrucken.

»Sollen wir da mal raufgehen und uns was holen? Ich wette, da oben gibt's was Süßes.«

»Von Zucker wachsen die Knochen nicht.«

»Nö«, sagte Alex. »Das stimmt.«

Der Junge war sichtlich gelangweilt.

»Na gut. Ich bin Alex. Wo sind deine Eltern?«

Er zeigte in eine ungefähre Richtung.

»Zu Hause?«

Er nickte. Das war schon mal gut.

»Ich wette, da oben ist ein Pool, stimmt's?«

Erneutes Nicken.

»Okay«, sagte sie, »du kannst mir den Pool zeigen.«

Die Nanny sah jetzt tatsächlich zu ihnen herüber, unten vom Strand aus, und Alex sah ihre Augen auf dem Jungen landen, und dann auf Alex, und Alex winkte erneut, selbstbewusster, formte mit den Lippen irgendeinen Unsinn, wirkte aber, wie sie hoffte, als würde sie irgendeine Botschaft vermitteln. Sie zeigte auf den Jungen und dann auf den Club. Zerzauste dem Jungen die Haare – er wurde sofort nachgiebig, und irgendwie fühlte sich die Geste in dem Moment aufrichtig an.

Die Nanny kam herüber. Nicht ideal, aber okay. Okay.

»Das gibt Ärger«, sagte die Nanny. Aber sie sprach den Jungen an. »Ohne Sonnencreme gehst du mir nicht mehr ins Wasser«, sagte die Nanny. »Komm her.«

Der Junge legte den Kopf in den Nacken und schloss die Augen. Die Nanny trug eine Schicht Sonnencreme aus der Tube auf, verrieb den Überschuss zwischen ihren Handflächen. Sie war energisch, aber ruhig, der Austausch war denkbar undramatisch.

»Hast du Spaß, Calvin? Bist du brav?« Die Nanny drehte

sich zu Alex. »Tut mir leid«, sagte sie. »Ich hätte auf ihn aufpassen sollen.«

Glaubte sie, Alex würde denken, sie habe ihre Pflichten vernachlässigt? Alex lächelte mit Nachdruck.

»Ach, Quatsch, bei uns ist alles bestens.«

»Kommst du mit spielen?«, fragte die Nanny den Jungen. »Deine Freundin hier ein bisschen ausruhen lassen?«

Der Junge zuckte mit den Achseln. »Wir wollen zum Pool.«

Die Nanny sah Alex an.

»Natürlich nur, wenn Sie einverstanden sind«, sagte Alex. »Ich bin Alex, ich bin eine Freundin der Familie.«

Die Nanny betrachtete den Jungen.

»Ich hab Calvin schon länger nicht mehr gesehen«, fuhr Alex fort. Sie lächelte. »Er ist so groß geworden. Stimmt's?«

Alex hielt dem Jungen die Hand hin. Sie wartete: Das könnte in beide Richtungen ausschlagen. Doch der Junge nahm ihre Hand. Drückte zu. Einmal, zweimal.

Dies schien die Nanny zu beruhigen, obwohl sie immer noch zögerte. Alex lächelte weiter. Die Nanny warf einen Blick zurück auf ihre anderen Schützlinge, deren spielerisches Raufen gerade aussah, als wäre es am Rande eines echten Streits; ein Kind stieß einen stechenden Schrei aus, der sie zusammenfahren ließ. Sie drehte sich zu Alex. »In Ordnung«, sagte sie nach einer Sekunde. »Ich komme bald nach. Du benimmst dich aber, Calvin.«

»Machen wir«, erwiderte Alex in einem freundlichen Singsang für ihn mit.

SIE LIEFEN AN dem Mann vorbei, der die Anlage bewachte, wobei Alex nicht mal einen Blick in seine Richtung warf, und schon ging es die breiten Stufen hinauf und unter den vielen Schirmen hindurch und auf die offene Terrasse des Clubs. Sie hätte den Jungen nicht mal gebraucht.

Er blickte versonnen in die Ferne. »Ich kann ein Eis haben, ich darf.«

Alex hatte eigentlich geplant, den Jungen loszuschneiden, aber er wirkte fügsam, halbwegs guter Dinge und interessiert an dem, was als Nächstes passieren würde. Der Tag könnte eine andere Qualität annehmen. Sie könnte ihm wenigstens ein Eis kaufen.

EIN MANN HARRTE im offenen Fenster der Snackbar, Hitze stieg in sichtbaren Wellen vom Grill hinter ihm auf. Er schwitzte, eine Fliege kreiste nahe seiner Stirn. Selbst die Fliege bewegte sich langsam.

»Eis«, verkündete der Junge. »Vanille.«

»Gute Wahl«, sagte Alex. »Vanilleeis.«

Der Mann nickte. Er war uninteressiert an dem Gespann, das Alex und der Junge bildeten, auch wenn sein Ausdruck zu einem Lächeln arrangiert war.

Hinter Alex war der Pool, kleiner als vorgestellt, von Schwimmleinen durchzogen. Eine Frau im dunkelblauen Einteiler watete mit einem kleinen Jungen hin und her, das dünne Haar in eine Baseballkappe geschoben. Ein Teenager hielt seine Füße ins Wasser, neben ihm lag ein Teller mit einem halb gegessenen Hamburger. Er sah nicht hoch, als ein etwa gleichaltriges Mädchen in Uniform sich vorbeugte, um den Teller aufzuheben und auf ihr Tablett zu stellen.

»Wie viel?«, fragte Alex und begann ihre Tasche zu öffnen.

»Wir nehmen kein Bargeld«, sagte der Mann, als wäre das klar. »Welche Nummer?«

»Wie bitte? Ich bin nur zu Besuch«, sagte sie. »Ich kenne die Regeln nicht.«

»Nachname?«, sagte er. »Für die Rechnung.«

Sie sah den Jungen an, der versunken war in das Eis, von dem ihm eine beträchtliche Menge bereits übers Kinn lief.

»Nachname, Calvin?« Alex stupste ihn an.

»Spencer«, sagte der Junge schließlich.

»Spencer.« Alex lächelte süß.

Dem Mann war es egal. Er blätterte rasch die Zettel auf seinem Klemmbrett durch. Er machte eine Notiz. »Okay. Ein Eis. Nummer 223.«

»Muss ich irgendwas unterschreiben?«

»Nö.«

»Eigentlich«, sagte Alex, »würde ich auch ein Eis nehmen. Und einen Cheeseburger. Und ein Bier.«

DER MANN HATTE Alex den Weg zum Speiseraum gewiesen, wo sie eine Steckdose finden würde. Der Raum war größtenteils leer zu dieser Stunde, das Buffet geschlossen. Lunch war vorbei, die Tische warteten auf Säuberung: verschmutzte Teller auf Tabletts, gebrauchte Servietten aus Polyesterfasern. Der Cheeseburger war in Ordnung. Das Eis war nicht gut. Es schmeckte wie der wächserne Behälter, aus dem es geschöpft worden war. Dennoch aß Alex es auf, während der Junge mit ungebrochener Konzentration die Zunge um sein eigenes Eis schraubte.

Alex nahm einen Schluck Bier aus dem Plastikbecher. Nur vereinzeltes Personal lief durch den Speiseraum. Frauen in ihren Fünfzigern mit Sonnenflecken, ein weißhaariger Mann in gegürteter Khakihose, ein Teenager mit einem üppigen Bart aus Akne.

Sie schaltete ihr Handy ein. Vielleicht war es kurzzeitig nutzbar, lange genug, um die Nachrichten zu lesen. Vielleicht hatte Simon ja geschrieben. Aber sie kannte Simon – er würde nicht den ersten Schritt machen. Es lag an Alex, die Dinge voranzutreiben.

Wenn es mehr gäbe von Dom – und natürlich gäbe es mehr von Dom –, würde sie ihn einfach weiter ignorieren. Um Dom würde sie sich kümmern, nachdem sie die Sache mit Simon wieder in Ordnung gebracht hatte. Auf der Party. Die Party, zu der es noch Tage hin war. Wenn sie überlegte, wie viele Tage, begann die Panik aufzusteigen. Besser, einfach nur zu überlegen, was dieser Nachmittag bereithalten könnte. Was Alex heute Abend machen sollte. Den Wirkungsbereich begrenzen.

Der Junge bearbeitete noch immer sein Eis. Als er sah, dass Alex ihn beobachtete, hielt er inne.

»Bist du eine gute Erwachsene?«, fragte er.

War sie das? Es schien ihn so oder so nicht allzu sehr zu kümmern.

»Ich bin nicht mal eine Erwachsene.« Sie legte das Telefon hin. »Und, schmeckt das Eis?«

Er zuckte mit den Achseln. Etwas Eis war ihm über die Hand gelaufen und getrocknet, sodass seine Haut seltsam und künstlich aussah.

»Ich muss mal«, verkündete er.

Ein Pling von ihrem Handy. Alex hatte neue Nachrichten, aber sie luden nicht schnell genug, um sie lesen zu können, bevor das Telefon wieder ausging.

»Geh du mal aufs Klo«, sagte sie, »ich warte hier.«

Obwohl ihr einfiel, dass dies ein guter Moment sein könnte, um getrennte Wege zu gehen. Der Junge könnte zurückkehren zu seiner Nanny. Sie könnte sich näher mit dem Telefonproblem befassen. Mit dem Verschwenden-eines-weiteren-Tages-Problem.

»Kommst du mit?« Der Junge rieb sich mit einer Hand den Schritt, mit der anderen Hand hielt er den letzten Rest von seinem Eis in die Höhe. »Bitte?«

DIE DAMENTOILETTE WAR gut ausgestattet: eine Flasche Mundwasser auf der Ablage, Tampons, eine Dose Q-Tips. Alex kippte sich einen Pappbecher voll Mundwasser in den Rachen und spuckte es zurück ins Waschbecken. Ihre Zunge prickelte vom Menthol. Die Kabinen waren leer, aber jemand hatte eine Tragetasche unter dem Waschbecken liegenlassen. Alex schob die Tasche mit den Zehen auf. Sie erkannte ein gestreiftes Sweatshirt, drei Tuben von der gleichen farblosen Lippenpflege.

Der Junge war schon fertig. Er blieb erwartungsvoll am Waschbecken stehen. »Soll ich mir nicht die Hände waschen?«

»Klar.« Alex stupste die Tasche an. Versuchte zu erahnen, ob sich ein Portemonnaie darin befand. Etwas Schweres war da jedenfalls. Sie hockte sich hin, um den Boden der Tasche abzutasten. Eine Geldklammer: ein Ausweis, eine Kreditkarte, eine Geschenkkarte mit Weihnachtsmotiv von Saks, eine Auswahl gefalteter Fünfziger und Zwanziger, die fast wie gebügelt aussahen. Eine klobige silberne Haarspange.

Die Kreditkarte wäre gut, dachte Alex, solange sie keine PIN-Nummer oder Postleitzahl dafür bräuchte, aber wie viel Zeit hätte sie, bevor die Besitzerin die Abbuchungen bemerkte? Alex wollte die ganze Geldklammer nehmen, aber Zurückhaltung war angebracht. Immer. Hatten die anderen Mädchen ihr das nicht beigebracht? Nie so viel zu nehmen, dass man den Typen nicht mehr anrufen könne, ihn nie so schlimm auszunehmen, dass er die Beziehung vollends abbrach. Wie sich herausstellte, hatten Leute meist kein Problem damit, in homöopathischen Dosen zum Opfer gemacht zu werden. Ja, sie schienen sogar mit einem gewissen Maß an Täuschung zu rechnen, einen erträglichen Spielraum für Manipulation in ihren Beziehungen zuzulassen.

»Ich will schwimmen«, sagte der Junge. »Wir können um die Wette schimmen.«

Sie hatte bereits zwei Fünfziger und die silberne Haarspange genommen und eingesteckt, doch bevor sie entscheiden konnte, ob sie sich die Kreditkarte schnappen sollte oder nicht, begann die Tür aufzugehen. Alex richtete sich auf. Trat die Tasche dorthin zurück, wo sie sie gefunden hatte. Als die Frau eintrat, war Alex dabei, ihre Hände im Waschbecken zu waschen, sie akribisch mit einem Papierhandtuch zu trocknen.

Die Frau: blond, blauäugig, die Zähne weiß, aber nicht sonderlich gerade. Ein Rugbyshirt zu einer luftigen Baumwoll-Caprihose.

Ihr Blick fiel direkt auf die Tasche. »Gott sei Dank.«

Als sie sich bückte, um sie aufzuheben, schob Alex den Jungen hastig weiter. Doch die Eile war unnötig – es schien der Frau überhaupt nicht in den Sinn zu kommen, die Tasche zu überprüfen. Sie vertraute voll auf die Blase der Gefahrlosigkeit. Die Frau lächelte Alex im Spiegel an. Alex lächelte zurück.

Alex hatte nicht die Kreditkarte genommen, nicht die Geldklammer, und wem würde schon auffallen, dass die Fünfziger weg waren oder die billige silberne Haarspange, bei all dem Überfluss? Das Universum hatte Alex beschützt. Oder der Junge, irgendwie. Es bestand kein Grund, besorgt zu sein – die Angst hatte sich, wie so oft, in Erregung verwandelt, die Erinnerung daran löste sich immer auf, bis Angst nur noch eine Vorstellung war, und wann war die Vorstellung von Angst je ein überzeugendes Mittel zur Abschreckung gewesen?

DAS WASSER WAR erfrischend, gechlort: kein Salzwasserpool. Alex tauchte mit dem Kopf unter und kam tropfend wieder hervor. Sie wischte sich die Nase, den Mund. Der Junge hielt sich an der Seite fest und strampelte wild mit den Beinen.

»Guck mal«, sagte er. »Guckst du mir zu?«

Ein neues Bier, bestellt beim Barkeeper, kam im Plastikbecher. Alex stützte sich mit den Ellenbogen auf den Beckenrand. Am tiefen Ende sichteten zwei Verbindungsstudenten mit Eidechsenaugen die Menge.

Die Sonne kam hinter den Wolken hervor. Es war kein schlechter Tag, hier im Wasser, das komische Gewicht des Jungen, der sich an ihren Hals klammerte, während sie ihn von einer Seite des Pools zur anderen verfrachtete.

»Ich bin das Baby«, sagte Calvin. »Du bist die Mama. Du nimmst mich mit.«

»Eine Reise. Hört sich schön an«, sagte sie. »Wohin fahren wir denn?«

»Du weißt das. Ich nicht. Du bist die Mama.«

»Geht die Reise unter Wasser?«

Der Junge wirkte zu gleichen Teilen ängstlich und aufgeregt.

»Wenn du dich gut festhältst, kann ich dich unter Wasser ziehen, okay? Und dann kommen wir sofort wieder hoch.«

Er hielt die Luft an, klemmte mit einer Hand seine Nase zu. Das Ziehen seines Körpergewichts war schön, die Haare des Jungen schwebten im Wasser, und Luftblasen stiegen von seinen Lippen auf. Spaß, dachte sie, sie hatten Spaß, doch er klammerte sich mit den Armen fester an sie. Sie tauchte an die Oberfläche. Der Junge schnappte nach Luft.

»Hattest du Angst?«, fragte sie. »Ich hab aufgepasst, es war alles okay.«

Er lächelte, aber blinzelte zu schnell mit den Augen.

»Okay«, verkündete Alex. »Zeit für eine Pause.« Sie hob den Jungen hinauf auf den Beckenrand. »So«, sagte sie und drückte sein nasses Knie. »Von hier aus kannst du alles sehen. Du hältst Wache.«

Er nahm sich eifrig der Aufgabe an, dann wurde ihm schnell langweilig – über was hätte er auch wachen sollen? Bald war der Junge wieder im Pool und vergaß, Angst zu haben. War viel zu sehr mit Planschen beschäftigt, um zu merken, dass seine Nanny vorbeigekommen war, um nach ihm zu sehen. Alex aber merkte es, und sie winkte der Frau zu, versuchte die Frage im Gesicht der Frau mit einem beruhigenden Lächeln zu beantworten. Alles war gut, wollte Alex im Wesentlichen vermitteln, und die Frau entspannte sich und ging zurück in Richtung Strand, im Schlepptau ihrer anderen Schützlinge.

ALEX WRANG SICH das Wasser aus den Haaren. Leerte den Plastikbecher und rührte müßig mit den Beinen im Wasser, während sie das glückliche Gepaddel des Jungen verfolgte. Ihr Handy lud außer Sichtweite. Ihre Tasche war in Sicherheit. In diesem Moment gab es keinen Anlass zur Sorge. Sobald ihr Telefon wieder ging, würde sie Jack schreiben, dem Jungen vom Strand. Das wäre am sinnvollsten. Aber es war besser zu warten, bis es später wurde, vor allem, wenn sie nach einem Platz zum Schlafen angelte. So viele Stunden wie nur möglich hier verheizen.

Noch ein Bier, dachte sie, warum nicht, mit freundlicher Unterstützung der 223, der Familie Spencer, die diesen angenehmen Schwips subventionierte, während das gesellige Miteinander das Seine beitrug zum Wohlbehagen.

Der Junge griff nach einer vorbeitreibenden Poolnudel.

»Das ist meine«, rief ein anderer Junge und planschte mit Schwimmflügeln und Schwimmbrille durchs Wasser auf sie zu, gefolgt von der Frau im marineblauen Einteiler. Seine Mutter, hatte Alex vermutet, aber dann sah Alex ihr Gesicht – sie war in ihrem Alter, doch ihre Miene war nüchtern und verkniffen.

»Ihr könnt sie euch teilen«, sagte das Mädchen.

Alex stupste Calvin an. »Gib ihm seine Nudel zurück.«

Calvin verengte nur die Augen.

Der andere Junge klatschte wütend aufs Wasser. »Das ist meine.«

Alex nahm Calvin das Spielzeug sanft weg und schob es zurück zu dem Jungen.

»Entschuldigung«, sagte Alex.

»Kein Problem«, sagte das Mädchen, »er soll ja teilen. Luca, sei nett.«

Die Jungen beäugten sich argwöhnisch.

»Die beiden kennen sich aus der Schule«, sagte das Mädchen. »Luca«, sagte sie und nickte dem anderen Jungen zu. »Mein Bruder.«

»Hallo, Luca«, sagte Alex. Luca war undurchschaubar hinter seiner Schwimmbrille.

»Luca muss Schwimmflügel anziehen, weil er noch klein ist«, sagte Calvin. »Aber ich kann schon ins tiefe Ende«, sagte er, »ich hab den Boden angefasst.«

»Vielleicht kannst du deine Nudel mit Calvin teilen?«, sagte das Mädchen.

Dieser Vorschlag schien Luca zu missfallen.

»Sorry«, sagte das Mädchen. »Ich bin Margaret.«

»Caroline«, sagte Alex reflexhaft. Der Name von Simons Tochter – sie war überrascht, dass er ihr einfiel, überrascht, dass sie sich die Mühe gemacht hatte, zu lügen.

»Wo ist Rose?«, fragte Margaret.

Nicht die Mutter des Jungen – die Nanny, beschloss Alex schnell, denn der Name klang nach einem amerikanischen Ersatz für einen ausländischen.

»Ach, am Strand«, sagte Alex lächelnd. »Ich bin nur zu Besuch.«

»Cool«, sagte Margaret. »Ich kenne die Spencers. Ich war sogar mal Calvins Babysitterin. Stimmt's?«

»Zucker zerfrisst die Knochen«, sagte Calvin fröhlich.

DIE JUNGEN SPIELTEN zusammen im flachen Ende. Margaret saß am Beckenrand und tippte auf ihrem Handy herum. Alex zog in Betracht, es sich auszuleihen – Alex könnte ihre Mailbox abhören, E-Mails checken –, doch das Mädchen war so angespannt.

Margaret hatte sich die Haare hinter die Ohren gesteckt, was sie gewöhnlich und bloßgelegt wirken ließ. Alex musste sich zurückhalten, um nicht die Hand auszustrecken und ihr die Haare wieder zu lösen. »Schöner Badeanzug«, sagte Alex.

»Danke«, sagte Margaret und wand sich. Sie warf einen Blick auf Alex' Bier.

»Willst du auch eins?«, fragte Alex.

»Nein, nein«, sagte Margaret. »Aber danke.«

»Ich hol dir eins. Bist eingeladen.«

Es war einfach, sich großzügig zu fühlen, noch eine Runde auf die 223.

»Weiter geht's?« Der Mann zwinkerte ihr zu, während er den nächsten Plastikbecher füllte, aber es war wie Varieté, ein hohler Flirt, bar jeden echten Gefühls. Alex hatte genügend Restaurantjobs gehabt, um mit dieser Sorte Austausch vertraut zu sein.

»Heiß da draußen«, sagte er. »Die Wolken müssten sich bald verziehen.« Wie viele Male hatte er das heute schon gesagt? Er reichte ihr den Becher.

»Zwei dreiundzwanzig«, sagte er, bevor sie sprechen konnte.

»Genau.« Sie wollte ihm ein Trinkgeld geben – aber es war unmöglich. Unschicklich vielleicht, zu würdigen, dass das Bedientwerden nicht etwas Naturgegebenes war.

Alex ging zurück zum Pool. »Cheers«, sagte sie und reichte Margaret das Bier.

»Danke«, sagte Margaret. Sie sahen den Kindern beim Planschen zu. »Woher kennst du die Spencers?«

»Freunde meiner Eltern.«

»Mh«, sagte Margaret. Am Schlüsselbein des Mädchens hatte sich ein leichter Ausschlag gebildet, ihre blasse Haut war gerötet. Sie schwebte mit den Fingern über dem Ausschlag, ließ die Fingernägel flattern, aber mühte sich nach Kräften, den direkten Hautkontakt zu vermeiden.

»Wo wohnst du?«, fragte Margaret.

»Hauptsächlich bei den Spencers«, sagte Alex und tat sehr mit Austrinken beschäftigt. Sie gestikulierte – sie hatte keine Ahnung, in welche Richtung.

Beide Kinder lagen auf dem Rücken auf den sonnengewärmten Fliesen und plauderten mit Erwachsenenaffekt. Alex' Sonnenbrille, oder besser, die Sonnenbrille von Georges Frau, gab der Szenerie einen netten, wohlwollenden Zusammenhalt. Die Verbindungsstudenten waren jetzt im Wasser, spielten sich auf, sodass sie nicht zu überhören waren, der eine Junge saß mit rudernden Armen auf den Schultern des anderen. Nicht mal das störte sie. Es war nett: das Stimmengewirr der Gäste, die Hitze. Margarets Schüchternheit war liebenswert, auf ihre Art, wie sie blinzelte und darauf wartete, dass Alex die Unterhaltung lenkte. Margaret erzählte gerade vom College, von dem Praktikum, das in einer Woche anfangen sollte, und Alex hörte nickend zu, doch über die Zukunft nachzudenken hieß, über die ganzen Tage nachzudenken, die noch vergehen müssten, bevor Simons Party stattfand.

»Ich geh auf Toilette«, sagte Alex. »Hast du mal ein Auge auf Calvin?«

EIN KLEINER UMWEG zu ihrer Tasche, um eine Schmerztablette zu holen – wie zur Belohnung, das Sahnehäubchen auf diesem angenehmen Nachmittag. Alex gestattete sich nicht, darüber nachzudenken, wie wenig Pillen noch übrig waren. Auf dem Rückweg lief sie dem Barkeeper in die Arme, der gerade aus einer Seitentür kam.

»Hey 223«, sagte er und zeigte auf sie. »Noch ne Runde?«

Sie sah ihn sich genauer an. Er war um die vierzig, hatte Sonnenbrand an den Ohren, Lachfältchen um die Augen – ein Lebenslanger, schätzte sie, ein Berufsbarkeeper. Was machte er wohl in der Nebensaison?

»Vielleicht«, sagte Alex. »Aber hast du nicht gerade Pause?«

Er warf einen Blick auf seine Armbanduhr.

»Noch elf Minuten.«

»Sehr aufregend.«

Er lachte. »Oh ja.«

Immer interessant, dieser Moment der Möglichkeit. Sie lächelte ihn an, ohne wegzuschauen – mehr brauchte es oft gar nicht.

»Rauchst du?« Er zog eine schwarze Vape hervor und zwirbelte sie zwischen den Fingern.

»Ich würde ein bisschen was nehmen«, sagte Alex.

Alex folgte ihm durch eine Doppeltür. Sie öffnete sich auf eine Seitengasse. Müllcontainer, Pappe, gestapelt und ordentlich mit Paketband verschnürt. Der Geruch von frischem Müll hing in der Luft, unverschnitten durch die Meeresbrise.

Er sah sich um. »Oder lass uns zu meinem Auto gehen, wenn's dir nichts ausmacht.«

DAS AUTO WAR ein Kleinwagen mit altem fusseligem Polster und einem Kassettendeck, aus dem ein USB-Adapter herausgeiferte. Ein auf links gedrehter Neoprenanzug lag grob gefaltet auf dem Rücksitz.

»Sorry«, sagte der Mann und fegte den Beifahrersitz sauber. Er machte kurzen Prozess mit einer Anzahl leerer Wasserflaschen, indem er sie nach hinten warf.

Ein mit Angelschnur am Rückspiegel befestigtes Prisma zuckte und drehte sich.

Er reichte ihr den Stift. Beim Inhalieren leuchtete das Ende grün auf.

»Danke.«

»Na klar«, sagte er und nahm den nächsten Zug. Er bot ihn ihr erneut an, bevor er ihn in seine Hemdtasche steckte.

»Wohnst du hier?«, fragte Alex.

»Nicht hier. Vierzig Minuten ungefähr Richtung Westen. Dreißig, ohne Verkehr.«

»Ja«, sagte sie. »Ich bin auch nicht von hier.«

Keiner von beiden würde mehr über seine Herkunft erzählen: Das schien angemessen.

»Du bist also zu Gast bei den Spencers«, sagte er und füllte das Schweigen. »Nette Leute.«

»Ich kenn sie eigentlich gar nicht«, sagte Alex. Das hatte sie nicht geplant.

Er warf Alex einen neugierigen Blick zu. »Ach was?«

War er attraktiv? Attraktiv genug. Sie verlagerte das Gewicht. Sie befeuchtete sich die Lippen. Nichts davon entging ihm. Er betrachtete sie mit benebeltem Blick. Wie jemand, der einen Film sah, den er schon kannte.

Alex begann dichter an ihn heranzurücken, sich über den Block der Mittelkonsole zu beugen. Was machte sie da?

Sie hatte ihn nicht küssen wollen, was ihr erst aufging, als er versuchte, sie zu küssen: Sie vergrub ihr Gesicht in seinem Hals, um es zu vermeiden. Der Finger, den er an ihrer Bikinihose vorbei in sie hineingeschoben hatte, fühlte sich gut an, überraschend und gut.

»Du bist total feucht«, sagte er. Sie bewegte sich an seiner Hand entlang. Sein Mund roch nicht schlecht, aber er war zu nah und sonderte etwas ab, irgendein überwältigend menschliches Element. Auf seinem linken Schlüsselbein war ein blasenförmiges Muttermal, seine Augen waren wässrig. Aus der Nähe sah sie, dass er älter war als gedacht: Simons Alter.

Was, wenn man Jahrzehnte so zubrächte? Damit, diese Leute zu bedienen? Ein zu schrecklicher Gedanke, um ihn zuzulassen.

Alex hielt inne. Der Moment war vorbei. Alex schob seine Hand sanft weg. Sie zog ihren Bikini zurecht.

Sie sollte zurück zu dem Jungen. Und außerdem wusste sie, wie das hier laufen würde. Und der Mann schien es auch zu wissen. Also war es fast egal, ob es passierte oder nicht.

»Alles okay?«, fragte er.

Alex zuckte mit den Achseln. Als sie die Beine übereinanderschlug, stieß sie mit dem Knie gegen die Armatur, und das Handschuhfach klappte auf.

»Fuck«, sagte er versöhnlich. Er griff hinüber, um es fest zu schließen. »Diese Karre fällt auseinander.«

»Ist aber schön.«

Er lachte. »Oh nein. Ganz bestimmt nicht.« Er legte den Kopf schief. »Moment mal. Bemitleidest du mich?«

»Nein. Wieso sollte ich?«

»Dein Gesicht gerade.« Er lächelte. Kein freundliches Lächeln. »Ich mag mein Leben, weißt du.«

»Ich hab nicht gesagt, dass du dein Leben nicht magst.« Aber wahrscheinlich hatte sie es gedacht, hatte ihr Gesicht einen flüchtigen Ausdruck von Mitleid angenommen.

»Deine Freunde warten bestimmt auf dich«, sagte er. Er war nett genug, ihr einen Vorwand anzubieten.

Sie muss die Miene verzogen haben.

»Sind das nicht deine Freunde?«

»Ich kenne«, sagte sie, »keinen von diesen Leuten.«

Er schien das lustig zu finden und lachte und hustete zugleich.

»Genau«, sagte er. »Ich kenn auch keinen von diesen verdammten Leuten.«

MARGARET UND IHR Bruder waren noch da, wo Alex sie zurückgelassen hatte, aber der Junge war nirgends in Sicht.

Alex' erster Gedanke war Verhängnis, der Junge am Boden des Pools. Ihr Brustkorb verkrampfte sich. Hektisches Absuchen des Wassers, das Unglück vorherbestimmt. Natürlich würde es böse enden, natürlich würde es eine Bestrafung geben.

Doch nur wenige Sekunden vergingen, bevor Alex den Jungen erblickte, ihre Augen Calvin fixierten. Die Erleichterung machte sie fast irre. Da war er, dem Jungen fehlte nichts.

Calvin wurde von seiner Nanny vorwärtsgeschoben. Er wand sich in ihrem Griff, versuchte sich loszumachen, doch die Nanny trieb ihren Schützling kontinuierlich voran.

Hatte doch bestens geklappt, oder nicht? Dem Jungen

war nichts Schlimmes passiert. Er war von seiner rechtmäßigen Betreuerin wieder in Gewahrsam genommen worden, kehrte zu seinem rechtmäßigen Platz zurück, und was hatte Alex denn so Falsches getan? Sie hatte ihn mit Eis gefüttert, war mit ihm an den Grund des Pools getaucht, seine Arme fest um ihren Hals gelegt, ein Nachmittag, der nur ein kleiner Knoten war in den Tagen nahtloser Freude, die ihn erwarteten.

ALEX SAMMELTE IHR Handy und Ladegerät aus dem noch immer leeren Speiseraum ein. Ihr Herz schlug etwas erratisch, als wäre das Schlimmste tatsächlich passiert. Der Barkeeper rollte ein Metallgitter vor dem Fenster der Snackbar herunter. Von hier aus betrachtet, im grellen Sonnenlicht, fand sie ihn überhaupt nicht attraktiv.

Sie wollte gehen. Aber wo genau sollte sie hin?

Sie sah Margaret am Fenster vorbeilaufen, ein verschwommener Umriss durch die wetterzerfressene Scheibe.

7

KAUM DASS SIE bei Margaret zu Hause in die Auffahrt gebogen waren, eilte eine Frau in einem sehr sauberen T-Shirt, Khakihosen und weißen Keds aus dem Haus, um sie in Empfang zu nehmen. Sie versuchte, Alex die Tasche abzunehmen.

»Oh«, sagte Alex. »Schon gut, danke.«

»Karen«, sagte Margaret leicht gereizt. »Nicht nötig.«

Alex nahm an, dass Karen die Haushaltshilfe oder Haushälterin war oder wie auch immer man sie nannte, um nicht Dienstmädchen zu sagen.

»Luca ist bei Mrs E?«, fragte Karen, und Margaret nickte und sagte irgendetwas davon, dass sie sich nicht gut fühle und früher gegangen sei.

»Deine Schwester ist im Kinoraum«, sagte Karen.

Sie folgten der Frau zum Seiteneingang des niedrigen Schindelhauses, jedes Fenster war von schwarzen Läden umrahmt und ein Pool war säuberlich ins Gras eingelassen.

»Wir haben denselben Spender«, sagte Margaret leichthin, »also ist sie meine echte Schwester. Die beiden sind Zwillinge, sie und Luca.«

Das kleine Mädchen saß in einem holzverkleideten Raum und schaute *Findet Nemo*, alle Jalousien waren heruntergelassen. Sie trug einen Badeanzug und hatte die Hände andächtig über dem Brustkorb verschränkt.

»Sag deiner Schwester Hallo«, sagte Karen und verweilte in der Tür.

Das Mädchen reagierte nicht. Vor ihr auf einem Tablett standen eine Schale Macaroni and Cheese und ein Teller braun werdender Avocadoscheiben.

Für einen kurzen Moment standen Margaret und Karen da, den Blick auf die Leinwand geheftet. Alex beobachtete das Mädchen auf der Couch – sie bohrte sich völlig geistesabwesend in der Nase. Das Mädchen zog den Finger aus der Nase, untersuchte ihren Fund, und dann, nach einem schnellen Blick hinüber zu Karen, wischte sie ihn an der Rückenlehne des Sofas ab, außer Sichtweite.

MARGARETS ZIMMER WAR mit fliederfarbenem Teppichboden ausgelegt, auch die Vorhänge waren fliederfarben, passend zu dem gepolsterten Bettrahmen. Die Nachttischlampen waren zwei Nummern zu groß, aber das war wohl der vorherrschende Lampengeschmack in diesem Haus: riesige Lampen auf jeder Fläche, daneben Notizblöcke und Schachteln mit Golfbleistiften, Taschentücher in Rattan-Haltern.

»Ist das dein Zimmer?«, fragte Alex.

Sie versuchte sich Margaret als Kind vorzustellen. Wobei Margaret wahrscheinlich zu den Kindern gehörte, die nie wirklich jung gewirkt hatten. Ein ausgestanzter Schmetterling hing an der Wand und ein paar Bücher standen auf einem Regal: Lauter Reproduktionen von Erstausgaben, noch in Plastik gehüllt.

Alex betrachtete die Rückseite von *Wer die Nachtigall stört*.

»Das ist wie so ein Abo«, sagte Margaret. »War ein Weihnachtsgeschenk.«

Alex setzte sich aufs Bett, ihr Handy lud auf dem Nachttisch, und Margaret saß am Schreibtisch, der übersät war mit Schminkzeug in Plexiglasbehältern. Ein vorsichtiges Klopfen am Türrahmen: Karen steckte den Kopf herein, die Schwester kauerte an ihren Beinen.

»Mädels? Wollt ihr mit?«, fragte Karen. »Wir fahren zum Tennisclub.«

Ein silbernes Kreuz war an Karens Hals zu sehen.

»Nö.« Margaret nahm Karen kaum zur Kenntnis.

»Heute ist das Turnier«, sagte Karen. Ihre Hände ruhten auf den Schultern des Mädchens. Sonnencreme konturierte die Nasenlöcher des Mädchens. Das Mädchen hatte das gleiche betrübte Aussehen wie Margaret, wie Luca – beim Wort Tennis zog sie ein finsteres Gesicht.

»Wir gewinnen heute, hm?« Karen drückte dem Mädchen die Schultern.

»Hast du meine blaue Bluse gesehen?«, fragte Margaret und blickte endlich hoch. »Mit den Knöpfen?«

»Hängt im Wäschezimmer«, sagte Karen. »Ich kann sie dir heute Abend bügeln.«

Margaret verdrehte die Augen.

»Sie war nicht mal dreckig«, murmelte Margaret.

Karen lächelte weiter, als hätte sie nichts gehört.

»Wir sind dann mal weg«, sagte Karen. »Wünsch deiner Schwester viel Glück.«

»Tschüss.« Margaret scrollte auf dem Handy.

»Viel Glück«, sagte Alex zu dem Mädchen. Das Mädchen reagierte nicht. Warum auch? Alex war eine Fremde.

»ALSO«, SAGTE MARGARET, nachdem sie das Auto draußen auf dem Kies hatten davonfahren hören. »Wozu hast du Lust?«

Ein Takt, ein sich öffnender Zeitraum, innerhalb dessen Alex ihre ausstehenden Schulden bedenken könnte. Immer weitermachen, den Tag so verschwommen lassen, wie er war. Sie zuckte mit den Achseln.

»Ich weiß nicht«, sagte Alex. »Wollen wir ein bisschen Wein trinken?«

MARGARET ÖFFNETE DEN Kühlschrank. Darin befanden sich ein Vorrat Mini-Coladosen, Jiffy-Erdnussbutter und Weißweinflaschen. Alex schlenderte in die Speisekammer. Dort waren ungeöffnete Plastikbehälter mit Süßigkeiten, Relikte eines Präsentkorbs. Darunter: ein durchsichtiger Würfel mit Zuckerrosen. Wie Zitronendrops, nur rosa, mit Blütenblättern, blass von Zucker. Sie kippte sich eins in die Handfläche, dann nahm sie das Bonbon in den Mund, lutschte, bewegte es von einer Backentasche in die andere. Warum waren sie so ansprechend? Sie waren so zart und mädchenhaft. Aber irgendwie auch grotesk, wie bösartige Geschwulste.

Alex klapperte mit der Box. »Kann ich die mit raufnehmen?«

»Klar«, sagte Margaret mit zwei stiellosen Gläsern in der Hand und einer bereits geöffneten Weißweinflasche, die in ihrer Armbeuge schwappte.

Auf dem Weg die Treppe hinauf kamen sie an einem kleinen Zimmer vorbei, mit einem Doppelbett und einer einzelnen Kommode.

»Was ist da drin?«

»Karens Zimmer«, sagte Margaret.

Das einzig sichtbare Eigentum waren eine Haarbürste und eine Kulturtasche, ordentlich aufgereiht auf der Kommode.

»Komm«, sagte Margaret, »da drinnen ist es langweilig.«

DER WEIN HATTE ein Segelschiff auf dem Etikett. Margaret schenkte jedes Glas beinahe randvoll. Er war so kalt, dass er nach nichts schmeckte.

»Also«, sagte Alex. »Was ist Sache mit Karen?«

»Karen? Keine Ahnung. Sie ist so was wie unser Babysitter«, sagte Margaret. »Schon seit ner Ewigkeit.«

»Und sie wohnt hier bei euch?«, fragte Alex.

»Ja. Meine Mom hat ihr geholfen, eine Green Card zu kriegen und so was.«

Margaret klang bereits abwehrend. Besser fallenlassen, das Thema. Alex nahm noch einen Schluck Wein.

»Sorry«, sagte Margaret, »du denkst bestimmt, ich bin superverwöhnt. Wegen der Bluse. Ich weiß, das klang voll verzogen, aber ich hab ihr schon tausendmal gesagt, wenn's nicht im Wäschekorb ist, bitte nicht waschen. Und manchmal laufen ihr die Sachen ein, meine Lieblingssachen zum Beispiel.«

Alex zuckte mit den Achseln.

»Wir mögen Karen«, sagte Margaret diplomatisch. Und als sie betrunkener wirkte, wiederholte sie sich. »Wir mögen sie wirklich gern.«

»Natürlich«, sagte Alex. Natürlich mögen wir Karen, sagte sie im Geiste, aber sie sagte es nicht laut.

ERST NACH DREIMALIGEM Anschalten blieb das Handy lange genug an, damit Alex die Nummer des Jungen auf einem Zettel notieren konnte. Jacks Nummer. Nichts von Simon, natürlich, und auch nichts von Dom, was überraschender war.

»Leihst du mir mal dein Telefon?«, fragte Alex. »Ich muss nur kurz nem Typen schreiben«, sagte sie. »Meins geht ständig aus.«

Das Hintergrundbild auf Margarets Telefon war eine Tropenlandschaft, gebeugte Palmen vor einem sorbetfarbenen Sonnenuntergang.

Alex verfasste eine Textnachricht.

Hey ich bin's, Alex vom Strand. Telefon tot sorry,
benutze das von Freundin.
Was machst du heute?

»Ist er süß?«, fragte Margaret vom Bett aus. Sie hatte sich einen fliederfarbenen Pullover übergezogen. »Der Junge?«

Manchmal hörte sich Margaret an, als würde sie aus einem Drehbuch ablesen, so hohl klangen ihre Sätze.

»Ja«, sagte Alex. »Ziemlich süß.«

»Erzähl.«

»Ich hab ihn am Strand kennengelernt«, sagte Alex. »Keine Ahnung. Er ist blond.«

»Blond!« Fast hätte Margaret in die Hände geklatscht. »Süß! Find ich gut.«

Margarets Handy machte Pling. Eine Textnachricht von Jack.

Nicht viel sollen wir heut abend abhängen?

Margaret beobachtete sie, den Kopf schiefgelegt. Margarets vom Wein zerfaserte Miene löste in Alex plötzlich ein mulmiges Gefühl aus. Margaret erinnerte sie an die Mädchen bei ihrem ersten Restaurantjob – irgendetwas Schreckhaftes und Unruhiges zeichnete sich in ihrem Gesicht ab, ein offensichtliches Unwohlsein, das auf quälende Weise die Pubertät heraufbeschwor.

Alex tippte eine Antwort.

Ja oder vllt schon früher?

Es wäre besser, wenn Alex etwas hätte, um ihre Hände zu beschäftigen. Egal was, bloß um nicht nur mit Margaret hier sitzen zu müssen.

»Lass mich deine Augen schminken«, sagte Alex.

»Jetzt?« Margaret errötete.

»Klar, warum nicht?«

Die ganze Kosmetik auf Margarets Schminktisch war teuer. Sie wirkte unangetastet.

»Hier, setz dich hierhin.« Alex rückte den Stuhl unters Fenster, ins Licht.

Ihrer beider Atem roch nach Wein, obwohl Alex gerade eines der Rosenbonbons lutschte. Auch Margaret probierte eins, rollte hörbar das Bonbon gegen ihre Zähne.

»Bäh.« Margaret spuckte es in ihre Hand. Sie öffnete die Finger über dem Papierkorb und ließ das Bonbon hineinfallen, dann wischte sie sich die Handfläche an ihrem Kleid ab. »Schmeckt nach Parfüm.«

»Sollen wir neutrale Töne nehmen?«, fragte Alex. »So Grautöne, und das hier ist doch ne schöne Farbe, oder, dieses irgendwie Zinnfarbene? Mach mal die Augen zu.«

Unter der dünnen Haut von Margarets geschlossenen Lidern sah Alex die winzigen Schlangen aus blauen Äderchen, das schwache, tierhafte Zucken ihrer Augäpfel.

Erst trug Alex auf Margarets Augenlidern Foundation auf. Dann einen Tupfer einer schimmernden blassen Farbe. Der Trick bestand darin, sie auch unter den unteren Wimpernansatz zu tupfen, damit das ganze Auge betont wurde. Wie viele Videos hatte Alex im Netz geguckt, um das zu lernen, wie viele Stunden hatte sie damit zugebracht, den anderen Mädchen zuzusehen: den Mädchen, die mit ihr in dieser schlimmen Wohnung gewohnt hatten, Mädchen, die spätnachts Pancakes backten und um ferne Mütter weinten, Mädchen, die während des Schminkens innehielten, um einen zarten Zug von einem Joint zu nehmen, der im Aschenbecher wartete. Sie saßen an den Fenstern, um besseren Empfang zu haben. Sie trugen Hoodies über engen Kleidern und besaßen keine Koffer. Alex war sich bewusst, dass manche der Mädchen, die dort herumhingen, sehr jung waren. Aber auch sie war jung. Es war manchmal eine Frage von wenigen Jahren. Genau wissen konnte man es nicht. Alex stellte keine Fragen; sie kochte Kaffee für alle, ihre Tür ließ sie immer zu. Wenn sie eine von ihnen am Telefon heulen hörte, tat Alex dem Mädchen einen Gefallen, zumindest dachte sie damals so – und ließ sie in Ruhe.

Alex nahm einen anderen Pinsel, um eine Asphaltfarbe an Margarets Wimpernansatz entlangzuziehen.

Margarets Haltung ließ sie besonders verletzlich aussehen. Die Augen geschlossen, den Kopf im Nacken. Als würde sie alles mit sich machen lassen.

Ein gerahmtes Foto starrte Alex vom Schreibtisch aus an: Margaret und die Zwillinge und ihre Mutter hockten auf einem Stück Treibholz. Alle waren barfuß, ein Hauch von kollektivem Frohsinn lag in ihrem Lächeln.

»Und du?«, fragte Alex. »Hast du einen Freund?«

»Nein«, sagte Margaret. »Ich hatte schon welche, aber, halt, gerade im Moment nicht.«

Alex fand den größten Pinsel und flauschte ihn an ihrer Handfläche auf.

»Kannst du mal einen Kussmund machen?«

Margaret folgte eifrig jeder Anweisung: Sie schürzte die Lippen, die Wangen fielen ein. Obwohl Alex mit dem Augen-Make-up fertig war, hielt Margaret die Augen geschlossen.

Margaret, das sah Alex, war kein glückliches Mädchen.

»Perfekt«, sagte Alex und strich den Bronzer über Margarets Wangenknochen bis hinein in den Haaransatz.

»Kann ich sehen«, sagte Margaret, und flatternd gingen ihre Augen auf.

»Ich hab gerade erst angefangen«, sagte Alex.

»Lass mich nur für eine Sekunde gucken«, sagte Margaret. »Ich will's sehen.«

Margaret ignorierte den Spiegel auf dem Schminktisch und sah sich durch ihre Handykamera an. Ihr Gesicht wackelte auf dem Bildschirm.

»Cool«, sagte Margaret und drehte sich von Seite zu Seite. »Das ist gut. Warte, guck mal.«

Margaret drückte einen Knopf, und auf einmal sah ihre Haut besser aus, wie von innen erhellt, und dem Weiß ihrer Augen, das plötzlich so weiß war, entströmte ein unnatürliches Leuchten.

»Komm mit ins Bild«, sagte Margaret, »wir machen ein Foto.«

Alex zögerte.

»Komm«, sagte Margaret.

»Ich hasse Fotos«, sagte Alex.

»Ernsthaft, du musst. Nur eins.«

Alex wollte Margaret nicht bemitleiden oder die Bedürftigkeit in ihrem Gesicht bilanzieren. Alex beugte sich vor und drückte ihre Wange gegen Margarets. Auf dem Display sahen sie beide unheimlich aus, seltsam, die Gesichter weich verschmiert und die Augen extra leuchtend. Alex betrachtete die unbekannte Version ihrer selbst. Er war sonderbar fesselnd, dieser neue Avatar.

Sie sah aus wie neu gestartet, als habe der letzte Abschnitt ihres Lebens nicht stattgefunden, als könnte man Dinge ausradieren und einfach so noch mal von vorne anfangen. Hatte sie je zuvor so sauber und frisch und unbescholten ausgesehen?

Doch als der Filter ausging, war es umso schlimmer. Da war ihr wirkliches Gesicht. Viel zu detailliert. Eine leichte Mulde bildete sich zwischen ihren Brauen, die ihr bislang noch nicht aufgefallen war. Eine Falte? Alex trat aus der Reichweite der Kamera zurück.

Margaret betrachtete das Foto, zoomte mit unglücklicher Miene heran.

»Du siehst gut aus.« Margaret streckte die Zunge heraus. »Ich seh scheiße aus.«

»Das ist nicht wahr. Du siehst super aus. Ich mag deinen Pullover.«

Margaret senkte den Blick. »Du kannst ihn haben, wenn du willst.«

Alex lächelte.

»Ich mein's ernst.« Margaret zog die Arme aus dem Pullover. »Nimm ihn«, sagte sie. »Ich mag ihn nicht mal.«

»Ich nehm doch nicht deinen Pullover.«

»Im Ernst, ich will ihn nicht. Nimm ihn.« Margaret warf Alex den Pullover zu – er war warm.

»Na ja«, sagte Alex und legte den Pullover auf ihre Tasche. »Danke.«

»Soll ich dir das Bild schicken?«, fragte Margaret.

»Muss nicht.«

Margaret sah gekränkt aus.

»Ich meine, kannst du machen. Aber mein Telefon«, sagte Alex, »ist eigentlich Schrott.« Diese Erklärung schien zu genügen. Während Alex verschiedene Lippenstifte auf ihrem Handrücken ausprobierte, beobachtete sie, wie Margaret das Foto postete.

Margaret aktualisierte die Seite, wartete auf ein Like, das nicht kam. Sie aktualisierte noch mal.

Auf einmal war es zu traurig, Margaret und ihr Telefon, das Puder auf Margarets Wangen, das sich in ihrem leichten Gesichtsflaum niederließ. Flaum war eine Nebenwirkung des Hungerns, wie Alex vom Zusammenleben mit den professionell anorektischen Osteuropäerinnen wusste, die sich ausschließlich von Popcorn und Mini-Paprikas ernährten.

Margaret zog das Foto erneut größer.

»Du bist echt total hübsch«, sagte Margaret mit glitschigen Augen und zielte ein schiefes Lächeln in Alex' Richtung. Sollte das ein unbeholfener Flirtversuch sein? Wenn ja, war sich Margaret dessen nicht bewusst. Wahrscheinlich war die Möglichkeit zu befremdlich, um sie überhaupt zu erkennen. Was würde sie tun, wenn Alex sich zu ihr aufs Bett setzte?

Alex hatte den Gedanken, und dann tat sie es auch schon, ließ sich auf dem Bett nieder, rutschte auf Margaret zu. Alex betrachtete sie aus dieser neuen Nähe. Margaret lächelte weiter. Unangenehm, die Vorstellung, wie weit sie Alex gehen lassen würde.

Was machte sie da? Alex bremste sich. Sie stand auf.

»Hast du eine Wimpernzange?«

EIN WEITERES GLAS Wein, und Margaret döste, die Miene friedlich, das Kleid über die Beine hochgerutscht, die Augen dunkel von Make-up und der Lippenstift schon über den Mund hinweg in Auflösung begriffen. Ihr Make-up könnte den Kissenbezug verschmutzen. Sollte Alex versuchen, das zu verhindern? Aber im Wäscheschrank lagen wahrscheinlich zwanzig Kissenbezüge, wen kümmerte es also?

Alex setzte sich auf den Schreibtischstuhl. Sie blätterte in einem Jahrbuch aus dem Regal: Heraus fiel ein Raster Schulfotos, Margaret als Zwölf- oder Dreizehnjährige, in Uniform, die Haare von einem samtenen Haarreif zurückgeschoben, den Blick starr auf irgendeinen Punkt seitlich des Objektivs gerichtet. Das Foto deprimierte Alex, die Fragen, die sich im Gesicht des Mädchens abzeichneten, der letzte Moment, bevor sie dahinterkam, wie grausam die Welt sein konnte. Aber andererseits, warum sollte Alex sie bemitleiden? Margaret in ihrem Zuhause, mit ihrer Familie und der Kleidung, die von anderen gereinigt wurde. Sie würde hineintrudeln in ihre Zukunft.

In der untersten Schublade des Schreibtisches lag eine Kerze in einer ungeöffneten Schachtel, ein Samtbeutel war dahintergestopft. In dem Beutel befand sich ein Wirrwarr an Ohrringen. Alles Ohrstecker. Die meisten waren Diamanten, auch wenn sie klein waren. Wie die Ohrringe, die Margaret trug, identische Nadelstiche aus Licht. Unecht?

Unmöglich zu sagen, im Moment. Sie spielte mit dem Gedanken, ein Paar zu nehmen, entschied sich aber dagegen.

Margaret stieß einen verkürzten Seufzer aus und kuschelte sich in ihre Kissen, sie schlief.

In letzter Sekunde umschloss Alex einen einsamen Rubinstecker ohne Partner in ihrer Handfläche. In gewisser Weise war es ja hilfreich von ihr, ihn zu entsorgen. Was war lästiger als ein Einzelexemplar von etwas, eine Mahnung, dass die Welt unzuverlässig war, dass sogar wertvolle Dinge abhandenkamen?

Es war kalt genug, wegen der Klimaanlage, dass Alex die Bettdecke über Margaret zog, über ihre dünnen Beine, ihre tadellos lackierten Zehennägel. Vor dem Fenster stand ein Klettergerüst im Garten, ein Türmchen aus Holz, eine Rutsche und weiter weg der Pool, halb versteckt hinter einem Baum.

»Hey«, flüsterte sie Margaret zu.

Nichts.

»Bist du wach?«

Margaret schnaufte leicht, dann drehte sie sich auf die Seite.

Alex' Badezeug war in ihrer Tasche, noch feucht vom Club, und es war sowieso niemand zu Hause, wen interessierte also ein Badeanzug?

DAS WASSER IM Pool war kühl, aber nicht kalt. Wäre die Sonne draußen, wäre das Schwimmen angenehmer. Aber es war noch bewölkt, die Luft schwer und grau. Alex saß auf der Stufe, gebeugt über ihre nackten Brüste. Sie hielt die linke Brust in der Hand, betrachtete die Brustwarze, dann fuhr sie mit dem Finger über die Länge ihres Oberschenkels. Ihre Schamhaare wuchsen nach. Das eingewachsene Haar war nicht richtig verheilt: eine zehncentstückgroße rosafarbene Aura. Nicht anfassen, dachte sie, noch während sie den Fingernagel hineinbohrte. Sie hörte erst auf, als es anfing zu bluten.

Alex ließ sich eine Weile auf dem Rücken treiben. Sie lutschte dabei ein Rosenbonbon, bewegte es von einer Backentasche in die andere. Sie hatte keine Lust, Bahnen zu schwimmen. Es war schön, einfach nur auf dem Rücken zu liegen, zu fühlen, wie die eine Hälfte ihres Körpers der Luft ausgesetzt war, die andere Hälfte im Wasser. Das Wasser war kalt genug, dass sie jeden Körperteil bewusst spürte.

Drei Tage noch bis Simons Party.

Lautlos trieb sie dahin. Nichts als Bäume um sie herum.

Ein seltsamer Nachmittag hier mit diesem armen unglücklichen Mädchen, jetzt allein in diesem Pool, den sicher kein Mensch benutzte. Diese Leute waren die Sorte Mensch, die annahm, dass es Regeln gab, die glaubte, dass sie, wenn sie sie befolgte, sie eines Tages belohnt würde. Und hier war Alex, nackt in ihrem Pool.

Der Pool war umgeben von Bäumen: Die kleinste Brise, und es regnete beinahe durchscheinende weiße Blüten ins Wasser. Die Blüten waren geädert und zweigeteilt. Wie Insektenflügel. Alex tauchte auf den Grund des tiefen Beckens, atmete aus, während sie sank. Es war kälter da unten, richtiggehend kalt. Druck auf ihren Schläfen. Als sie die Augen aufschlug, war es nur trüb, der Widerhall von nichts, von einer Leere. Es war schön, allein zu sein. Als sie hochsah, kräuselten Nadelstiche das Wasser: Regnete es?

Alex tauchte an die Oberfläche und spürte Niesel im Gesicht. Endlich waren die Wolken aufgebrochen. Anfangs war es nicht schlecht, leichte Tropfen schlugen um sie herum auf dem Wasser auf, fast so fein wie Nebel, aber dann beobachtete sie, wie in Form eines großen sichtbaren Vorhangs echter Regen heranzog: Dicke Tropfen, die aufs Wasser klatschten und kalt auf ihren Schultern waren. Alex zog sich am Beckenrand hoch. Sie tastete nach ihrem Handtuch, als sie am Haus Bewegung wahrnahm: Sie war so überrascht, dass sie das Bonbon, an dem sie noch immer lutschte, sauber entzweibiss.

Da war Karen in ihren blendend weißen Keds, das kleine Mädchen an der Hand, und beide sahen Alex an, die nackt war und zitterte. Karen wirkte nicht schockiert oder wütend. Sie wirkte einfach nur peinlich berührt.

Warum schien der Blick, den Karen Alex zuwarf, alles zu enthalten? Als wüsste sie genau, was für ein Mensch Alex war.

Karen drehte sich um und zog das Mädchen ins Haus. Bevor sie hinter der Tür verschwand, warf das Mädchen einen Blick zurück, starrte unverhohlen, während Alex sich mit dem feuchten Handtuch bedeckte.

MARGARET HATTE SICH im Bett aufgesetzt, das Make-up war verschmiert. Die Augen waren umschattet wie von Blutergüssen. Ihr Schritt war sichtbar unter dem Kleid, ein Keil von weißer Baumwollunterwäsche.

»Ich bin eingeschlafen?« Margaret zupfte zerstreut an ihrem Kleid herum. Sie zog die Nase kraus. »Wieso bist du denn nass?«

»Ich war schwimmen.«

»Im Pool?« Margaret sah aus dem Fenster. »Aber es regnet doch.«

Alex zog sich, noch immer in das Handtuch gewickelt, Unterwäsche an. Ein schwarzes Top und ein Paar abgeschnittene Jeans, die Simon gehasst hatte.

»Sorry«, sagte Alex und knöpfte energisch ihre Shorts zu. »Kann ich mal kurz nachgucken, ob der Typ mir zurückgeschrieben hat?«

Margaret hatte mit dem Handy an ihrer Seite geschlafen; bei dem Thema wurde sie lebhaft. Sie setzte sich auf und tippte den Code ein.

»Hat der Typ zurückgeschrieben?« Alex wackelte mit dem Bein: Sie zwang sich, damit aufzuhören.

Als Margaret ihr das Telefon herüberreichte, bemerkte Alex, dass der Hintergrund geändert worden war und nun das Foto von Margaret und Alex zeigte. Sie bereute, dass sie sich hatte fotografieren lassen: Warum beschwor der Gedanke, auf dem Telefon dieses Mädchens zu existieren, derartiges Grauen herauf?

Eine Nachricht von Jack.

Wie viel Uhr ist gut später?

Alex merkte, dass Margaret ihr zusah. Sie tippte schnell.

Kannst du mich abholen?
Jetzt ganz schnell. Sorry hab grad kein Auto.

Alex wartete. Drei Punkte tauchten auf.

Jetzt sofort?

Hatte eig gesagt dass ich mit meinem Dad essen geh
Also vllt später so 9
oder zehn ka

Die Stunden, die bis neun noch vergehen müssten, schienen endlos.

Keine Chance dass du früher kommst?

Klang sie zu verzweifelt?

Kann das Essen ausfallen lassen

Echt?

Ja hab sowieso keine Lust

Bevor sie antworten konnte, trafen noch mehr Nachrichten von Jack ein.

alles klar
wo soll ich dich abholen?

»Wie ist die Adresse hier?«, fragte Alex.

»Lädst du jemanden ein?« Margaret kniete sich hin. »Du kannst definitiv jemanden einladen.«

»Der Typ holt mich ab.«

»Du gehst?« Margaret sah plötzlich verloren aus. »Karen kann uns was kochen. Deinem Typen auch. Oder willst du ausgehen? Wir können auch ausgehen.«

War ein Szenario denkbar, in dem Alex eine Nacht hier

verbrachte, oder sogar ein paar Nächte, dieses letzte Wochenende vor Simons Party aussaß, mit Margaret in einem Bett schlief, zum Tennisclub und zum Strandclub ging und unter weißen Markisen Putenaufschnitt aß? Doch das Elend anderer Leute konnte so ansteckend sein.

»Tut mir leid.« Alex versuchte zu lächeln. »Ich hatte schon diese andere Verabredung.«

»Du kannst den Typen doch hierher einladen«, sagte Margaret. »Ich bin sicher, es ist kein Problem. Wir können alle zusammen abhängen.«

Alex hörte kaum zu. Sie schickte ihm die Adresse: Jack schickte ein Daumen-hoch.

In zwanzig min da.

»Tut mir leid«, sagte Alex noch einmal. Sie wünschte, Jack käme früher. Sie wollte nicht länger als nötig in diesem Haus bleiben – wollte nicht mit Karen interagieren, in der schlaffen Luft von Margarets Zimmer vor sich hin marinieren. Sie reichte Margaret das Handy zurück. Als Alex ihr eigenes vom Netz nahm und das Kabel aufwickelte, tat sie, als bemerke sie nicht, wie Margaret die angemalten Mundwinkel nach unten zog.

Alex ging in Margarets Badezimmer und schloss die Tür. Zumindest war das Licht hier drin rosa und schmeichelhaft: Dennoch sah Alex sonnenverbrannt aus, ungepflegt. Sie kämmte sich mit den Fingern, dann steckte sie die silberne Spange aus der Tasche der Frau ins Haar. Die Spange fühlte sich an, als habe sie Alex schon sehr lange gehört.

Sie massierte sich Feuchtigkeitscreme in die Wangen ein und deckte die Röte um ihre Nase ab, keine Zeit für die ganze Routine. Sie kniete sich auf die Fliesen, um alles aus ihrer Tasche zu holen, legte die Kleidung aus, bevor sie sie fest zusammenfaltete, wickelte das kleine schwarze Tier in Margarets fliederfarbenen Pullover. Sie wog Simons Uhr in der Hand, bevor sie sie unter einem Haufen Kleider vergrub.

Schon fühlte sie sich besser. Sie wäre bald weg. Jeden Moment. Jeden Moment würde Jack hier sein, und Alex säße sicher im Beifahrersitz seines großen Autos. Margaret wäre gut verstaut in ihrem Zimmer. Und selbst wenn Karen an einem der Erdgeschossfenster postiert wäre und Alex davonfahren sähe, würde Alex die Scham von sich abgleiten lassen, zu einem Gefühl werden lassen, das sie von weitem betrachtete, und das Haus würde kleiner werden, das Tor würde aufgehen für Jacks Auto, und bis Jack gewendet und aus der Auffahrt und auf die Straße gebogen wäre, würden das Haus und seine Bewohner komplett hinter einer Heckenreihe verschwunden sein.

8

JACK SAH JÜNGER aus, als Alex ihn in Erinnerung hatte – ein Kind! –, aber vielleicht lag es daran, dass sein Auto so überdimensioniert war. Oder vielleicht war es sein Outfit. Schaffellhausschuhe zu einer glänzenden Basketballshorts, ein zu großes T-Shirt.

»Nicht den Kopf stoßen«, sagte Jack, als Alex auf den Beifahrersitz kletterte. Schon beim Hinsetzen, beim Anlegen des Gurtes, spürte Alex den Kick des Entkommens, die Erleichterung darüber, das Elend hinter sich zu lassen.

Die Klimaanlage war voll aufgedreht. Sie hievte ihre Tasche auf den sandigen Rücksitz, neben ein gestreiftes Badetuch und eine kobaltblaue Ausgabe von *Siddhartha*.

Jack fuhr rückwärts die Auffahrt hinunter.

»Wohnst du hier?«, fragte er.

»Ich war nur kurz zu Besuch. Meine Freundin wohnt hier.« Sie widerstand dem Drang, zu den Fenstern zu blicken, um zu sehen, ob sie beobachtet wurde. »Sorry«, sagte Alex und zwang sich zu einem Lächeln, richtete sich zu ihm aus. »Ich bin irgendwie neben der Spur.«

Er zuckte mit den Achseln. »Kein Problem.« Die Härchen an seinen Unterarmen waren blond vor dem Hintergrund seiner Bräune.

»Danke fürs Abholen«, sagte Alex. »Ich hab gerade kein Auto.«

»Schon okay«, sagte er. »War ja nicht weit.«

Alex stellte fest, dass Jack gesprächtiger war, wenn er getrunken hatte, aber jetzt war er fast höflich. Er rieb sich vor Nervosität den Nacken, tätschelte sein Telefon in der Shortstasche. Die meiste Zeit sah er ihr nicht in die Augen, wenn er sprach. Am lebhaftesten wurde er, als er die Musik bis zum Anschlag aufdrehte und in seinem Sitz federte, sämtliche Fenster heruntergelassen.

»Dieser Typ«, rief Jack gegen die Musik an, »ich feier den so. Deswegen hab ich meinem Dad gesagt, er muss sich unbedingt dieses Auto holen, weil der genau das gleiche fährt.«

»Mh.« Alex hörte nur halb, was der Junge tatsächlich sagte; sie versuchte seinen Akzent zu analysieren. Hatte er einen, oder war es nur Einbildung, hatten seine Sätze einen Anflug von fast europäischer Gepresstheit?

»Willst du mal was Schräges sehen?« Jack hantierte mit seinem Handy, den Blick nur halb auf die Straße gerichtet. Er startete ein Video, hielt das Display in ihre Richtung. Es war ein Überwachungsvideo, das kränkliche Röntgen-Grün einer Nachtsichtkamera, von einem weitläufig gepflegten Garten. Und dann ein Tier, eine große Katze, die einen Pool umrundete – war das ein Puma? Alex hatte noch nie zuvor einen gesehen.

»Wow.« Er sah aus wie der Tod, wie er um den Pool herumschlich. Übelkeit stieg in ihr auf. Aber vielleicht lag es nur am Alkohol, am Zucker und am Bier.

Jack startete das Video noch mal neu. Die Augen des Pumas leuchteten knisternd grün, alles im Video war in Grün- und Schwarztöne getaucht. »Das ist das Haus von meinem Dad in L.A.«, sagte er, und seine Augen sprangen zwischen Handy und Straße hin und her. »Ein Puma im Garten. Krass, oder?«

Sein Vater, erzählte Jack, sei Produzent. Alex hätte nicht mit Sicherheit sagen können, was ein Produzent machte. Erst nachdem Jack zum dritten Mal den vollen Namen seines Vaters benutzte, begriff sie, dass sein Vater sehr erfolgreich sein musste. Sie merkte es daran, dass Jack den Namen seines Vaters mit verdruckster Eile aussprach.

Das leuchtete ein, erklärte diese Mischung aus Schüchternheit und Selbstsicherheit. Die Leute hörten Jack wahrscheinlich immer zu, aber nur stellvertretend. Ihr Interesse an ihm strahlte immer von jemand anderem ab, hatte ewig eine andere Absicht. Sie kannte Leute wie Jack, Kinder der Reichen oder Berühmten, deren Persönlichkeit verzerrt war durch eine falsche Realität. Kein Mensch reagierte jemals aufrichtig auf sie, kein Mensch gab ihnen sinnvolles soziales Feedback, also hatten sie nie ein vernünftiges Selbstbild kultiviert. Sie erzählten schlaffe, langatmige Anekdoten ohne jedweden Gedanken, dass sie langweilig sein könnten – und wie sollten sie jemals auf die Idee kommen, sie seien langweilig? Wirkten die Leute nicht immer hingerissen, lauschten sie nicht eifrig jedem Wort?

Jacks Telefon vibrierte. Seine Miene verfinsterte sich sofort.

»Mein Dad ruft an«, sagte er, »Scheiße, warte mal kurz.«

Alex sah aus dem Fenster und versuchte so tun, als höre sie nicht zu.

»Gott«, sagte Jack gerade. »Sorry.«

Gedämpfte Geräusche durch den Lautsprecher.

»Ich hab doch gesagt, sorry.« Pause. »Na ja, mir ist was dazwischengekommen«, sagte er. »Okay?«

Sorry, formte er mit den Lippen zu Alex gewandt.

Er hielt sich das Telefon gegen die Brust: Sie konnte die Stimme am anderen Ende weiterreden hören. »Sorry«, sagte er. »Ich soll eigentlich mit ihm essen gehen. Willst du mitkommen? Zum Essen?«

»Ach so. Echt?«

»Bitte.«

Der Vater war immer noch am Reden.

»Klar«, sagte sie. »Okay. Klar.«

»Ich hab doch ja gesagt«, sagte Jack ins Telefon. »Mann. Ja. Bis gleich.« Er ließ das Telefon auf die Konsole fallen. »Sorry«, sagte er und drehte die Musik wieder auf.

DAS RESTAURANT LAG direkt an der Landstraße. Jack parkte planlos, besetzte zwei Parkplätze – es schien ihm nicht aufzufallen. Die Luft flackerte vor Insekten, Freitagabendmusik sickerte aus einer angrenzenden Bar.

»Soll ich wirklich mitkommen?« Alex könnte sich ein paar Stunden lang beschäftigen. Wobei sie keine große Lust dazu hatte, und vielleicht spürte er das.

Jack nickte energisch. »Komm mit«, sagte er. »Ernsthaft.«

Der Raum war dunkel, Kerzen auf der Bar und auf den Tischen. Weiße Tischdecken, warmes Holz – sie war underdressed, aber Jack war es auch, so underdressed, dass er vollkommen ungezwungen wirkte, sein lässiger Gang das ultimative Zeichen der Zugehörigkeit war.

»Die Pommes hier sind gut«, sagte Jack, dann verzog er das Gesicht. »Boah nee, er ist schon da.«

Der Vater saß in einem rosafarbenen Hemd an einem

Tisch. Er war gut in Form, auf die wohlhabende Westküsten-Art: Bestimmt spielte er Tennis und lief oder hatte es zumindest getan, bevor er's mit den Knien bekam. Definitiv Personal Training mehrmals die Woche. Er winkte Jack zu, dann kniff er die Augen zusammen, als er Alex im Schlepptau entdeckte. Der Tisch war für zwei gedeckt.

Der Vater stand auf. »Hallo«, sagte er. »Wer ist deine Bekannte?«

Als Jack keine Anstalten machte, sie vorzustellen, hielt Alex dem Vater die Hand hin.

»Hi, ich bin Alex.« Fester Handschlag, höflicher Blickkontakt.

»Robert.«

Alex machte ein entschuldigendes Gesicht, versuchte, wenn auch äußerst subtil, ihr Verständnis zu signalisieren, was Jack aber nicht sehen durfte. »Tut mir leid«, sagte sie. »Ich glaube, ich bin in letzter Minute dazugekommen.«

»Wir kriegen hier noch jemanden unter, kein Problem«, sagte Robert und gab einem Kellner ein Zeichen. Er würde entgegenkommend sein, begriff sie, geschmeidig den Kurs wechseln, sodass mögliche Irritationen kaum merklich wären, wobei Alex sah, wie sich sein Unterkiefer verkrampfte. Er war wahrscheinlich immer so, verbissen locker, passte sich allem an, was ihm vorgesetzt wurde. Das konnte eine ganz eigene Art von Aggression sein.

Jack pflanzte sich hin. Er schnappte sich eine Brotstange aus dem Korb. Alex sah dem Vater zu, wie er registrierte, dass Jack mit offenem Mund kaute, sah ihm zu, wie er demonstrativ weiterlächelte.

»Und woher kennt ihr euch?«

Alex wartete Jacks Antwort ab.

Jack zuckte kauend mit den Achseln. »Von irgendwoher halt.«

»Wir waren beide am Strand«, sagte Alex gefällig, während der Kellner einen Teller vor ihr platzierte, Besteck, eine schwere Serviette.

»Ich war nicht so viel draußen, wie ich's gern gewesen wäre«, sagte der Vater. »Ich bin früher gesurft. Wir sind im Sommer fast jeden Tag raus, hm?«

Jack grunzte. Seine Unhöflichkeit war derart theatralisch – weil Alex dabei war? Der Vater nahm's hin, pflügte voran mit der Konversation.

»Aber ist jetzt schon eine Weile her«, fuhr er fort.

Alex musste sich bemühen, den richtigen Ton im Gespräch mit dem Vater zu treffen – es war allzu leicht, aus Versehen ins Flirten abzugleiten. Mädchen von nebenan, mahnte sie sich.

»Und Sie leben in L. A.?«, fragte sie.

»Das Jahr über, ja. Meistens. Ich könnte wohl auch da surfen gehen, aber es wird ziemlich kalt.«

»Klar«, sagte sie, und sie tauschten ein dezentes Lächeln aus. Es war fast, als wären sie und der Vater auf einem Date, wo Jack so abwesend, so beharrlich pubertär war.

Der Kellner brachte dem Vater einen neuen Cocktail. »Etwas zu trinken?«

»Kann ich ein Bier haben?«, fragte Jack.

Der Vater räusperte sich. »Ich denke, für dich reicht ein Wasser.«

»Für mich auch«, flötete Alex. Bloß keine Spielverderberin sein.

»Jacks Mutter und ich haben in diesem Restaurant geheiratet«, sagte der Vater. »Hat Spaß gemacht. Sehr entspannt, ein schöner Abend. Viele Freunde. Vor einer Million Jahren.«

Jack grinste zynisch. Seine Ungezogenheit hatte eine Grenze ins wahrhaft Lächerliche überschritten, wodurch sie harmlos wurde, und der Vater ließ den Blick über das Gesicht seines Sohnes huschen, ohne sich davon aus dem Konzept bringen zu lassen. Als wären er und Alex durch einen Werbespot unterbrochen worden, etwas geringfügig Lästiges, das sie aussitzen mussten, um zum eigentlichen Gespräch zurückkehren zu können.

Alex lächelte tapfer weiter, nickte dann und wann, während der Vater sprach, doch ihr Augenmerk sprang im Restaurant umher. Paradiesvogelblumen und andere Blumen mit muskulösen Stängeln stiegen aus einer übergroßen Vase in die Höhe. Ledergebundene Speisekarten wie Miniaturaktentaschen, Leute Schulter an Schulter an der Bar.

Kam Simon jemals hierher? Kannte Jacks Vater Simon? Es war nicht unmöglich.

Im Restaurant saßen hauptsächlich Pärchen, ältere Pärchen, wobei ihr auch ein Paar nackte Beine auffiel – junge Beine. Eine Frau mit einem Vorhang aus glänzenden kastanienbraunen Haaren und einem etwas zu glitzernden Kleid saß gegenüber von einem weißhaarigen Mann. Aus Gewohnheit wandte Alex den Blick ab.

»Tatsächlich drehen wir ne Menge in Long Island City«, sagte der Vater gerade. »Viel Abriss, da kann man noch was reißen, ha.«

Alex lächelte.

Irgendetwas bewegte Alex dazu, die Frau in dem Kleid noch einmal anzusehen, irgendeine Energie erregte Alex'

Aufmerksamkeit, der rote Mund der Frau auf dem Rand des Weinglases.

Ein Blick auf ihren leeren Teller, ein Blick zurück – und ja, dachte Alex, es war Dana. Es musste sie sein.

Erstaunlich, wie schnell sie an Schärfe gewann. Dana nickte dem Mann zu, mit dem sie zusammensaß, und lächelte, ein kokettes Lächeln. Hatte Dana auch sie erkannt?

Dana sah gut aus. Alex nahm an, dass der Mann mit den weißen Haaren kein Partner in dem Sinne war, andererseits, wer wusste, wo Dana mit ihrem Leben inzwischen gelandet war. Es amüsierte sie, sich vorzustellen, was Dana von Alex halten könnte, was Dana von dem Dreiergespann am Tisch halten könnte. Sie würde wahrscheinlich vermuten, dass Alex mit Jacks Vater hier sei.

Alex warf noch einen Blick hinüber zu Danas Tisch. Sie teilte sich gerade mit dem Mann ein Stück Schokokuchen, nahm einen züchtigen Bissen. Würden sie und Dana sich grüßen? Manchmal wollte Alex mit jemandem Erfahrungen austauschen. Schauen, ob sie sich an bestimmte Dinge richtig erinnerte, mit jemandem reden, der die Lücken füllen könnte. Als sie sah, dass Dana sich entschuldigte, sich zierlich und unnötigerweise die Lippen abtupfte, stand Alex ebenfalls auf.

SIE WAREN BEIDE zwanzig gewesen, damals. Alex neu in der Stadt. Obwohl Alex jetzt dachte, dass Dana wahrscheinlich ein bisschen geschummelt hatte, wahrscheinlich älter gewesen war.

Dana hatte Alex gezeigt, wie man die anderen in der Öffentlichkeit erkannte: leuchtender, pigmentierter Lippenstift. Meistens rot, selbst wenn eine andere Farbe schmeichelhafter gewesen wäre. Hohe Schuhe, die sie sich wahrscheinlich erst draußen vor dem Restaurant angezogen hatten. Ein kurzes Kleid, das zu förmlich war, entweder in Edelsteinfarben oder verblichenem Schwarz. Kleider mit demselben erbärmlichen Streben nach Eleganz wie ein Kleid für den Schulball. Mädchen, die eine Handtasche mit beiden Händen umklammerten. Mädchen in Mädchenfummel.

Alex erinnerte sich an einen bestimmten Abend. Sie und Dana tanzten in einem Club mit geschlossenen Augen, die Hände zu Fäusten geballt. Alex trug ein von Dana geliehenes Kleid, das ihr zu eng war unter den Achseln. Sie hockten auf einer Sitzbank aus Kunstsamt, die Teil einer Grotte war, nippten an ihren Drinks, während eine Frau in goldenem Outfit den Tisch abwischte. Es war der Geburtstag irgendeines Mannes gewesen, Folienballons bildeten den Namen *JASON*, Ballons, die vom Bass vibrierten. Dem *J* begann schon die Luft auszugehen, es war tiefer gerutscht als die anderen.

Alex beobachtete, wie das *J* vollends einklappte, dann erschlaffte.

ASON

Ein Mann setzte sich an ihren Tisch. Er erzählte Alex, er glaube an Gott, lachte aber wie ein Mädchen nach dieser Behauptung. Der Mann beugte sich vor, um etwas anderes zu sagen. Alex lächelte automatisch, in der Annahme, er wolle ihr irgendeine Art von Witz erzählen. Als ihr klar wurde, dass der Mann über ihre Brustwarzen sprach, lächelte sie weiter, das Lächeln stockte nur eine Sekunde lang.

Das Mädchen im goldenen Kleid kam mit der Rechnung.

»Wir brauchen eine Kreditkarte«, erklärte Dana, die Hände in die Hüften gestemmt. Sie wartete einen Takt, bis der Mann begriff: Er tastete in seinen Taschen umher und reichte ihr eine Kreditkarte.

Keine von beiden bedankte sich. Den Mann schien das nicht zu stören.

Der Abend endete in einer Limousine – Dana hatte jemanden dazu bewegt, eine Limousine zu rufen, voll abgeschmackt. Alex und Dana lümmelten sich auf dem Rücksitz, Dana machte kurzen Prozess mit einer Flasche Billigchampagner, die sich in einen Trog mit Eiswürfeln schmiegte. Die Männer in dem Auto – andere Männer – redeten hauptsächlich miteinander: Ein glatzköpfiger Mann, der mit beunruhigender, hörbarer Mühe durch den Mund atmete, der andere mit starrem, glasigem Blick, der pausenlos wegen nichts mit dem Kopf nickte.

Eine Kette LED-Lichter schängelte sich um das Polster. Alle paar Sekunden verlief die Farbe in eine andere Farbe, tropisches Lila und Blaugrün und Blau.

»Der Fahrer soll andere Musik anmachen«, sagte Dana. »Diese ist scheiße.«

Die Männer sahen kaum herüber.

»Hey«, rief Dana, »hey, Fahrer, mach mal andere Musik, ja? Wir wollen tanzen.«

Der Fahrer wirkte nicht genervt. Wenn überhaupt, war er gebannt von den Mädchen, warf immer wieder einen Blick in den Rückspiegel und grinste.

»Wie ist die Temperatur für die Damen?«

»Zu kalt«, sagte Dana weinerlich. »Ich will meine Musik hören«, sagte sie und krabbelte über die Sitze, um dem Fahrer durch die Trennwand hindurch ihr Telefon zu reichen, wobei ihr Kleid hochrutschte, sodass Alex einen beigefarbenen Tanga, eingeklemmt zwischen ihren Arschbacken, sehen konnte.

Als die Musik das Auto erfüllte, zog Dana ihr Kleid nach unten und holte tief Luft, als könne sie jetzt endlich entspannen, als böte die Musik irgendeine dringend benötigte Nahrung.

Irgendwann waren Dana und der Glatzkopf verschwunden, irgendwo abgesetzt, und Alex war mit dem anderen Mann allein. Irgendetwas stimmte nicht, sie hatte irgendetwas getan oder gesagt: Der Mann befahl dem Fahrer, anzuhalten und Alex auf der Brücke rauszulassen – du bist ne Schlampe, hatte er gesagt, und Alex hatte komplett ausgeblendet, was sie getan hatte, warum der Mann so wütend war. Sorry, Miss, sorry, Miss, sorry, Miss – dem Fahrer hatte sie leidgetan, immerhin.

So viele Abende hatte sie nur als bitteres Gefühl in Erinnerung, der kalte Blick eines Barkeepers, fremde Menschen, die nicht hinzustarren versuchten, während ein Mann ihr das Knie drückte. Die Männer wollten den Leuten immer bewusst machen, dass sie mit Alex zusammen waren, sie wollten, dass ihnen die Blicke auf dem Weg zu den Fahrstühlen folgten. Dachten sie, sie würden nach irgendetwas anderem aussehen als nach dem, was sie waren? Als würde jemand zwei und zwei zusammenzählen und auf ein anderes Ergebnis kommen.

Irgendeine Party, auf die Dana sie mitgenommen hatte, eine Party auf einer Terrasse mit blauen Aufblasmöbeln, überdimensionierten Sofas und Sesseln. Es war lachhaft gewesen, wie die Möbel im Zimmer eines Teenagermädchens. Es gab Tische, die vollgestellt waren mit Früchten, Trauben und halb grünen Bananen und übergroßen Erdbeeren, all die Früchte matt vor unnatürlicher Farbe. Die Früchte würden in den Müll wandern, dessen war sich Alex sicher – kein Mensch rührte sie an. Junge Frauen tranken mit verbissenem Mutwillen Champagner aus Kelchen und zogen mit einer Hand ihre Kleider hoch, wodurch die Brüste flachgedrückt wurden. Sie hatten einen wichtigen Teil ihres Selbst aufgegeben, waren bereit, sich in jedwede vorgeschlagene Richtung bewegen zu lassen; es spielte im Prinzip keine Rolle, wer sie ansprach. Drinnen wurde ein kleiner Mann beschwatzt, Klavier zu spielen. Leute gingen eine Glastreppe hoch und runter. Auf dem Weg nach oben wurde Alex von einem Mann angehalten, der sie fragte, ob sie wisse, was die Kunst an der Wand darstelle.

»Vaginas«, sagte der Mann, »das sind Abdrücke von Vaginas.«

Er beobachtete ihre Reaktion.

Wie in anderen Momenten stellte Alex fest, dass sie grundlos lächelte.

DIE RESTAURANTTOILETTE WAR warm, feingemasertes Holz und ein flackerndes bernsteinfarbenes Licht aus den Wandleuchten beschworen eine Art maritimen Effekt herauf. Nur eine Kabine war besetzt: Dana. Die Kabinentüren waren von der Sorte, die vom Boden bis zur Decke reichten. Das war in früheren Zeiten nützlich gewesen zum Drogennehmen: Dana und Alex zusammengedrängt, Dana auf dem zugeklappten Klodeckel, das Trägerkleid die Schenkel hochgerutscht, Danas warmer, tierhafter Atem in Alex' Gesicht und ein scharfes Schniefen von ihrem Handrücken aus. Ein paarmal waren sie erwischt worden, irgendein Aufpasser oder Securitymann wartete auf sie beim Rauskommen, aber es war nie beängstigend gewesen, nur lustig.

Alex ließ den Wasserhahn laufen, dann wusch sie sich tatsächlich die Hände. Sie führte eine schnelle Spiegelkontrolle durch, bleckte die Zähne: alles bestens. Ein kleines Husten aus der Kabine, Dana, die sich räusperte. Dann die gedämpfte Wasserspülung. Alex blieb am Waschbecken stehen.

Das letzte Mal als Alex Dana gesehen hatte, wohnte sie in diesem brandneuen Gebäude, in einer Wohnung, wo die Fenster nicht aufgingen. Ein Mann in Houston hatte die Kaution hinterlegt, im Austausch gegen gehauchte Telefonate darüber, wen Dana an dem Tag gefickt hatte und wie groß genau dessen Schwanz gewesen war. Ein lila Neonlicht in Form des Wortes LOVE hing an der Wand, und ein Poster von Audrey Hepburn war mit Klebeband über der Couch befestigt. Auf einem Metallschild an der Badezimmertür stand in Schnörkelschrift *Les Toilettes*.

Warum hatte Dana aufgehört, mit Alex zu reden?

Die Einzelheiten waren unklar.

Hier war sie nun, Dana, die die Kabinentür öffnete, an das andere Waschbecken ging. Dana, wie sie leibte und lebte. Mit einer raschen Bewegung nahm Dana die Haare zusammen und warf sie sich über den Rücken. Dabei betrachtete sie ihr Spiegelbild: Sie schien zufrieden zu sein mit dem, was sie sah. Sie begann sich die Hände zu waschen.

Alex beäugte Dana von der Seite: Ihr Kleid war eine Nummer zu freizügig, das Dekolleté zu forciert – wusste das Dana nicht eigentlich besser? Hatte sie solche Dinge nicht sonst immer zu vermeiden gewusst?

Dana hatte sich ein mildes Lass-mich-in-Ruhe-Lächeln ins Gesicht geheftet, sie warf Alex im Spiegel kaum einen Blick zu, bevor sie erneut zum Händewaschen überging. Dann sah sie noch mal hin.

»Huch.«

»Hey«, sagte Alex.

»Ha«, sagte Dana, mehr ausatmend als tatsächlich lachend, und wusch sich weiter die Hände.

»Wie läuft's?«, fragte Alex. Die Frage schien besonders dürftig.

Dana drehte mit dem Unterarm den Wasserhahn zu, dann nahm sie mit tropfenden Händen ein gefaltetes Stoffhandtuch.

»Ich hatte mich schon ein bisschen gefragt, ob ich dich sehen würde«, sagte Dana. »Du weißt doch, wie ich immer ein bisschen wusste, dass Sachen passieren würden, bevor sie passiert sind?«

»Mich sehen?«

»Hier draußen.« Dana ließ das Handtuch in einen Korb fallen. Sie fuhr mit dem Zeigefinger unter den Augen entlang, beobachtete noch immer ihr Spiegelbild. »Ich hatte schon seit ner Ewigkeit nicht mehr mit diesem Typen gesprochen. Dom. Er hat gesagt, du bist hier draußen.«

Alex versuchte, ruhig zu wirken.

»Weißt du, dass der echt am Rad dreht? Der haut gerade alle an.« Dana betrachtete ihre Fingernägel. »Fragt nach dir.«

»Na ja«, sagte Alex. »Du weißt ja, wie Dom ist.«

»Eigentlich nicht.« Dana sah Alex direkt ins Gesicht. »Ich kenn ihn eigentlich nicht.«

Alex versuchte zu lächeln: Herzlich, dachte sie, ein herzliches Lächeln, das Dana vielleicht daran erinnern würde, dass sie sich mal nahegestanden hatten. Halbwegs nahe.

»Vielleicht«, sagte Alex, »wenn er sich noch mal meldet – vielleicht könntest du einfach nicht erwähnen, dass du mich gesehen hast? Ich bin ja bald wieder in der Stadt.«

»Ich will da echt nicht mit reingezogen werden, Alex.« Dana beäugte sie erneut. Was sah sie in Alex' Gesicht? Sie gab etwas nach. »Ich meine, er hat sowieso gesagt, dass er hierherkommt. Mehr weiß ich nicht.«

Alex zwang sich, Luft zu holen. Sprach mit ruhiger Stimme.

»Was genau hat er gesagt?«

»Das ist alles, okay? Mehr hat er nicht gesagt. Ich hab wirklich keine Lust mehr, in deine Scheiße mit reingezogen zu werden.« Sie hatte schon genug von Alex, genug von diesem Gespräch. Sie schnippte ihre Handtasche auf, ein klitzekleines Ding, in dem gerade mal ihr Handy Platz hatte. Sie sah auf das Display, gab ein leichtes Summen von sich.

»Na ja.« Ein strahlendes künstliches Lächeln in Alex' Richtung. »Wir sind dann weg«, sagte Dana. »Schönen Abend noch.«

Die Tür fiel hinter Dana zu. Musik aus dem Restaurant sickerte herein, wurde wieder schwächer.

Alex hatte den Impuls, Dana zu folgen. Darauf zu beharren, dass Dana noch mal von dem Gespräch mit Dom erzähle, Alex genau berichte, was er gesagt hatte.

Alex rührte sich nicht.

Sie befeuchtete sich die Lippen. Sie versuchte, die Paranoia unter Kontrolle zu bringen, sie abzuwenden, bevor es zu schlimm wurde: Es wäre sonst unerträglich, sie würde das Abendessen nicht überstehen. Sie versuchte, nicht darauf zu achten, ob ihre Hände zitterten.

Vielleicht war Dom ja gar nicht hier draußen, vielleicht bluffte er nur. Das sähe ihm ähnlicher, oder? Er würde doch nicht wirklich versuchen, sie aufzuspüren, oder?

Ein Ruck, die Toilettentür ging auf: Es war eine ältere Frau in Hosen und einer altmodischen Bluse, die genauso erschrocken wirkte wie Alex, sich die Hand auf die Brust legte.

ALEX WAR SCHON viel zu lange vom Tisch weg gewesen. Sie zwang sich, in ruhigem, normalem Tempo zurückzugehen. Ein Schritt und noch ein Schritt. Sie warf einen kurzen, prüfenden Blick auf die Leute an der Bar, die Gesichter im Speiseraum. Natürlich war niemand davon Dom; natürlich war er nicht hier. Danas Tisch war schon leer, ein Kellner schabte mit flinken Streichbewegungen die Tischdecke sauber.

Es war eine schlechte Idee gewesen, mit Dana zu reden. Alex zielte so oft daneben in letzter Zeit. Alles war verrutscht, nichts mehr an seinem richtigen Platz, oder vielleicht war Alex das Problem. Vielleicht sollte sie einen Gang runterschalten mit den Pillen. Noch während sie Besserung gelobte, war ihr klar, dass es nicht passieren würde.

Alex lechzte nach einem Drink. Könnte sie sich etwas an der Bar bestellen und es unauffällig runterstürzen?

Doch der Vater hatte Alex schon entdeckt, und sie lächelte und nahm wieder Platz.

Alex zwang sich, sich erneut auf die Schwingungen des Abendessens einzustimmen: Jacks Vater, Jack, der neben ihr saß. Merkten sie, dass irgendetwas nicht stimmte? Sie rutschte unruhig auf ihrem Stuhl hin und her, während der strahlende Kellner die Abendkarte herunterratterte. Sie versuchte zu wirken, als sei sie bei der Sache, während sie die Tür im Blick behielt.

Jack bestellte Gemüsepasta, Pommes, Mozzarellasticks. Alex nahm den Lachs. Ein leichtes Zucken vonseiten Jacks – Alex erinnerte sich an seine *Siddhartha*-Phase, sein Vegetariergequatsche. Sie bestellte stattdessen die Pasta.

»Der Lachs hört sich gut an«, sagte der Vater. »Gesund. Den sollte ich nehmen.«

Aber nachdem er dem Kellner mehrere Fragen zum Lachs gestellt hatte, bestellte er das Steak. Was er wahrscheinlich schon die ganze Zeit vorhatte.

»Rotes Fleisch ist einfach mein Ding«, sagte er. »Ich versuch dagegen anzukämpfen. Aber ich komm aus dem Mittleren Westen«, sagte er, »das wird man schwer wieder los.«

»Du warst zwei oder so, als deine Eltern nach Bel-Air gezogen sind«, sagte Jack.

Robert tat, als hätte er nichts gehört.

Als das Essen kam, sah Jack seinem Vater demonstrativ dabei zu, wie er das Steak anschnitt. Beim ersten Bissen verzog Jack das Gesicht.

»Eigentlich werden Kühe gefoltert«, sagte Jack. »Die sind so zusammengepfercht, dass die total deformiert werden. Es gibt Millionen von Videos.«

»Leider«, sagte Robert, »schmeckt dieses Steak sehr gut.« Er schenkte Alex ein freundliches Lächeln. Sie vermutete, dass er nicht zum ersten Mal diesen Überlegungen ausgesetzt wurde.

»Und woher kommst du, Alex?«

»Upstate.« Eine weitere vage Geste mit den Händen.

»Wir hatten da mal ein Haus«, sagte der Vater, »als Jack jünger war. So, sieben, acht. Du erinnerst dich wahrscheinlich kaum noch dran«, sagte er zu Jack. »In der Nähe von Millbrook. Sehr schöne Gegend.«

»Du hast es gehasst«, sagte Jack. »Du hast gesagt, es war ein Drecksloch da oben.«

»Das ist nicht wahr.« Der Vater schien bemüht, entspannt zu bleiben. Jack wirkte triumphal – er hatte seinen Vater gezwungen, wenn auch nur für einen Moment, die Fassade der Freundlichkeit fallenzulassen, sein ewig sonniges Los-Angeles-Gemüt.

Hatte der Vater etwas gegen seinen Sohn? Verkrampfte sich seine Miene für die allerkürzeste Sekunde?

Vielleicht. Oder vielleicht sah Alex überall Hass, bildete ihn sich ein, wo er nicht existierte, und das war nicht deren Problem, sondern ihres.

ALS DER VATER zur Toilette ging, griff Jack über den Tisch und nahm sich seinen Cocktail. Er leerte in einem Zug einen Großteil davon, dann hielt er Alex den Rest hin.

Sie nahm den letzten Schluck. Wodka Soda. Es hatte einen asketischen Geschmack, wie krank gewordenes Wasser. All die Mädchen hatten das immer bestellt, das Getränk des weiblichen Märtyrers.

»Meine Mom kümmert's nicht, wenn ich zum Essen was trinke«, sagte Jack. »Er nervt so damit. Eigentlich ist es ihm egal, aber er muss unbedingt so tun, als wär's ihm nicht egal. Was viel verlogener ist.«

»Ich find ihn gar nicht so schrecklich«, sagte Alex. »Könnte schlimmer sein.«

»Tut mir leid. Er versucht sich bei dir einzuschleimen. Das macht er bei allen.«

»Schon okay«, sagte Alex. »Wirklich. Mich stört's nicht.«

»Ich musste so ziemlich ne Ewigkeit bei ihm wohnen«, sagte Jack. »Ich hab einfach keinen Bock mehr.«

»In L. A.?«

»Ich meine, ich hatte einfach keinen Bock mehr auf die ganze Schulnummer.« Jack sah durch seine dichten fransigen Wimpern zu ihr hoch. »Weißt du?«

Er erzählte, er habe sich im letzten Jahr eine Auszeit von der Schule genommen. »Schien einfach ne gute Idee zu sein«, sagte er und rieb sich den Nacken. »Ein Jahr Pause, weißt du? Vor dem College.«

So, wie er es zur Sprache brachte und dabei durch die Pommes pflügte, fragte sich Alex, ob die Auszeit gar nicht Jacks Idee gewesen war. War er aufgefordert worden, die Schule zu verlassen? Suspendiert worden? Oder welchen Euphemismus die Leute auch immer dafür verwendeten.

Was könnte das heißen? Sie wusste es noch nicht, aber es war eine weitere interessante Information, die sie zum künftigen Gebrauch verstaute.

Jack hätte Alex eigentlich nerven müssen: Dieses Auf-dicke-Hose-Machen, was immer er getan oder nicht getan hatte, um sich ein Jahr freinehmen zu müssen. Aber irgendwie war das nicht der Fall. Die Mühe, die er sich gab, war zu offensichtlich, jung und unsicher war er sowieso, sein Tonfall auf Lob aus. Er machte es einem leicht, nett zu ihm zu sein.

Jack nahm noch eine Handvoll Pommes, verstreute Salz über den Tisch.

»Probier mal eine«, sagte er. »Lecker, oder?«

VON DA AN ging es mit dem Abendessen bergab. Robert stand mindestens zwei weitere Male auf, um ans Telefon zu gehen. Kaum hatte er sich hingesetzt, leuchtete sein Telefon von Neuem auf – »Eine Sekunde«, sagte er ins Telefon. »Entschuldigt«, sagte er zu Alex und Jack. »Wir sind gerade in der Vorproduktion und überall brennt's.«

»Superwichtige Arbeit«, sagte Jack mit süffisantem Grinsen. »Wer hätte das gedacht.«

Der Vater hatte gerade aufstehen wollen – er hielt inne. »Es reicht«, sagte er zu Jack. »Es reicht.« Sein Ton war umgeschlagen. »Ich ruf dich sofort zurück«, flötete er fast ins Telefon.

»Du«, sagte er zu Jack und stach mit dem Zeigefinger in die Luft. »Wir gehen mal kurz vor die Tür.«

Jack schaute hastig zu Alex.

»Na komm«, sagte der Vater. »Lass uns reden.« Er warf Alex ein schillerndes Lächeln zu. »Alex wird uns sicher entschuldigen, oder?«

»Natürlich.« Alex hielt den Blick gesenkt. Das war sie gewohnt, das höfliche so Tun, als ob Dinge, die passierten, eigentlich gar nicht passierten.

DURCH DIE FENSTER des Restaurants konnte Alex sehen, wie Jack mit den Armen ruderte und sie dann vor der Brust verschränkte. Die Miene des Vaters war versteinert.

Jetzt, wo sie allein war, brachte Alex ein größeres Interesse für ihren eigenen Teller auf. Riss mehr Brot ab, stopfte es der Pasta hinterher, ohne Zeitverzögerung zwischen zwei Bissen. Der Vater hatte sein Steak kaum angerührt. Sie nahm ein Stück mit ihrer Gabel. Dann noch eins. Es ging nur noch um die reine Sättigung, um das Genährtwerden. Sie machte weiter. Die leichte Übelkeit war nicht wirklich unangenehm. Sie fühlte sich dadurch geerdeter.

Völlig undenkbar, dass Dom sich hier rausschleppen würde, das war Quatsch. Das sagte sie sich, und es schien wahr zu sein.

»Darf's ein Dessert sein?«, fragte der Kellner.

»Ich glaub nicht, aber danke.« Alex tupfte sich mit der Serviette den Mund ab, fuhr sich mit dem Fingernagel zwischen die Zähne.

Nur Jack kam zurück. Ruppig zog er den Stuhl vor, ließ sein Handy auf den Tisch fallen.

»Sorry.« Er war aufgewühlt, neue Energie in seinen Gliedern, das Lächeln zu breit.

»Alles okay?«

»Ja, voll. Nichts«, sagte er, »nur Bullshit.«

»Wo ist dein Vater?«

»Am Telefon.« Er schob sich die Locken aus den Augen. »Und«, sagte er, »was geht heute Abend?« Sein Bein wippte. »Sollen wir hier mal abhauen?«

DIE PARTY WAR noch mal dreißig Minuten über den Highway, in Richtung Inselspitze. Alex war noch nie so weit draußen gewesen. Simon hatte immer wieder gesagt, er wolle mit ihr zum Leuchtturm fahren, aber es war nie passiert. Oder noch nicht, sagte sie sich.

Jacks Handy bebte – er ignorierte den Anruf.

»Und was ist das für ne Party?«, fragte Alex.

»Bei nem Kumpel von mir. Werden wahrscheinlich n Haufen Leute da sein«, sagte er. »Keine Ahnung, ob du jemanden davon kennst. Ich hab Max geschrieben, dass wir uns da treffen.«

»Woher kennst du die Leute?«

»Aus der Schule, keine Ahnung«, sagte Jack. »Ein paar auch von hier draußen.«

»Freunde von der Highschool?«

»Und Grundschule.«

Diese Kontinuität erschien Alex nahezu unmöglich: Die Vorstellung, der Faden sei immer derselbe, die Welt bliebe statisch. Wäre es erdrückend, strafend, oder war es der Grund, weshalb all diese Leute eine so merkwürdige Gewissheit an den Tag legten bei der Frage, wer sie waren, eine Gewissheit, dass ihre Identität einen Kontext hatte? In ihrer Heimatstadt gab es Kontext, doch der Kontext war negativ, ein Abgrund. Der Bogen deines Lebens war vorherbestimmt, seine Grenzen schon sichtbar. Das hier war etwas anderes.

ALEX KONNTE NICHT erkennen, dass das Haus an einem Steilufer stand und das Meer direkt unterhalb lag, bis sie drinnen waren und nach draußen schauten. Es war rauer hier draußen, die Küste felsiger.

»Jack?«

Der Junge, der zu ihnen rüberkam, war groß, germanisch aussehend, mit Gesichtszügen, die wie eine Annäherung wirkten, als wären sie aus dem Gedächtnis gezeichnet worden. Er redete sehr schnell und sah mit einem Auge zur Tür. Ein gewissenhafter Gastgeber. Er schüttelte Alex die Hand. Stellte sich mit vollem Namen vor: Wie all diese Leute konnte der Junge schlagartig und tadellos höflich sein. Er umarmte Jack.

»Ist schon ewig her, Mann«, sagte der Junge. »Alles klar bei dir?« Er klapste Jack auf die Schulter. »Cool, dass du wieder unterwegs bist, Mann.«

Alex erfasste ein Aufblitzen von Scham in Jacks Miene – seltsam.

»Kann man von hier aus zum Strand laufen?«, fragte Alex.

»Nein«, sagte der Junge. »Das kannste knicken. Hier geht's direkt die Klippe runter. Und da unten sind eh nur Felsen. Kein Sand.«

Etwa zwanzig Leute waren im Haus. Alex erkannte den rattengesichtigen Jungen vom Strand, in einem pastellfarbenen Batikhoodie und Trainingshosen. Auch Mädchen waren da, Mädchen mit Silberkreolen und Mittelscheitel, Mädchen in T-Shirts und dicken amerikanischen Bluejeans und Penny Loafern. Sie hatten bereits jegliche existierende Information darüber absorbiert, wie sie zu sein hätten in der Welt, was korrekt war. Sie sahen so gelassen aus, so ungezwungen hübsch. War ihre Haut von Natur aus schön, oder waren es medizinische Eingriffe, Mütter, die sie beim kleinsten Anzeichen eines Makels zum Dermatologen lenkten? Sie schätzte sie auf Jacks Alter, aber wie konnten diese Mädchen so viel älter wirken, so selbstsicher? Dies war eine andere Schicht als Margarets, einige Stufen näher an kultureller Macht.

Sie schenkte sich Rotwein aus dem Kühlschrank ein. Als Alex einen Schluck davon nahm, stellte sie zu ihrer Überraschung fest, dass er mit Kohlensäure versetzt war.

»Lecker mit Pizza, oder?«, sagte Jack.

Auf der Küchenanrichte lagen Pizzaschachteln. Ein paar ungeöffnete Klappschachteln mit feucht wirkenden Salaten,

Feta gequetscht gegen das Plastik. Alex nahm auf einem Küchenstuhl Platz, um an einem Stück Pizza herumzustochern.

»Was ist Sache mit dem?«, fragte sie. »Der Typ, der hier wohnt?«

»Noah?«, sagte Jack. »Keine Ahnung, wir kennen uns schon seit ner Ewigkeit. Wir sind hier früher immer Dirt Bike gefahren.«

»Mh. Und ihr habt einfach ne Weile nichts mehr zusammen gemacht?«

Jack zuckte mit den Achseln. Hatte er seinen Wein schon ausgetrunken? »Ja, keine Ahnung. Ich hatte zu tun. Die waren ja alle in der Schule letztes Jahr.«

Er schien sich so unwohl zu fühlen, dass sie das Thema fallenließ. Alex leerte ihr eigenes Weinglas.

»Badezimmer?«

DAS GANZE BADEZIMMER – Boden, Decke, Wände – war in schwarzen Hexagonfliesen gehalten. In den Schubladen nichts als noch mehr Klopapier. War der Gastgeber so schlau gewesen, vorsichtshalber alles wegzuschaffen, was geklaut werden könnte? Aber was könnte irgendeiner von diesen Leuten brauchen, was sie nicht schon hatten? Entspannend hier drin, dieser beruhigende Kokon aus Nichts. Alex öffnete ein Fenster und drückte es auf, befreite einen Keil Luft. Genug, um ihre Hand durchzustecken. Ihr Top wurde langsam feucht unter den Achseln, der Saum dunkler. Sie zupfte am Stoff. Schon zu spät – es würde ein Fleck zurückbleiben.

Sie wollte ihre Nachrichten checken, wusste aber, dass

es sinnlos war. Das Handy war noch kaputt, und außerdem hatte sie Danas Nummer seit Jahren nicht mehr.

Sah ihr linkes Auge etwas rosa aus im Spiegel, konnte es sein, dass das Gerstenkorn zurückkam? Sie sagte sich, es sei nur Einbildung. Aber diese schwache Falte zwischen den Brauen, der geisterhafte Münzschlitz, war keine Einbildung. Sie drückte fest mit dem Finger drauf. Noch ein Blick in den Spiegel, und die Falte sprang ihr entgegen, unvermeidlich, also beließ sie es bei einem unscharfen Blick, und die Falte verschwand.

IM WOHNZIMMER UNTERHIELT sich ein Mädchen in gestreiftem T-Shirt und Jeansshorts mit Jack. Ihr rechtes Ohr war von oben bis unten gepierct.

»Schneid dir nicht die Haare«, sagte das Mädchen und zerzauste Jacks Locken. »Ernsthaft.«

Alex konnte Jacks Entgegnung nicht ausmachen. War er rot geworden?

Alex ließ sich auf der Couch nieder. Sie bemerkte den rattengesichtigen Jungen erst, als er neben ihr saß.

»Was geht«, sagte er. »Alles gut bei dir? Brauchst du was?«

Er war beflissen, doch seine Energie war aggressiv.

»Ich hab alles«, sagte Alex. »Danke.«

Er beäugte ihr Gesicht.

»Wie«, sagte er, »heißt du nochmal?«

»Alex.«

»Genau. Ich bin Max.« Er lächelte, den Arm auf der Rückenlehne der Couch. »Woher kennst du Jack?«

»Nur vom Strand. Als wir uns kennengelernt haben.«

»Oh Scheiße, echt? Ich dachte, ihr kanntet euch von vorher.«

»Nö. Nur von hier.« Alex hatte, ohne es zu merken, die Arme verschränkt: Sie entschränkte sie wieder.

»Aber du bist nicht aus der Stadt, oder? Das merk ich.« Er grinste. Leicht unfreundlich.

Sie reagierte nicht, aber das hielt ihn nicht auf.

»Ich auch nicht. Ich bin von hier. Ich wohne tatsächlich hier draußen. Anders als die da«, sagte er und nickte in Richtung der vollen Küche. »Die sind alle eigentlich in nem Fünf-Block-Radius voneinander aufgewachsen.«

Mit dieser neuen Information konnte sie Max ein paar Grad schärfer stellen. Er wirkte tatsächlich anders, seine Ausstrahlung sperrig und unbeständig. Seltsam, dass er sie auch als Außenseiterin identifiziert hatte – das passte ihr gar nicht.

Bevor Alex etwas sagen konnte, setzte Jack sich zu ihnen, die Risse in seinen Lippen waren schon rot vom Wein.

»Mein Freund«, sagte Max. »Ich hab mir gerade eure Lovestory erzählen lassen.«

Jack zuckte zusammen. »Ach komm.«

»Kleiner Scherz«, sagte Max. »Du hättest mir vorhin schreiben sollen, ich wär mit euch mitgefahren. Ich dachte, du hast Hausarrest.«

»Ich war mir noch nicht sicher, was wir machen«, sagte Jack.

»Dein Dad findet's okay, dass du unterwegs bist?«, fragte Max. »Daddy Robert hat nichts dagegen?«

Jack wandte sich von Max ab. »Ist kein Problem.«

Max zuckte mit den Achseln, sah belustigt aus, blickte zwischen Alex und Jack hin und her.

Ein kleiner Hund wuselte durchs Haus, die Krallen klackerten über den Holzfußboden. Ein Mädchen bückte sich, um den Hund aufzuheben, sich das Tier an die Wange zu halten. Sie machte Kussgeräusche in der Luft, und der Hund leckte ihr die Lippen. Das Mädchen schien es nicht zu stören.

»Ich besorg mir ne Zigarette«, sagte Alex.

Jack und Max hatten sich in ein Gespräch vertieft: Keiner von beiden reagierte.

Alex öffnete die Schiebetüren. Sie fand den Pool zur Seite des Hauses hin. Kleiner als erwartet, mit Blick auf die Schwärze, die schroffe Linie der Klippe und den von Sternen erstickten Himmel. Sie brauchte eine Sekunde, bevor sie sah, dass der Pool besetzt war: Ein Mädchen in Unterwäsche und ohne BH saß am Rand, ein Junge, zurückgelehnt im Wasser, nippte an einem Glas Wein.

Alex drehte sich in die andere Richtung.

Ein abschüssiger Rasen, ein hölzerner Zaun, dahinter das Meer, das man nur sehen konnte, wenn man nah heranging an den Zaun. Ein paar Leute saßen auf der anderen Seite und baumelten mit den Beinen. Sie konnte sie reden hören, die Dunkelheit war durchsetzt von ihrem Gelächter. Einer rief Alex etwas zu, das sie nicht verstand.

»Wie bitte?«

»Ich sagte, brauchst du Hilfe beim Rüberklettern?«

»Ich bleib lieber hier hinten«, sagte Alex. »Kann ich mir eine schnorren?«

Alex wurde schon schwindlig davon, so nah heranzukommen, um sich die Zigarette und eine Streichholzschachtel geben zu lassen: Es ging steil hinab, die schweigenden Felsumrisse in der Tiefe. So viele mögliche Wege ins Unglück. Ende schlecht, alles schlecht. Niemand sonst wirkte im Geringsten ängstlich, sie schienen die Gefahr gar nicht richtig zu erfassen. Sie bewegten die Beine in der Luft, die Fersen der Sneaker schrammten gegen die Felswand.

Sie hatte keine Lust zu rauchen, aber jetzt war sie froh darüber, etwas Konkretes mit den Händen tun zu können. Ein Zeitverschwender, perfekt überschaubar. Wenn sie ausatmete, trug die Brise den Rauch davon, und wenn sie nicht nach unten sah, ging es ihr besser.

Ein Witz machte die Runde: Alex hörte nur den Schluss.

»Und warum«, sagte der Junge, »können wir Max überhaupt leiden?«

Alex reichte die Streichhölzer zurück und er nahm sie an sich, ohne ihr Beachtung zu schenken.

Ein Ausbruch von Gelächter, schnell unter Kontrolle gebracht.

»Wirklich jetzt.« Der Junge sah sich mit ernster Miene um. »Ich meine, sagt's mir noch mal. Nur zur Erinnerung.«

»Ach komm«, sagte ein Mädchen. »Sei nett.«

»Ich mach doch nur Spaß. Herrfuckingott noch mal«, sagte der Junge friedfertig. Er zündete ein Streichholz an und schnippte es über die Klippe: Es verglühte beinahe sofort.

»Hör auf«, sagte ein Mädchen, doch ihre Stimme war affektlos.

Der Junge machte es wieder, ein kurzes Flackern schnippsend in Finsternis verwandelt. Und wieder. Alex beschlich die Ahnung, dass das den ganzen Abend so weitergehen würde.

ZURÜCK IM HAUS, lag eines der Mädchen im Wohnzimmer auf dem Boden mit dem winzigen Hund auf dem Bauch. Sie hob eine seiner Vorderpfoten, als würden die beiden tanzen, während sie an einer Vape zog, die sie in der anderen Hand hatte. Nach dem Einatmen stützte sie sich hastig auf die Ellenbogen, um dem Hund den Rauch ins Gesicht zu pusten.

Ein anderes Mädchen filmte das Ganze mit dem Handy.

»Warte«, sagte sie, »warte, mach noch mal.«

Das andere Mädchen tat ihr den Gefallen, und frisch ausgeatmeter Rauch umhüllte den winzigen Kopf des Hundes.

»Wo warst du denn?«, fragte Jack. Er legte den Arm um Alex, nur für einen Moment. Die Geste war überraschend, aber er wirkte schon betrunken, seine Augen waren unfokussiert, sein Lächeln brauchte einen Augenblick, um aufzuholen. »Ich hab dich vermisst.«

»War nur eine rauchen«, sagte Alex.

Die Party war auf die doppelte Größe angewachsen. Ein Junge mit Kapitänsmütze füllte eine Reihe Gläser. Der große germanische Junge zielte mit einer Fernbedienung auf einen Fernseher und scrollte durch die Filmtitel. Er versuchte mit der Fernbedienung manuell Buchstaben einzugeben, schließlich drückte er einen Knopf und sprach:

»Scarface.«

Der Bildschirm erfasste Wörter – der Junge wirkte unglücklich mit dem Resultat.

»SCAR-FACE!«, schrie er in die Fernbedienung. »Scar-FACE.« Er warf die Fernbedienung auf die Couch. »Scheißdreck.«

Der rattengesichtige Junge, Max, war auf der anderen Seite des Raums und unterhielt sich mit einem blonden

Mädchen, doch er entdeckte Alex und Jack und sah aus, als wollte er in ihre Richtung.

»Dein Freund kommt rüber«, sagte Alex.

Jacks Miene verfinsterte sich.

»Ich komm mit dem irgendwie grade nicht klar. Der geht mir auf'n Sack heute Abend. Der hat auch schon ein paar anderen ans Bein gepisst.«

»Ist's hier irgendwo ruhiger?«, fragte Alex. »Wollen wir mal raufgehen oder so?«

Jack zog die Augenbrauen hoch. Fing an zu lächeln, bremste sich aber.

»Klar. Genau, viel zu laut hier.« Er leerte sein Glas. Das wie vielte war das? »Willst du noch Wein oder irgendwas?«

»Ich hab alles.«

Und sie hatte wirklich alles: eine Zigarette, ein Glas Wein, das Haus voller Leute. Das Zwischenspiel mit Dana kam ihr schon vor wie eine Halluzination. Jack kaute an seiner weindurchtränkten Unterlippe: Er war ein netter Junge. Nicht nett, das war das falsche Wort. Aber er hatte nichts Böses im Sinn.

IN DEM ZIMMER oben, wo die Leute ihre Taschen abgelegt hatten, setzten sie sich aufs Bett. Ein paar Rucksäcke trieben auf dem Boden, eine Badehose hing trocknend über dem Schreibtischstuhl. Wäre Alex allein gewesen, hätte sie die Taschen durchsucht. Doch diesem Impuls fehlte es plötzlich an Dringlichkeit, er ergab hier keinen Sinn – denn alles war bestens. In Jacks Gesellschaft zu sein beruhigte gewisse Triebe oder betäubte sie zumindest. Was könnte ihm jemals Schlimmes widerfahren, diesem blonden Sohn?

»Hast du Spaß?« Jacks Augen waren schwer. Aus der Nähe konnte sie das Natron seines Deodorants riechen.

»Klar«, sagte Alex. »Voll.«

Wahrscheinlich könnten sie hier übernachten, in irgendeinem Bett in diesem Haus. Wahrscheinlich würden sie morgens aufwachen und Frühstück bekommen. Man nahm immer an, diese Jugendlichen, Jugendliche wie der Gastgeber, könnten nicht kochen, aber seltsamerweise konnten sie es meistens doch, weil es ihnen beigebracht worden war von Eltern, die den Lebensstil von Europäern fetischisierten. Alex legte sich hin, wohl wissend, dass Jack ihr über den nackten Bauch gerutschtes Top bemerkt hatte. Sie verschränkte die Arme hinter dem Kopf, wobei noch mehr Haut entblößt wurde.

»Komm her.« Sie tätschelte das Bett.

Jack legte sich unbeholfen hin. Er wusste nicht wohin mit seinen Händen und faltete sie schließlich vor der Brust.

»Hi«, sagte Alex.

Er blieb reglos, nur seine Augen glitten ihren entgegen.

»Hi«, sagte er. Er lächelte unfreiwillig, wobei die funkelnde Spange an der unteren Zahnreihe aufblitzte, bevor er die Hand vor den Mund hielt.

»Wieso machst du das?«, fragte Alex. »Deine Hand vorhalten, wenn du lächelst?«

»Meine Zahnspange.«

»Die sieht man doch kaum«, sagte Alex. »Sind doch nur deine unteren Zähne.«

Sie streckte die Hand aus, um mit dem Finger seine Lippen zu berühren – er erstarrte.

»Wenn du das machst, irgendwas bedeckst, dann gucken die Leute umso genauer hin«, sagte sie. »Dann ist es klar, dass du was zu verbergen hast. Und du musst dir keine Sorgen machen. Du bist süß.«

Wieder lächelte er. Diesmal ohne den Mund zu bedecken.

»Du bist total nett.«

»Nett.« Sie lächelte spöttisch.

»Ernsthaft. Ich mag dich.«

»Ich mag dich auch«, sagte sie.

»Echt?«

»Natürlich«, sagte Alex. »Meinst du, ich würde mit dir abhängen, wenn ich dich nicht mögen würde?«

Sein Mund ging auf, die Luft entwich, während sie sein Kinn zu sich heranzog.

»Ich küss dich jetzt«, sagte Alex. »Ja?«

Er blinzelte, nickte, und sie spürte einen kleinen Kick, den Jungen unter sich, der auf ihr Agieren wartete.

Als Alex Jack küsste, waren seine Lippen schlaff. Doch dann spürte sie seine Zunge, die hervorlugte und ihrer entgegenschoss, und dahinter das Metall seiner Zahnspange. Sie rollte sich auf ihn, sein Mund schmeckte nach Wein, und ihrer, bemerkte sie, nach Zigarette. Es schien ihn nicht zu stören.

Als Alex abließ, atmete Jack schwer.

Sie lächelte, doch sie hatte das Gefühl, dass das Lächeln nicht bis in ihre Augen reichte.

Er hielt eine ihrer Hände. Seine Handfläche war schwitzig, rutschte in ihrer herum. Er schloss die Augen und rückte näher, und sie küsste ihn träge zurück. Seine Hüften reckten sich. Sie konnte durch die Basketballshorts die Form seines Schwanzes sehen. Sie legte ihm die Hand auf den Schritt, übte kaum Druck aus, dennoch klappten seine Augen auf.

Er gab einen kehligen Laut von sich. Er blickte an die Decke. Sie begann, seinen Hosenbund nach unten zu ziehen, setzte sich auf die Knie, um ihn weiter aus der Shorts zu schälen, doch plötzlich war die Musik aus dem Wohnzimmer aus, und in ihrer abrupten Abwesenheit waren erhobene Stimmen zu hören. Alex und Jack hielten beide inne.

Die Stimmen fuhren fort, gewannen an Lautstärke.

»Was zur Hölle«, murmelte Jack, hörte aber erst auf, sie zu küssen, als jemand klopfte. Ein Mädchen zögerte in der Tür, ihr Blick huschte hin und her zwischen Jack und Alex, bevor sie geflissentlich zum Deckenventilator hochsah.

»Äh, Jack?«, sagte das Mädchen. »Dein Freund. Der rastet gerade aus oder so was. Kommst du mal?«

Sie warf Alex einen Blick zu, dann sprang ihr Augenmerk zurück zum Ventilator.

UNTEN SCHARTEN SICH die Leute in der Küche als aufgeregte Meute, die Energie war gebrochen und hektisch. Nur Max saß auf dem Boden, den Kopf gegen die Insel gelehnt.

»Was ist passiert?«

Der Junge, Noah, habe Max mit der Faust geschlagen, aber warum? Irgendwas wegen der Schwester: Die Schwester, schätzte Alex, war die, die momentan weinend auf der breiten weißen Couch saß und von einer Mädchentraube getröstet wurde.

»Wieso hast du die Cops gerufen«, beschwor das Mädchen immer wieder. »Wieso hast du die Cops gerufen.«

»Jemand hat die Cops gerufen?«, fragte Alex.

»Nie im Leben hat einer die Cops gerufen«, sagte Jack.

Sie hatten es bestimmt nicht getan: Dazu waren diese

Jugendlichen viel zu schlau. Sie würden an keine Autorität abseits der eigenen Familie glauben, würden sich keiner höheren Macht verpflichtet fühlen – und wahrscheinlich hatten sie recht damit.

Noah ging auf und ab, die Hände zu Fäusten geballt, feuerte unverständliches Gift auf Max ab. Niemand machte sich die Mühe, einzuschreiten. Warteten sie darauf, dass Jack es tat?

»Das ist jetzt irgendwie übel«, sagte Alex. Jack reagierte nicht. »Willst du mal nach deinem Freund sehen?«

Jack wirkte unwillig, ging aber hin und hockte sich neben Max. Jack hatte eine Hand auf Max' Schulter gelegt und flüsterte ihm etwas ins Ohr. Max schien ihn zu ignorieren. Dann reichte er Jack etwas in seiner geschlossenen Faust – Jack steckte es in die Tasche seines Sweatshirts. Endlich sah Max hoch, begegnete eine Sekunde lang Jacks Blick. Was immer er sagte, ließ Jack sichtlich zurückweichen. Jack kehrte mit harter Miene zu Alex zurück.

»Vergiss es«, sagte er. »Lass uns abhauen.«

»Was war denn gerade?«

»Ich hab ihn nicht mal eingeladen, den Wichser«, sagte Noah. Diese Tirade richtete er jetzt gegen Jack. »Würde ich diesen Wichser jemals irgendwohin einladen?«

Jack hatte die Hände in der Luft. »Sorry«, sagte er. »Sorry.«

»Ich dachte, du kommst sowieso nicht«, sagte Noah. »Und dann schleppst du diesen Pisser hier an. Solltest du eigentlich gerade nicht trinken und so was?«

»Schon gut«, sagte Jack.

»Es ist nicht schon gut«, sagte Noah. »Der Typ ist voll der Psycho. Lily ist vierzehn.«

»Er hat's nicht so gemeint«, sagte Jack.

»Der Typ kann sich nicht benehmen. Alle hassen ihn außer dir.«

»Noah«, sagte das weinende Mädchen. »Hör auf.«

»Ernsthaft!«, sagte Noah. »Er checkt's einfach nicht«, sagte er zu Jack, »oder? Du bist wirklich krass gestört, oder?«

Die anderen Gäste verfolgten den Wortwechsel wie aus großer Entfernung.

Jack hatte einen Tunnelblick und sah jung aus.

»Komm, wir gehen«, sagte Alex und zog Jack am Arm.

EINEN MOMENT LANG hatte Alex nicht verstanden, wie sie vom Grundstück und zurück zu ihrem Parkplatz kommen sollten. Das Tor war automatisch und wurde durch Autos ausgelöst, aber nicht durch Alex und Jack, und sie dachte über das Problem nach. Könnten sie drüberklettern oder sich an der Seite vorbeiquetschen? Vielleicht beobachtete jemand vom Haus aus ihren Aufbruch: Das Tor schwang plötzlich auf.

Jacks Gesicht war zur Grimasse erstarrt, sein Gang unsicher.

»Worum ging's denn gerade?«, fragte Alex.

»Um nichts«, sagte er. »Die Leute hassen Max. Ich weiß nicht. Er hat Lily Drogen besorgt, aber sie hat ihn drum gebeten, also ist es eigentlich gar nicht seine Schuld. Noah benimmt sich wie n Arsch.«

Sie folgte ihm zum Auto. Alex hatte angenommen, sie würden hier schlafen, auf der Party.

»Wo können wir hin?«, fragte sie. »Vielleicht können wir bei dir schlafen?«

Jack sah wahrhaft verzweifelt aus angesichts dieses Vorschlags, wahrhaft desorientiert.

»Mein Dad ist zu Hause. Mein Dad und meine Stiefmutter. Ich will da nicht hin.«

»Okay«, sagte Alex. »Na dann. Gibt's noch was anderes als das Haus von deinem Dad? Irgendwo?«

Er musste sich am Auto abstützen. »Und bei deiner Freundin?«, fragte er. »Da, wo ich dich abgeholt hab?«

»Da kann ich nicht übernachten«, sagte Alex. »Ich bin gerade ein bisschen zerstritten«, sagte sie. »Mit meiner Freundin.«

Er war zu betrunken, um Anschlussfragen zu stellen.

»Lass mich mal nachdenken«, sagte er. »Keine Ahnung, hier gibt's doch bestimmt ein Hotel, oder so?«

»Hier gibt's ein Hotel?«

Es war keine Gegend, wo es viele Hotels gab: Besucher hatten hier nichts verloren, das war mehr als klar gemacht worden.

»Ich fahr nicht zu meinem verfickten Dad«, sagte Jack plötzlich aufgebracht.

»Schon gut«, sagte Alex, »schon gut, hab ich doch gar nicht gesagt, dass wir da hinmüssen. Wie wär's, wenn ich fahre?«, sagte sie. »Ich fahr uns einfach mal in die Richtung.«

Sie musste den Fahrersitz einstellen. Sie saß so weit oben, als würde sie einen Panzer fahren. Sie ließ den Motor an, und so unglaublich laute Musik ertönte, dass sie erschrak, aber Jack reagierte nicht: Er hatte sich die Sweatshirtkapuze übergezogen, war in den Beifahrersitz gesackt. Er schraubte eine Pillendose auf und deponierte dort ein kleines Tütchen – die Drogen von Max –, und jetzt drehte er die Pillendose in beiden Händen hin und her, pulte mit einem Nagel am Etikett herum, die Füße gegen das Armaturenbrett gestemmt.

»Vielleicht weiß ich ja was«, sagte er schließlich.

»Ich fahr einfach, okay?«, sagte Alex. »Sag mir, wo's langgeht.«

ALEX MUSSTE ZWEIMAL wenden, weil Jack vergessen hatte, ihr zu sagen, wann sie nach links musste, er kannte die Straßennamen nicht.

»Wenn ich's sehe, weiß ich's«, sagte Jack. »Da ist ein Haus an der Ecke, bevor man abbiegt.«

Als Alex den Rückwärtsgang einlegte, sprang die Kamera an und zeigte ein Videofeed vom Asphalt. Es war verwirrend.

Sie fuhren denselben Weg zurück, den sie gekommen waren.

»Wieso erzählst du eigentlich nie was?«, sagte Jack plötzlich.

Alex konzentrierte sich auf die Straße. »Was denn zum Beispiel?«

»Egal was. Ich weiß nicht mal, wo du herkommst. Ist doch schräg, oder?«

»Ich weiß nicht«, sagte sie. »Ist halt langweilig.« Sie waren durch diese Straße schon durchgekommen: Angestrengt versuchte sie zu erkennen, ob ihr die Tankstelle bekannt vorkam oder nicht, der geschlossene Farmshop und ein Feld, das in Reihen geteilt und mit einem Plastiknetz zugedeckt war.

»Nicht schlimm schräg«, sagte Jack. »Ich will's nur wissen. Wo du herkommst.«

»Ach so. Von Upstate.« Hatte sie das nicht schon beim Abendessen gesagt? Sie warf ihm einen Blick zu – war er womöglich zu betrunken, um sich morgen überhaupt an dieses Gespräch zu erinnern?

»Und jetzt«, sagte er, »wohnst du in der Stadt. Und studiert hast du in –«

»Auch in der Stadt. Ich bin langweilig«, sagte sie.

»Nein.« Er setzte sich im Beifahrersitz etwas aufrechter hin. »Bist du nicht.« Er gab einen leisen Rülpser von sich, schluckte ihn herunter.

Wenn es hart auf hart käme, könnten sie am Strand parken und hinten im Auto schlafen. Das wäre in Ordnung, und sie hatte sich bereits damit abgefunden, als Jack plötzlich gegen die Scheibe tippte.

»Hier«, sagte er, »fahr mal hier rechts. Da rein.«

Sie glitten durch eine Wohnstraße. »Wo fahren wir hin?«

»Dieses hier«, sagte Jack vor einem schwarzen Tor mit Hecken zu beiden Seiten. »Genau, fahr hier rein.«

»Da ist ein Tor.«

»Ja, ich weiß den Code.«

Alex ließ das Fenster herunter.

»Raute-eins-neun-sieben-eins.«

Die Gegensprechanlage piepte atonal, das Licht blinkte rot.

»Versuch's noch mal.«

Es funktionierte noch immer nicht.

»Jetzt versuch's noch mal ohne die Raute?«

Nichts.

»Dann haben sie ihn wohl geändert«, sagte Jack. »Warte mal.«

Er stieg aus, ließ aber die Beifahrertür offen, der Alarm

machte in regelmäßigen Abständen pling. Im grellen LED-Licht der Scheinwerfer sah sie Jack zu, wie er sich hinhockte, um einen Arm und eine Schulter zwischen Hecke und Tor zu schieben. Als das Tor quietschend aufzugehen begann, sprang er hoch und zog sich zurück ins Auto. Er grinste. »Da ist ein Knopf«, sagte er, »auf der anderen Seite. Easy.«

9

AUF DEM GRUNDSTÜCK gab es keine Lichter, nirgendwo, nur der Einschnitt der Scheinwerfer in der Auffahrt. Dann der schwache Umriss eines Hauses, dunkler als der Himmel. Als sie vorfuhren, sah Alex, dass es eigentlich zwei Häuser waren – ein kleines Haus mit grauen Schindeln, wie ein vollendet rechteckiger, vom Himmel gefallener Bauklotz, und ein größeres Haus, halb bedeckt von einer Plane, die im Wind ein schweres, reißendes Geräusch machte.

»Gut?«, fragte Jack zu ihr gewandt.

Sie lächelte, sagte aber nichts, und sie bemerkte, wie ihn ihre Zurückhaltung munter werden ließ.

Alex stieg hinter ihm aus dem Auto, ließ aber ihre Tasche drin liegen, bis sie sah, ob das Ganze etwas taugte.

Das Haus, erzählte Jack, gehöre der Familie seiner Freundin von der Highschool.

»Die sind voll nett«, sagte er. »Die ganze Familie.« Sie schloss daraus, dass sie sich nahegestanden hatten, dass die Familie gut zu Jack gewesen war. Dennoch sprach Jack nur von den Eltern, wie großartig sie seien. Er sagte nichts Konkretes über seine Freundin. War das seltsam? Die Eltern hätten Jack auf Familienausflüge mitgenommen. Hätten mit seinem Vater gesprochen, als es schlimm geworden sei. Sie seien für ihn eingestanden, sagte Jack.

»Wo sind sie jetzt?«

»Die sind normalerweise den ganzen Sommer hier, aber das Haus wird gerade renoviert.« Er deutete auf die Plane. »Siehst du den ganzen Kram?«

»Also sind morgen früh Leute hier? Bauarbeiter?«

»Nee«, sagte er. »Das Haus ist historisch, also meinte die Gemeinde, sie müssen aufhören mit dem Bauen. Die verklagen sie jetzt, oder so was. Mein Dad sagt, es ist Schwachsinn, ein altes Haus zu kaufen. Hat man nur Probleme mit. Das Poolhaus«, sagte er und zeigte auf das kleinere Gebäude.

»Warum wohnen sie nicht einfach da?«

Jack zuckte mit den Achseln. Vielleicht war ihr Sommer ein wertvolles Gut, eines, das keine Störung dulden konnte, keine Verkleinerung.

SIE UMRUNDETEN DAS Poolhaus zweimal, Alex folgte Jack. Alle Türen waren abgeschlossen. Jack probierte die gläserne Schiebetür, ohne Erfolg.

Jack sah aufgewühlt aus. »Scheiße.« Er trat gegen die Erde. »Fuck.« Er setzte sich im Schneidersitz in die Auffahrt. »Tut mir leid.«

Alex umrundete erneut das Poolhaus, schaute nach möglichen offenen Fenstern. Nichts.

Jack saß noch immer auf dem Boden, in diesen Schaffellpantoffeln. Den Kopf in den Händen, die Kapuze übergezogen.

»Haben die irgendwo einen Schlüssel deponiert?«

»Keine Ahnung«, sagte Jack. »Es war einfach immer auf, wenn ich hier war.«

Alex hob ein paar Steine hoch, die neben der Tür des Poolhauses lagen. Dann ging sie an die Hintertür. Sie drückte die

Finger in die Erde einiger Topfbäume, bis sie ihn fand – einen Satz Schlüssel mit rotem Plastikanhänger am Ring.

»Scheiße«, sagte er, als Alex ihm die Schlüssel reichte. »Woher wusstest du das?«

»Ich weiß nicht«, sagte sie. »Leute sind sich ziemlich ähnlich, weißt du? Wenn du denkst, wo würde ich einen Schlüssel verstecken, dann denken andere wahrscheinlich das Gleiche.«

Die Haustür klemmte ein wenig, und Jack drückte sich mit seinem vollen Gewicht dagegen, bevor sie aufging. Ein dunkles Wohnzimmer, die Luft abgestanden und die Vorhänge geschlossen. Als Jack Licht machte, war eine schmale Küche am Ende eines Durchgangs zu sehen. Ein Flur und eine mit Teppichboden belegte Treppe, von der Alex vermutete, dass sie zu den Schlafzimmern führte.

Sie überprüfte zuerst das Badezimmer – keine verschreibungspflichtigen Medikamente, nur Aspirin und eine Bio-Zahncreme. Alex gab etwas davon auf den Zeigefinger, drückte mit der Zunge die körnige Paste gegen ihren oberen Gaumen. Beim Pinkeln sah sie aufs Handy. Es ging einen Moment lang an, lang genug, um den Fetzen einer neuen Nachricht von Dom zu sehen – *willst du dass ich da rauskomme* –, dann wurde das Display kräuselig grau.

Sie betrachtete den Druck an der Wand: ein Schwarzweißfoto von einer riesigen aufgestauten Welle.

JACK LAG AUF der Wohnzimmercouch. Er hatte noch die Schuhe an und die Sweatshirtkapuze über dem Kopf.

»Alles okay?«

»Ich hab Kopfweh.« Er hatte seine Sweatshirttasche geleert – die Pillendose lag dort auf dem Wohnzimmertisch neben seinem Telefon.

»Willst du ein Glas Wasser?«

Er rührte sich nicht.

Der Küchenfußboden war mit schwarzweißen Quadraten gefliest. In der Speisekammer gab es viele Sorten ungeöffnete Salzkräcker. Perlender Apfelcidre (alkoholfrei), eine riesige Plastikdose mit wächsernen Schokomandeln. Partysnacks. Der Kühlschrank war leer bis auf eine orangefarbene Schachtel Natron. Ein paar Tüten frostgeschädigte Ananas und eine Tiefkühlpizza im Gefrierschrank, eine wolkige Flasche Tequila. Sie riss eine Hülse Salzkräcker auf und aß eine Handvoll der dünnen runden Scheiben, gepudert mit schwarzem Pfeffer, bis ihr vor lauter Trockenheit flau wurde. Sie füllte ein Glas mit Leitungswasser und brachte es ins Wohnzimmer.

Jack schnarchte, zusammengerollt zu einer Kugel, halb eingekeilt zwischen den Sofakissen. Sie ließ das Glas auf dem Wohnzimmertisch stehen. Sie warf einen Blick auf die Pillendose. Darin waren Tabletten und das kleine Baggy von Max. Das Etikett war in Jacks Namen ausgestellt. Der Medikamentenname sagte ihr nichts. Sie wusste, dass sie ihn nicht googeln würde. Ahnte sie bereits, dass er nur etwas bestätigen könnte, was sie nicht unbedingt bestätigt haben wollte?

ALEX SPAZIERTE DURCH die anderen Räume. Man bekam ein Gefühl für die abwesende Familie. Wie sie die Hinterlassenschaft des Lebens ordentlich, entzifferbar machte, selbst in diesen Nicht-Räumen. Selbst im Poolhaus herrschte ein

Impuls zur Ordnung. Die Handbücher für die Elektronik in einer Schublade organisiert und etikettiert. Alle Systeme am Platz, allen Unwägbarkeiten Rechnung getragen.

Was war diese ehemalige Freundin für ein Mensch? Alex stellte sich ein stilles Mädchen vor, das Tagebuch schrieb und Tennis auf Landesebene spielte und für jede Prüfung fleißig lernte. Waren sie verliebt gewesen, sie und Jack?

Im Garderobenschrank waren Klamotten, aber keine schönen – sie sahen aus wie Wechselkleidung, Pullover und ein Regenmantel, Gummistiefel, ein Korb voller Flipflops. Kein Geld in den Taschen der Mäntel, keins in den Schubladen. Ein paar 25-Cent-Stücke, ein Zwanziger in einem Schrank im Wäschezimmer, der aussah, als wäre er mitgewaschen worden, ausgelaugt und farblos. Er war fast durchgerissen; sie steckte ihn gefaltet in ihre Tasche. Durchs Fenster sah sie, dass in Jacks Auto immer noch Licht brannte. Es erzeugte einen seltsamen aquatischen Schein, als wäre das Auto voll mit Wasser. Sie ging hinaus, um ihre Tasche zu holen. Warf die Autotüren fest zu, sodass das Licht ausging.

Jack schlief nach wie vor.

»Gute Nacht«, sagte Alex, und ihre Hand ruhte für eine kurze Sekunde auf seiner Schulter. Er drehte sich um, sein Gesicht war eingedrückt von den Kissen, rosa und feucht.

»Hab dich lieb«, murmelte er reflexhaft, schmatzte mit den Lippen, streckte die Beine aus. Er hatte immer noch seine Schaffellpantoffeln an.

»Willst du mit ins Bett kommen?«

»Bleib bei mir«, sagte er und schmiegte sich an die Seite, um ihr Platz zu machen, die Augen noch immer geschlossen, und obwohl sie das Schlafzimmer gesehen hatte, den sauberen Raum, das Bett frisch bezogen, schlüpfte sie aus den Schuhen, den Jeansshorts und legte sich zu ihm auf die Couch.

Gut, dachte sie, gut. Und so brach wellenartig der Druck, der den ganzen Abend auf ihr gelastet hatte, und ging über in ein stetes Summen aus nichts. Ein weiterer Tag war fast vorbei. Ein paar Tage noch bis zur Party. Im Grunde zwei Tage. Und obwohl Dom wusste, dass sie hier draußen war, wusste er nicht, wo genau sie war. Was wollte er denn machen, durch die Straßen ziehen und nach ihr suchen? Sie brauchte keine Angst zu haben. Nicht hier draußen jedenfalls. Nicht in diesem Moment.

»Mh«, murmelte Jack und griff nach ihr. »Baby«, sagte er und zog sie zu sich heran.

Sie würde hier nur kurz liegen bleiben, dachte sie, sagte sie sich, doch als sie die Augen aufschlug, war das Zimmer hell und Jack schlief seelenruhig neben ihr, und das unangerührte Glas Wasser auf dem Wohnzimmertisch füllte sich mit Sonnenlicht.

ALEX SCHLOSS DIE Schiebetüren auf, um zum Pool zu gelangen, der unter einer straff gespannten, grauen Plastikabdeckung lag. Der Tag war schon heiß. Alex war in Unterwäsche und barfuß, in einem zusammengeknoteten T-Shirt, das ihren Bauch entblößte. Zweieinhalb Schmerztabletten, heute Morgen – das erschien maßvoll, verantwortungsbewusst, wobei sie vor allem deshalb weniger genommen hatte, weil immer weniger Pillen da waren. Simons Party war in zwei Tagen. Die andere Hälfte würde sie am Nachmittag nehmen, noch eine Pille am Abend, wobei es besser wäre, wenn sie sich bis morgen zurückhalten könnte, und wenn sie dem Drang widerstünde, sich gleich zwei einzuwerfen, hätte sie genug, um die Party durchzustehen.

Sie wollte nicht daran denken, was sie tun würde, wenn die Pillen aufgebraucht wären. Aber bis dahin wäre sie ja wieder bei Simon. Also wäre es ein lösbares Problem.

Durch die gestohlene Sonnenbrille sah die Poolsituation vielversprechend aus. Es gab einen in den Boden eingelassenen, zugedeckten Whirlpool. Ein paar Terrassenstühle ohne Sitzkissen, nur spinnenartige schwarze Eisenrahmen. Sie umrundete den Pool und beugte sich in regelmäßigen Abständen herunter, um die Haken der Plane loszumachen. Als sie die Plane wegzog, verließ sie der Optimismus. Das Wasser war dreckig. Keksfarbener Schaum trieb auf der Oberfläche, sichtbarer Schmutz hatte sich am Boden des Beckens abgelagert. Sie hockte sich hin: Das Wasser war eiskalt.

Der Gartenschuppen war mit einem Vorhängeschloss versehen, aber bestimmte verblasste Ziffern verrieten die Kombination. Sie musste nur mit dem letzten Rädchen experimentieren, probierte die letzte Ziffer und dann die Ziffer davor. Das Vorhängeschloss klappte auf. Im Schuppen war ein automatischer Poolreiniger, der Schlauch war ordentlich aufgerollt und an einer Werkzeugwand aufgehängt, aber sie wusste nicht, wie man ihn bediente. Einfacher also, den blauen Kescher zu benutzen.

Es war beruhigend, den Kescher ins Wasser zu tauchen, anzufangen, den Dreck einzusammeln, den nassen Blätterbrei. Die Pillen hatten den gewünschten Effekt, erzeugten ein angenehmes Engegefühl in der Brust. Sie verfiel in einen schönen Rhythmus, schöpfte mit dem Kescher die Oberfläche ab, versuchte, die Inseln aus Abfall nicht aufzuwühlen. Selbst nach einer soliden Runde Arbeit wurde der Pool nicht sauberer, das Wasser behielt seinen schimmernden Schleier. Zu eklig zum Schwimmen. Und zu kalt sowieso. Na ja. Na ja.

Sie gab das Netz auf. Sie legte sich in die Sonne.

Es war nicht mal eine Woche her, seit sie Simons Haus verlassen hatte – war das möglich? Konnte sie überhaupt zählen, wie viele Tage vergangen waren? Nicht ohne Mühe. Sie hatte Simons Haus am Dienstag verlassen. Heute war Samstag. Die Zeit hatte begonnen, sich ein bisschen verschwommen anzufühlen, ein bisschen unwirklich.

Es war eigentlich nicht hinnehmbar. Unerträglich. Aber andererseits *war* es ja hinnehmbar gewesen, oder? Denn jetzt war sie hier. Ein vertrautes Gefühl, ein trübes Gefühl, das sie allzu leicht heraufbeschwören konnte. Die Zeiten, in denen sie mit Sicherheit wusste, dass sie nicht existierte. Erst war es schrecklich gewesen. Bestimmte Tage in der Stadt, die vorbeigingen, ohne dass irgendetwas einen Eindruck auf ihr hinterließ. Schwere Sommergewitter draußen. Alex, die an ihren Beinen pulte, bis sie bluteten, tütenweise Karotten aß, bis ihr schlecht wurde – und trotzdem weiteraß. Schließlich verdichtete sich die Übelkeit. Bestimmte Nachtstunden, in denen der Untergang schrecklichen Sinn ergab, in denen er den einzig möglichen Ausweg darzustellen schien.

Es war weniger beängstigend, sich jetzt so zu fühlen. Hier am kalten Pool. Vielleicht war sie ja der Geist, der zu sein sie sich immer eingebildet hatte. Vielleicht war es eine Erleichterung.

SIE DUSCHTE SCHNELL, dann trocknete sie sich mit einem der großen Badetücher ab. Kämmte sich die Haare und zog sich einen schnurgeraden Mittelscheitel. Es war zu heiß, um etwas anderes anzuziehen als Unterwäsche und ein neues T-Shirt. Jack schlief noch. In ihrer Abwesenheit hatte er auf der Couch alle viere von sich gestreckt, die Glieder sicherlich unbequem abgewinkelt. Es war fast Mittag.

Es gab eine Kaffeemaschine in der Küche, aber keinen Kaffee. Sie kochte Wasser für Tee, die Teebeutel waren knusprig und trocken. Der Tee schmeckte in Ordnung, stark genug für einen kleinen Koffeinflash.

Alex zog sich Schuhe an, um das Haupthaus zu erkunden. Es war so überdimensioniert, fast schon repräsentativ. All diese Herrenhäuser hier draußen waren Sommerpaläste. Drinnen, vermutete sie, gäbe es bessere Sachen: bessere Kleidung, bessere Medikamente, doch die Türen waren natürlich abgeschlossen, und die stahlblaue Plane war fest verzurrt über das halbe Dach, während alles andere grau und beige und grün war. Sie umrundete die Fassade. Die Vorhänge und Jalousien waren zugezogen, doch durch einen Spalt konnte sie etwas erkennen, das nach Wohnzimmer aussah: nichts an den Wänden. Also hatten sie die schönen Dinge eingelagert, vermutete sie. Ein paar klobige, mit Laken bedeckte Möbelstücke, mit Klebeband befestigte Pappe auf dem Boden, um einen Gang zu bilden. Soweit sie sagen konnte, hatten sie das halbe Dach demoliert, bevor die Bauarbeiten aufgehört hatten. Und hier, durch den Spalt, konnte sie das regelmäßige Blinken eines roten Lämpchens an einem Paneel neben der Tür sehen. Das Haupthaus war natürlich gesichert.

Jack wäre bald wach, und er würde wahrscheinlich Anstalten machen, in den Tag zu starten, zurück zu seinen Eltern fahren. Alex fragen, wo er sie absetzen sollte. Was würde Alex dann machen?

Es rauschte auf sie zu, all das Gehetze, das sie zwischen jetzt und der Party auf sich nehmen müsste. Sie überließ sich der Vorstellung, aufzugeben. Stellte sich vor, sich von Jack am Bahnhof absetzen zu lassen, zurück in die Stadt zu fahren. Sie tat so, als wäre das eine Option. Sie wusste, dass es keine war.

Warum nicht hierbleiben, auf diesem leeren Grundstück, in diesem unbenutzten Poolhaus? Nur bis zur Party. Zwei Tage: fast gar keine Zeit. Die Besitzer kümmerte das Poolhaus nicht mal genug, um eine Alarmanlage einzubauen. Wäre es nicht einfach eine effiziente Verteilung von Ressourcen, Füllmasse, die in eine Leere strömte?

Also: sich irgendeinen Ort einfallen lassen, wo Jack sie absetzen könnte, und dann wieder herkommen. Sie ermahnte sich, sich vor dem Aufbruch die Adresse zu merken. Sichergehen, dass sie verstanden hatte, wie das Tor aufging. Die Logistik drängte schon wieder herein, machte sie müde – das war es, was Leute wie Simon vermeiden durften, die unaufhörliche Mühle der Ängste, die sträflich dringend und gleichzeitig sträflich langweilig war.

JACK WAR NICHT im Wohnzimmer. War nicht in der Küche. Sie fand ihn draußen am Pool, er saß auf einem der kissenlosen Terrassenstühle. Er hatte wieder diese Schaffellpantoffeln an.

»Ich dachte schon, du bist vielleicht gegangen«, sagte Jack.

»Nö«, sagte Alex. »Bin noch da.«

Er lächelte. Bedeutete ihr vorsichtig, zu ihm zu kommen.

Noch eine Möglichkeit – Jack könnte mit ihr hierbleiben. Wäre das nicht die sicherste Variante? Oder könnte sie mit zu seinem Vater kommen?

Sie trat nah genug heran, um den Schlaf in seinen Augen zu sehen.

»Was hast du heute vor?«, fragte Alex. »Kannst du noch ein bisschen abhängen?«

Bevor er reagieren konnte, setzte sich Alex, noch immer in Unterwäsche und T-Shirt, auf seinen Schoß. Als sie ihn küsste, war sein Atem dezidiert unangenehm – aber irgendwie wurde das von der Jugend neutralisiert, also störte es sie nicht so sehr. Sein Mund war zu fordernd, doch seine Hände hingen schlaff an seiner Seite. Sie musste eine Hand packen und sie physisch auf ihre Brust legen.

»Gott«, sagte Jack, und sein Gesicht wurde weich.

DER JUNGE HATTE ein Muttermal auf der Schulter – Alex ahnte, dass er sich deshalb genierte, denn Jack verfolgte ihren Blick, während sie ihm das T-Shirt auszog. Überraschenderweise war er unbeschnitten. Sein Schwanz hatte dieselbe gleichmäßige Bräune wie der restliche Körper – wie war das möglich? –, seine goldblond gelockten Schamhaare, die bis an die Oberschenkel reichten, die schlanken Waden. Er nahm seinen Schwanz in zwei hohle Hände und sah sie an. Sie begriff, dass er verlegen war, doch es war einfach, ihm die Verlegenheit zu nehmen, einfach zu lächeln, zu zeigen, dass sie nichts, aber auch gar nichts in irgendeiner Weise aus der Fassung bringen würde.

Das war es doch, was sie alle wollten, oder? Im Gesicht eines anderen Menschen pure Akzeptanz zu sehen. Eigentlich simpel, aber so selten, dass Leute es nicht von ihren Familien erfuhren, von ihren Partnern, es sich suchen mussten bei jemandem wie Alex.

Er war dankbar, über die Maßen dankbar, als Alex sich vor ihn hinkniete und ihr eigenes T-Shirt auszog.

»Oh Gott«, sagte er.

Seine Stirn war schweißnass. Die Macht, die sie spürte, war fast erschütternd, das Wissen um jedes kleinste Anzeichen von Jacks Unsicherheiten, seinen Bedürfnissen. Wie damals, als sie neu in die Stadt gezogen war und die Menschlichkeit der Männer sie überwältigt hatte, sie psychisch erschöpfte. Aber dann war irgendein Schleier gefallen, oder Alex hatte sich angepasst. Die Männer hatten aufgehört, eigentümlich zu sein. Es machte die Sache einfacher.

Jack sah nachhaltig schockiert aus angesichts dessen, was geschah, wie sein Körper ihn mitriss.

»Fühlt sich das gut an?«, fragte sie.

Er nickte.

»Hier«, sagte sie und breitete sein abgelegtes T-Shirt auf der Terrasse aus. Der Beton war warm von der Sonne.

»Sollen wir ins Haus gehen?«

»Nö.« Sie tätschelte den Boden neben sich. »Komm her.«

Er schwieg die meiste Zeit. Wann immer sie etwas sagte, schien es ihn noch mehr zu entflammen, egal wie banal die Sätze waren, wie abgedroschen.

»Du fühlst dich gut an«, sagte sie ihm ins Ohr. Er bebte.

Sie musste ihn mit der Hand führen; er stocherte auf eine Weise auf sie ein, die den Eindruck machte, dass er nicht viel Erfahrung hatte. Er spielte nur die offensichtlichsten Bewegungen durch, das Allergrundlegendste. Dennoch. Sie war feucht genug, um es an den Schenkeln zu spüren, auf seinem ausgebreiteten T-Shirt.

»Gott«, sagte er immer wieder. Sein Gesicht war gerötet. »Gott.«

Als er fertig war, sah er schockiert aus, krank.

»Danke«, sagte er mit unscharfem Blick, keuchend, während er hinauf in den Himmel sah. »Fuck.«

SIE SCHAUTEN EINEN Film. Ein Cop hatte sich das Gesicht eines berühmten Verbrechers transplantieren lassen, aber dann nutzte der Verbrecher das Gesicht des Cops als sein Gesicht und irgendwie ergab das im Universum des Films einen Sinn, wo Gesichter reißverschlussartig von Körpern abgetrennt werden konnten, in Petrischalen herumschwammen, bis sie gebraucht wurden.

»Die Effekte sind voll billig«, sagte Jack. »Guck mal, er sieht ihm nicht mal ähnlich, man sieht sofort, dass das nur ein Stuntman ist.«

Jacks Haare waren feucht, Jack, in seiner Boxershorts und dem T-Shirt, nahm regelmäßige Züge von seiner Vape. Alex trug Unterwäsche und sonst nichts, hatte den Kopf auf Jacks Schulter gelegt. Sie aßen Schokomandeln aus der Plastikdose – sie konnte nicht aufhören, eine Handvoll nach der anderen, und die billige Schokolade schmolz in ihrer Handfläche, und sie fiel in Zuckertrance.

Jack war in mancherlei Hinsicht schockierend selbstsicher. Er kicherte ungehemmt über den Film. »Face off«, sagte er zu sich. Lachend. »Face. Off.« Er forderte ihre Aufmerksamkeit, wenn er sprach. Er hatte seine Unsicherheiten, seine Ängste, aber alldem lag die Sicherheit zugrunde, dass die Welt sich großzügig zu ihm ausrichten würde.

»Wieso schreibst du eigentlich nie mit Leuten?«, fragte Jack während eines Werbespots. »Du guckst nie auf dein Handy.«

»Das ist irgendwie kaputt.«

»Musst du keinem Bescheid sagen, wo du bist?«

Alex lachte, achtete auf einen leichten Tonfall. »Eigentlich nicht.«

»Ist ja schräg.«

»Schräg?«

»Ich weiß nicht, du machst einfach, was du willst?«

Aus Jacks Mund klang das schön. Alex zuckte mit den Achseln. »Meistens. Und, ich meine, ist ja Sommer, oder?« Es war schon September – daran versuchte sie nicht zu denken.

»Du hast's gut.« Er schob sich mit der einen Hand noch mehr Schokomandeln in den Mund, den anderen Arm hatte er um ihre Schulter gelegt. »Ich wünschte, ich würde allein wohnen.«

»Du studierst doch bald«, sagte sie. »Richtig?«

»Ja«, sagte er und warf ihr einen schnellen Blick zu. »Ja, voll. Aber jetzt, meine ich. Ich wünschte, ich hätte jetzt ne eigene Wohnung. Ich wünschte, irgendwie, wir könnten einfach hierbleiben und ich müsste nie wieder nach Hause.«

Sie hielt den Blick weiter auf den Fernseher gerichtet – so war es besser, lässiger.

»Könntest du nicht?« Sie begutachtete ihre Fingernägel.

»Hierbleiben?«, fragte Jack.

»Aber deine Eltern sind wahrscheinlich …«, sagte sie.

»Mein Vater wär froh, wenn ich weg wäre. Denen ist es egal.«

»Bestimmt nicht«, sagte Alex. »Bestimmt ist es ihnen nicht egal«, wobei sie selbst nicht daran glaubte. Nicht mal bei Leuten wie Jack, mit Eltern wie seinen. Oder bei den Jugendlichen auf der Party am Vorabend. Vor Hunderten von Jahren hätten ihre Eltern ihre Babys vielleicht im Wald ausgesetzt. Stattdessen zog sich die Vernachlässigung über Jahre hin, ein Verwelken in Zeitlupe. Die Kinder wurden nach wie vor ausgesetzt, im Wald zurückgelassen, nur dass der Wald wunderschön war.

Und außerdem fühlten sich die meisten nicht so, wie sie sich fühlen sollten. Liebe als eine Art Sammelbegriff, dessen Anrufung allein schon genügte, um nicht einräumen zu müssen, wie es einem wirklich ging. Jack hätte es leichter, wenn er nicht so viel erwarten würde, wenn er begreifen würde, dass diese Worte nur auf Bedeutung hinwiesen, nicht die Bedeutung selbst waren.

»Eigentlich ist es nur mein Dad«, sagte Jack. »Und der ist ein Psycho. Ich sollte einfach hierbleiben. Scheiß drauf.«

Sie lachte, als hätte Jack einen Witz gemacht. Es musste so aussehen, als wäre es seine Idee gewesen, musste sich anfühlen wie etwas, das er in die Tat umsetzte. Er schaltete um. Sie sahen Werbung, dann den Teil einer Show, wo zwei Männer Kaviar fraßen, während die Lacher vom Band kamen. Ihre Hände waren körnig davon, ihre Kinne übersät, der Kaviar glitzerte wie winzige schwarze Diamanten.

ES HATTE ETWAS befriedigend Häusliches, eine Ladung Wäsche zu waschen. Als wäre es Alex' Haus und nicht das eines Fremden.

»Wieso hast du all diesen Kram dabei?«, fragte Jack. »All diese Klamotten?« Er saß auf dem Trockner, eine Hülse Kräcker in der Hand. Er kaute mit offenem Mund, der eine wiederkehrende Lapsus in seinem Benehmen.

»Nur für alle Fälle.« Sie drückte auf Start, rauschend lief das Wasser ein. Sie klappte den Deckel zu.

»Sollen wir schwimmen?«, fragte er.

»Der Pool ist eklig«, sagte Alex. »Strand? Wie nah sind wir?«

»Lass uns die Räder nehmen«, sagte er schlagartig energetisiert.

In der Garage stand eine Flotte Fahrräder, Fahrräder und Klappstühle und ein Regal mit neu aussehenden Surfbrettern und die fehlenden Terrassenpolster unter einer Plane gestapelt. Obwohl es ziemlich mühsam war, sich Spinnweben in ihren Haaren verfingen, schoben sie zwei Räder hinaus in die kiesbedeckte Auffahrt. Er pumpte die platten Reifen mit einer staubigen Luftpumpe auf. Spinnen hatten sich in den Pedalen eingerichtet, über die Lenkstangen hinweg – Alex sammelte mit einem Stock die Spinnweben und zwirbelte so lange, bis das Ende wattig war. Eine Spinne huschte auf sie zu: Sie schleuderte den Stock in die Hortensien.

Sie packten einen alten Stoffbeutel, den sie im Schrank bei den Handtüchern gefunden hatten, ihr Buch, Jacks Vape. Noch eine Hülse Salzkräcker. Eine Thermoskanne, die sie mit Tequila und Sprudelwasser und einer Handvoll tiefgefrorener Ananasstücke gefüllt hatte, warum nicht. Die

Ananas erschien Jack wie ein Geniestreich. Er nahm einen Schluck, bevor sie den Deckel zuschraubte.

»Superlecker«, verkündete er. Jack trug einen weißen Anglerhut, ebenfalls aus dem Schrank ausgegraben, und eine Sonnenbrille, die einer Frau zu gehören schien.

Zum Strand war es eine zehnminütige Fahrt – Alex strampelte so kräftig, dass ihre Haare flogen, die Rasenstücke und Hecken in gutem Tempo vorbeizogen, aber nie so schnell, dass sie sie nicht detailliert hätte ausmachen können. Jack radelte mit einem Mal schnell, wie ein kleines Kind, dann stellte er sich auf die Pedale und glitt dahin, warf einen Blick über seine Schulter, um zu sehen, ob sie folgte.

»Du bist voll lahm«, sagte er und radelte in weiten trägen Kreisen um sie herum.

Er navigierte selbstsicher, bog in eine schattige Gasse, folgte der Kurve entlang einer grasigen Weide. Als hinter ihm Autos kamen, hatte er es nicht eilig, ihnen Platz zu machen.

SIMON WAR NUR das eine Mal mit Alex am Strand gewesen: Sie hatte sich daran gewöhnt, die Tage allein am Strand zu verbringen. Es machte mehr Spaß, wenn jemand dabei war.

Jack war ein guter Schwimmer, verspielt wie ein Hund im Wasser, er zog sie mit unter eine Welle, sodass sie beide prustend wieder auftauchten. Sie hatte ihre Arme um seinen Hals, ihre Beine um seine Taille gelegt. Anfangs traute er sich nicht, sie zu küssen, obwohl sie ihm anmerkte, dass er gern wollte. Als er es tat, waren seine Lippen kühl und salzig.

Sie gingen erst aus dem Wasser, als ihre Finger runzlig

wurden. Dadurch wurde offensichtlich, dass Jack an den Nägeln kaute – die Haut dort war schockweiß, schartig abgenagt. Man konnte kaum hinsehen.

Die Sonne war stark heute, das Wasser auf ihrer Haut trocknete fast sofort, und das Handtuch war groß genug, dass sie Seite an Seite liegen konnten. Sie reichten die Thermoskanne hin und her, das Eis klimperte darin, beide trugen ihre Sonnenbrillen. Sie war sich dunkel bewusst, dass sie nach Dom Ausschau hielt. Aber nach einer Weile ließ sie es sein. Es war Quatsch. Eine Frau ging vorbei, fingerte an ihrem Telefon herum und warf Alex und Jack einen Blick zu. Aus Gewohnheit verkrampfte sich Alex. Aber Alex machte sich verrückt. Da war nichts versteckt im Blick der Frau, keine unterschwellige Frage – Alex und Jack ergaben Sinn.

JACK BODYSURFTE, WARF sich immer und immer wieder spielerisch in die Wellen. Er war sogar ziemlich gut. Alex schloss die Augen, nur für einen Moment. Die viele Sonne machte sie schläfrig. Irgendetwas Nasses berührte sie am Bein: Sie zuckte hoch. Ein Hund, schwarz und struppig, schnupperte an ihren Fußgelenken. Sie rutschte weg und zog sich den Beutel auf den Schoß.

»Lauf weiter«, sagte Alex. Sie sah sich um, erwartete den Besitzer des Hundes.

Nichts.

Inzwischen hatte sich der Strand gefüllt, und es trotteten ein paar andere Hunde umher, obwohl man sie eigentlich nicht von der Leine lassen durfte. Dennoch sah es nicht so aus, als würde jemand nach diesem Hund suchen – niemand pfiff, niemand pirschte an den Handtuchreihen vorbei.

Alex tätschelte dem Hund den Kopf. Der Anhänger an seinem Halsband war mit einer Telefonnummer bedruckt. Also gab es einen Besitzer, und er würde jeden Moment hier sein. Sie behielt den Strand prüfend im Blick. Es kam niemand. Mehr konnte sie nicht tun – es war nicht ihr Problem. Der Hund würde letztendlich zurückfinden zu demjenigen, dem er gehörte. Fürs Erste war er mild genug gestimmt und glücklich, sich am Ende ihres Handtuchs zusammenzurollen, den Schwanz schwer auf ihre Füße gebettet. Alex legte sich wieder hin, ließ die Hand über ihre Augen fallen und sank in einen sonnenbekleckten Halbtraum.

Laute Rufe durchbrachen ihren Schlaf. Sie brauchte einen Moment, bis ihr klar wurde, dass das Rufen auf sie abzielte.

»Sie«, sagte die Stimme, »hey Sie, gestreiftes Handtuch.«

Sie blinzelte und setzte sich auf. Die Rufe kamen von einer Frau auf einer nahe gelegenen Decke, die mit einer Hand den schwarzen Hund am Halsband gepackt hatte. Der Mann neben ihr versuchte, den Inhalt eines Weidenkorbs zu beschützen: So wie es aussah, war der Hund schon an das Essen herangekommen und hatte Linsensalat verstreut.

»Ihr Hund«, sagte die Frau, sie kniete. »Können Sie mal Ihren Hund rufen?«

Alex sah sich um. »Das ist nicht meiner.«

»Was?«

»Ich weiß nicht, wem der Hund gehört.«

Die Frau stieß ein harsches Lachen aus. »Wir haben ihn doch bei Ihnen gesehen.«

»Ich hab ihn nicht – er gehört mir nicht.«

Die Frau war jetzt entnervt, ihre aufgesetzte Munterkeit

ließ nach. »Könnten Sie bitte einfach nur Ihren Hund unter Kontrolle bringen?«

Alex merkte, dass andere Leute den Wortwechsel verfolgten. Sie versuchte, einen Gesichtsausdruck anzunehmen, der Entspanntheit ausstrahlte.

»Ich meine, ich helfe gern, aber –«

Alex stand auf und ging hinüber zu der Decke. Die Frau schob ihr den Hund am Halsband entgegen.

»Er gehört mir wirklich nicht«, sagte Alex. Ausnahmsweise log sie nicht. Das erschien wichtig.

Die Frau fegte sich die Rückseite ihrer weißen Shorts sauber, steckte sich die Haare hinter die Ohren.

»In Ordnung«, sagte die Frau und warf dem Mann einen Blick zu. »Klar. In Ordnung.«

JACK WAR TROPFNASS. Seine Nase glänzte vor Sonnenbrand.

»Wem gehört der Hund?«

»Mir«, sagte sie, »anscheinend. Er war auf einmal da.«

Jack bückte sich, um dem Hund die Ohren zu kraulen. »Feiner Junge«, sagte er. »Du bist ein feiner Junge.«

Er sah sich den Anhänger am Halsband an.

»Sollen wir da anrufen?«, fragte Alex.

Jack zuckte mit den Achseln. »Ich hab hier keinen Empfang. Und es kommt ihn bestimmt jemand suchen.« Er hüllte sich in ein Handtuch und zog den Hund zu sich heran. »Er ist noch klein, oder? Du bist noch ganz klein.«

Jack ließ sich von dem Hund den Mund ablecken. »Er mag mich«, sagte er und drückte den Hund mit seinen noch tropfnassen Armen an sich.

Eine weitere Stunde im Sand, die Thermoskanne längst leer, die Sonne ging zur Neige, und keiner von beiden sagte etwas davon, die Nummer am Halsband des Hundes anzurufen. Niemand blieb vor ihrem Handtuch stehen, niemand holte den Hund. Und dann wurde es dämmrig, die Luft war gesprenkelt von beinahe unsichtbaren Mücken, und Jack gähnte. Er schüttete sich die letzten Salzkräckerkrümel in den Mund, dann knüllte er das Plastik zusammen.

»Ich will was Richtiges zu essen«, sagte er.

»Und was ist mit dem Hund?«, fragte Alex.

Er zuckte mit den Achseln. »Wenn die Besitzer gut auf ihn aufpassen würden, wäre doch jemand auf der Suche nach ihm, oder? Komm, wir behalten ihn einfach.«

Sie zog die Augenbrauen hoch.

»Für eine Nacht. Wir rufen morgen früh an. Das wird lustig«, sagte er.

Sie betrachtete den Hund, den fast leeren Strand. Ihr konnte es egal sein, so oder so. Bis irgendeine echte Entscheidung gefällt werden müsste, wäre sie längst bei Simon.

SIE SCHOBEN DIE Fahrräder zurück, beide leicht beschwipst, und der Hund lief hinterher. Die Sonne stand tief genug, dass sie keine Sonnenbrillen mehr brauchten. Der leichte Dunst der Moskitos summte entlang der Baumlinie; Verandalichter gingen an, Autoscheinwerfer auch, obwohl der Himmel noch blau war.

»Ich weiß, wo wir sind«, sagte Alex plötzlich. Sie waren gar nicht weit von Simons Haus entfernt. Das ummauerte Grundstück, die Auffahrt, ausgelegt mit glatten grauen

Steinchen. Simon irgendwo im Innern versteckt, die Räume des Hauses kühl und leer. Er würde sich freuen, sie zu sehen. Auf der Party. Oder nicht? »Ein Freund wohnt hier in der Gegend.«

»Wer?«

Jack betrachtete ihr Gesicht. Warum hatte sie Simon ins Gespräch gebracht? Sie wich Jacks Blick aus.

»Nur jemand, den ich mal kannte. Vor einer Weile. Vor langer Zeit.«

Der Hund starrte zu beiden hinauf.

»Er braucht Wasser«, sagte Alex. »Was geben wir ihm denn zu fressen?«

»Ich kümmer mich drum.« Der Hund schnupperte an Jacks ausgestreckter Hand, schmiegte sich an ihn. »Er mag uns«, verkündete Jack. »Er könnte ja einfach weglaufen, wenn er wollte, macht er aber nicht.«

Jack setzte sich auf das Fahrrad und trat in die Pedale, der Hund trottete nebenher.

»Siehst du?«, rief er über seine Schulter.

Alex stieg ebenfalls auf ihr Rad und versuchte, ihn einzuholen. Jack atmete schwer, er lachte beinahe. Alex spürte es auch. Je weiter sie sich vom Strand entfernten, desto lustiger schien es, der plötzliche Umstand dieses Hundes, das galoppierende Tier an ihrer Seite wie ein Gesandter aus einer anderen, besseren Welt.

»HIER IST DEIN neues Zuhause«, sagte Jack, während der Hund jeden Winkel des Poolhauses untersuchte. Die Couch. Den Küchenabfall. »Ihm gefällt's hier. Das merk ich«, sagte Jack. »Siddhartha sagt, Meditation versetzt einen in den Zustand von Tieren. Er sagt, er selber ist ein Schakal. Im Buch. Das ist doch auch ne Art Hund, oder?«

»Komm, wir geben ihm Wasser.« Alex füllte eine kleine Schale – kaum hatte sie sie auf den Boden gestellt, stürzte der Hund darauf zu und warf sie um. Alex ließ ein Stück Küchenrolle auf die Pfütze fallen. Füllte die Schale erneut.

Jack suchte den Vorratsschrank ab. »Was will er denn fressen? Hmm, Hundi? Was willst du zum Abendessen?« Tiefkühlpizza, beschloss Jack. »Hunde dürfen doch Pizza fressen, oder?«

Während Alex den Ofen einschaltete, ein mit angebrannten Essensresten verschorftes Backblech zutage förderte, schenkte Jack zwei Gläser Tequila ein und ließ in jedes eine Handvoll Eiswürfel fallen.

»Dreißig Minuten«, las er auf der Pizzaschachtel. Er reichte ihr ein Glas. Der Hund sah vom Boden aus zu, die Vorderpfoten ausgestreckt wie eine Sphinx. Jack hatte darauf bestanden, Alex' Telefon reparieren zu wollen – momentan schmiegte es sich in eine Tüte mit alt riechendem Reis.

Jack trank, wischte sich den Mund ab. »Ich will echt nicht«, sagte er, »zurück in die Stadt.«

»Fängt die Schule nicht bald an?« Sie nahm einen Schluck. »Könnte doch lustig werden. Nach der Pause.« Sie konnte an seiner Miene nicht ablesen, ob diese Auszeit von der Schule ein Reizthema war.

»Klar, kann sein.«

»Ich wette, das war seltsam. Nicht dabei zu sein«, sagte sie. »Während alle anderen noch da waren. Deine ganzen Freunde.«

»Na ja, ich musste ja aussetzen, das Jahr. Er hat mich gezwungen. Mein Dad. Und die Schule anscheinend auch.«

»Warum?«

»Ich weiß nicht. Ich war krass gestresst.« Jack starrte an die Decke. »Ich wollte das ja eigentlich gar nicht«, sagte er, »aber die Leute hatten voll Schiss. Ich war einfach ziemlich schlecht drauf wegen so nem Mädchen.«

»Deine Freundin?«

»Genau. Keine Ahnung, wir haben uns dauernd gestritten. Und sie ist nicht ans Telefon gegangen, und ich konnte mich nicht mal entschuldigen. Annie war halt panisch. Aber hauptsächlich waren's ihre Eltern, die ausgerastet sind.«

Er überprüfte ihr Gesicht von der Seite.

»Aber wenn man dann sagt: ›War nicht so gemeint, es war keine Absicht.‹ Dann glauben sie einem nicht. Dabei war's kein großes Ding.«

Alex versuchte weiter ungerührt auszusehen.

»Kriegst du jetzt Panik?«, fragte Jack traurig.

»Nein«, sagte sie, ohne zu wissen, ob das stimmte.

Doch es beunruhigte sie schon. Die Vorstellung, dass Jack labil war, verletzlich. Was hatte er dem Mädchen angetan? Oder sich selbst? Jack in seinem überdimensionierten Auto und seinen Schaffellpantoffeln. Irgendetwas stimmte nicht ganz. Sie war in letzter Zeit so schlecht darin, Menschen zu deuten. Wahrscheinlich war es ein Fehler gewesen, mit ihm hierzubleiben. Eine weitere Fehleinschätzung.

SIE DUSCHTE, SCHRUBBTE sich kräftig die Kopfhaut und hielt das Gesicht mit geschlossenen Augen ins laufende Wasser. Sie musste zu Simon zurück, das war, worauf es ankam, und diese Sache mit dem Jungen war nur ein unglücklicher Irrtum gewesen.

»Alex?«

Ihre Augen klappten auf. Sie erschrak, als Jack im Badezimmer stand, bereits in ein Handtuch gewickelt.

»Sorry«, sagte er. »Kann ich mit rein?«

Ein trauriges Flehen in seinem Gesicht. Sie wollte allein sein. Aber es war leichter, zu lächeln, den Duschvorhang seitlich aufzuhalten, ihn dazukommen zu lassen. Sie seifte seinen Körper ein, den leichten Flaum der Brusthaare, die zwei rosafarbenen Brustwarzen und den flachen Hintern, der picklig, aber trotzdem irgendwie ansprechend war. Jack küsste sie mit geschlossenen Augen, das Wasser traf auf sein Gesicht. Wenn auch sie die Augen schloss, konnte sie so tun, als wäre er Simon. Vorgespult an die Stelle, wenn das hier alles vorbei wäre, Alex zurück an ihrem rechtmäßigen Platz.

Als Alex mit dem Finger um sein Arschloch herumzutasten begann, so wie es Simon gefiel, öffnete Jack die Augen und trat aus dem Duschstrahl.

»Was machst du da?«, sagte er, teils lachend, aber, begriff sie, auch teils ängstlich.

»Fühlt sich das nicht schön an?«

Er gab zu, dass es sich ganz gut anfühlte. »Bisschen komisch.«

»Entspann dich einfach«, sagte Alex.

Es konnte ihr einen Kick geben, verstand sie – der Moment der Erkenntnis, dass Jack es nicht wollte, und der Umstand, im selben Moment inbegriffen, dass sie es trotzdem tun würde. Ihr Finger war jetzt in ihm, und er hatte die Augen geschlossen.

»Alex«, sagte er.

Als er kam, sich gegen die Wand der Dusche stemmte

und keuchte, hatte es auch für sie etwas Befreiendes, als könnte sie jetzt netter zu ihm sein. Als machte diese Sache es beiden leichter, da die Grenzen nun klarer gezogen waren. Sie war ja schon so gut wie weg.

ALS ALEX SICH angezogen hatte, war es dunkel. Jack war nicht im Schlafzimmer, nicht in der Küche, nicht im Wohnzimmer. Auch der Hund war weg. Jack hatte jedenfalls den Ofen ausgeschaltet, die Pizza kühlte auf der Anrichte ab.

Vielleicht war es zu viel für ihn gewesen, und Alex hatte eine Grenze überschritten. Natürlich hatte sie das. Noch eine Sache, die sie abgefackelt hatte. Schwer zu sagen, was genau sie fühlte, ob sie sich wünschte, er wäre nicht gegangen, oder ob sie erleichtert war, allein zu sein.

Es spielte so oder so keine Rolle, denn als sie einen Blick aus dem Fenster warf, sah sie, dass sein Auto noch in der Auffahrt stand.

SIE FALTETE GERADE die Sachen aus dem Trockner zusammen, als sie ein Kratzen an der Haustür hörte. Hatte Jack sich ausgesperrt? Aber es war der Hund, der Hund, der an ihren Beinen hochsprang, kaum dass sie die Tür geöffnet hatte. Sie kniff die Augen zusammen und sah in die Dunkelheit. Jack kam gleich hinterher, seine Schritte waren angespannt und verkrampft. Er sagte etwas ins Handy, bevor er auflegte.

»Wir waren spazieren«, sagte er.

Als er im Haus war, tigerte Jack im engen Kreis herum. »Fuck«, sagte er hauptsächlich zu sich selbst.

»Ist alles okay?«

Es schien möglich, dass er sie gar nicht wahrnahm, so versunken war er in seine Lauferei.

»Mein Dad«, sagte Jack, »ist ein verdammter Wichser.«

Ohne Vorwarnung schlug Jack mit der Faust kräftig gegen die Wand. Der Putz knitterte, ein schwarzes Dreieck öffnete sich nach innen. Der Hund zuckte zurück, und Alex versuchte das Tier dicht bei sich zu halten.

»Hey«, sagte sie, »hey. Wir setzen uns mal hin.«

Jack sah aus, als würde er gleich in Tränen ausbrechen, sein Mund war hart, seine Hände zu Fäusten geballt, doch er ließ sich von Alex zur Couch führen.

Anscheinend hatte Jacks Vater allen Freunden von Jack geschrieben, und Max sagte, er wolle wissen, wo Jack gestern übernachtet habe, und er habe es satt, ständig von seinem Vater kontrolliert zu werden, als sei er ein kleines Kind, und es frage ja auch schließlich niemand seinen Dad, wo der übernachtet hatte auf seinen ständigen sogenannten Geschäftsreisen, oder?

»Ich ersticke«, sagte Jack. »Er gibt mir das Gefühl, ich ersticke.«

»Ist ja gut«, sagte Alex. »Vielleicht braucht ihr beide einfach nur ein bisschen Abstand.«

Jack nickte.

»Genau«, sagte er, »ja, genau das. Ich geh nicht nach Hause. Lass uns einfach hierbleiben, scheißegal.«

»Und ist er einverstanden, dass du dir ein paar Tage Zeit lässt? Hast du ihm das gesagt?«

Noch ein Nicken. »Gott«, sagte er wieder, übermannt, und warf sich zurück in die Kissen.

Es war gut, ihn sitzen zu lassen, das Adrenalin ausbrennen zu lassen. Sie tätschelte Jack den Rücken, nur leicht, um ihre Gegenwart anzudeuten. Er schien kaum mitzubekommen, dass sie da war.

Allein der Hund, der Jack auf den Schoß sprang, stieß ihn aus seiner Trance.

Jacks Miene verzog sich zu einem plötzlichen Lächeln. »Hundi«, sagte er. »Du bist ein feiner Junge, hm? Stimmt's?«

ALEX TEILTE DIE Pizza mit einem Brotmesser in zerlumpte Quadrate. Jack schob ein Quadrat auf ein Stück Küchenrolle. Er nahm kleine Bissen.

Er hatte sich beruhigt: noch einen Drink, noch ein Quadrat Pizza. Er entschuldigte sich für seinen Ausbruch, immerhin. Also war ihm halbwegs bewusst, dass er sich danebenbenommen hatte.

»Ich reparier die Wand«, sagte Jack, eine ganz und gar unwahrscheinliche Möglichkeit, aber eine, von der er überzeugt zu sein schien. Beide wandten den Blick von der gähnenden Öffnung im Gipskarton ab.

Jack pflückte verirrten Käse von der Küchenrolle, rollte ihn zu einem Kügelchen, bevor er ihn sich in den Mund steckte. Er riss ein weiteres Stück für den Hund ab, der erwartungsvoll aufmerkte. Selbst als Jack sich gesammelt zu haben schien, nahm seine Rede wieder Fahrt auf. Ein Gespräch, das er mit sich selbst führte.

»Du hast ihn kennengelernt«, sagte Jack. »Meinen Dad. Du kapierst es also. Hast du's nicht sofort gesehen?«

Jack redete so schnell, dass sie kaum folgen konnte.

Er fing fast an zu weinen, erzählte irgendeine Story über den Welpen, den sein Vater für seine Stiefmutter anschaffen musste. Der Welpe hatte überall hingemacht, die Möbel zerfetzt, und alle, sagte er, seien nur noch sauer auf den Hund gewesen.

Das Schlimmste daran, sagte er, sei gewesen, dass sie den Hund einfach hätten wegschicken können, man könne doch Hunde irgendwohin schicken, und dann kämen sie nach einem Monat oder so zurück, mit perfektem Benehmen, perfekt erzogen. Sie hätten sich aus dieser Sache freikaufen können. Warum gebe sein Vater nicht einfach zu, dass er Hunde eigentlich hasse, dass es ihm egal sei, was mit ihnen passiere? Alle wären glücklicher gewesen.

»Er schimpft einfach nur mit dem Hund«, sagte Jack, »und der Hund hat keine Ahnung, was zur Hölle das ganze Geschimpfe soll.«

Jack war überzeugt, dass Menschen vollkommen transparent sein sollten, dass jeder doch einfach die Wahrheit sagen und auf diese Weise Kummer vermeiden könne.

»Und jetzt wird sie auch noch fett«, sagte Jack. »Meine Stiefmutter. Angeblich hat sie was mit der Schilddrüse – zweimal die Woche kommt ein Arzt, um ihr Spritzen zu geben. Aber sie wird einfach fett. Sorry«, sagte er. Seine Stimme klang, als würden die Worte gewaltsam aus ihm herausgepresst. »Sorry. Ich hör jetzt auf, davon zu reden. Du bist genervt von mir, stimmt's?«

Alex schüttelte den Kopf. »Bin ich nicht.«

»Okay«, sagte er, »sag einfach Bescheid, wenn ich nerve. Okay?«

Er betrachtete sie mit sichtlicher Beklommenheit. Ahnte er, dass sie sich zurückgezogen hatte? Gab ihr das ein Gefühl von Macht, registrierte sie, wie viel Aufregung sie in ihm auslösen konnte, wie genau er ihre Zuwendung verfolgte?

Alex zerknüllte ihr Stück Küchenrolle.

»Wenn es ein Riesending ist«, sagte Alex, »wenn dein Vater wirklich so sauer ist, solltest du vielleicht nach Hause fahren.«

»Es ist nichts«, sagte Jack, und seine Stimme sprang eine Oktave höher. »Wirklich, tut mir leid, okay?«

»Ich weiß nicht, vielleicht ist es einfach besser, du gehst zurück.«

»Ernsthaft?«

Sie reagierte nicht, wusch sich in der Spüle die Hände. Die Energie war gekippt, gestockt. Sein Unbehagen war greifbar.

»Wieso fährst du dann nicht nach Hause?«, fragte er. Seine Stimme kippte fast ins Schrille. Das war neu.

Als sie nichts sagte, schien er zu verstehen, dass er sie gekränkt hatte. Sie war normalerweise besser darin, solche Dinge zu verbergen.

Sie starrten auf verschiedene Stellen im Raum. Ein Geräusch in der Auffahrt zwang sie, Jacks Blick zu begegnen. Er wirkte unbesorgt.

Dann ein Klopfen an der Haustür. Dann jemand, der die Tür öffnete, ohne auf eine Antwort zu warten.

Die Besitzer? Sie stand auf, sofort gewappnet für Ärger, aber Jack reagierte kaum.

»Hey«, rief Jack. »Wir sind in der Küche.«

UND DA WAR Max, er spazierte in die Küche, trank einen schlammfarbenen Smoothie durch einen Strohhalm. Er schlürfte hörbar, lehnte sich gegen den Herd und schob seine schmalen Hüften nach vorn.

»Hallo Alex.«

»Hallo.« Sie lächelte nicht, aber sie wusste, dass sie eigentlich lächeln sollte, dass ein Lächeln normal wäre. Max sah mit undurchdringlicher Miene zwischen ihr und Jack hin und her.

»Wo ist das Klo, Mann?«, fragte Max.

»Gleich da hinten.«

Als Max den Raum verließ, richtete Alex sich auf, sprach aber mit leiser Stimme.

»Du hast deinen Freund eingeladen?«

»Ja? Na und?«, sagte Jack. »Bist du sauer?«

»Ich meine, ich weiß nicht. Wir sind in einem fremden Haus. Es ist nicht gerade ideal, noch mehr Leute einzuladen.«

»Ist doch nur Max«, sagte Jack.

Sie hörte die Toilettenspülung; sie schüttelte bloß den Kopf.

Als Max zurückkam, nahm er sich ein Stück Pizza, schnupperte daran, dann ließ er es zurück auf das Backblech fallen.

»Ich wollte nur mal den Outlaw besuchen«, sagte Max. »Unseren kleinen Ausreißer. Und den neuen Hund.« Er streichelte den Hund mit achtloser Zuwendung.

Alex warf Jack einen Blick zu: Er wirkte unbesorgt über Max' Tonfall. War da Stolz in seinem Gesicht?

»Hat er dir erzählt, dass Robert mich angerufen hat?«, sagte Max zu Alex. »Die drehen durch.« Max schlürfte kräftiger an seinem Strohhalm, dann schüttelte er den Plastikbecher und versuchte, etwas darin zu lockern. »Ich hab ihnen gesagt, ich bin sicher, dir geht's gut.«

Jack zuckte mit den Achseln. Sie sah, dass ihn der Hinweis auf seinen Vater beunruhigte.

»Und dir geht's ja gut«, sagte Max. »Sie sind stinksauer, weil dein Telefon nicht an ist.«

»Mein Akku war die meiste Zeit leer«, sagte Jack. »Keine Ahnung.«

»Aber du hast dich doch zu Hause gemeldet?«, fragte Alex. »Bei deinem Dad?«

Wieder zuckte Jack mit den Achseln.

Max sprach nun Alex an. »Du hast Robert kennengelernt, nehm ich an?«

»Ja«, sagte sie. »Ein Mal.« Jack sah sie nicht an.

»Netter Typ«, sagte Max »Aber nicht sehr glücklich mit unserem Kollegen hier.« Er klatschte Jack auf den Rücken.

»Er ist nicht nett«, sagte Jack.

»Ich sag dazu mal nichts«, sagte Max. »Du bist mein Freund, nicht die. Ich hab ihnen gesagt, ich weiß nicht, wo du bist. Was ja auch ungefähr stimmte. Na ja, bis vor ner halben Stunde oder so.«

»Aber warte mal«, sagte Alex, »es geht doch nur um, was, eine Nacht?«

Nochmaliges Achselzucken.

»Hast du ihm nicht gesagt, du schläfst bei nem Freund oder irgendwas?«

Jack antwortete nicht.

»Du kennst Robert nicht wirklich, oder?«, sagte Max.

»Er macht sich bloß Sorgen«, murmelte Jack.

»Na ja, klar«, sagte Max. »Sie meinten, du hast deine Medikamente zu Hause gelassen.«

Jack wurde rot.

»Ich sag ja gar nichts.« Max gab den Strohhalm auf, pflückte den Deckel vom Plastikbecher und kippte sich den Inhalt in den Mund.

Alex sah von Max zu Jack. Jack zuckte zusammen, sein Blick sprang von ihrem weg.

Die Stille, die sich senkte, war befrachtet, und Max konnte kaum entgangen sein, dass Alex und Jack beide verstummt waren.

»Shit«, sagte Jack, als der Hund sich hinhockte, um zu pinkeln. Er scheuchte den Hund in Richtung Tür. »Ich geh kurz mit ihm raus«, sagte er, »eine Sekunde.«

Alex öffnete geschäftig eine frische Küchenrolle. Sie ließ ein Blatt auf die Urinpfütze fallen. Was genau bedeutete das für sie, dass Jacks Eltern nach ihm suchten? Jack mit seinen Medikamenten, die Medikamente, die er nahm oder auch nicht nahm. Er sollte definitiv hier nicht sein, im Haus der Familie dieses Mädchens. Zumindest kannte er Alex' vollen Namen nicht. Das war ein Trost. Alex spürte, dass Max sie beobachtete.

Max zuckte mit den Achseln. »Scheint ja, als wär für dich alles klar?«, sagte er. »Mit unserem Freund.«

»Wie bitte?«

»Ach egal.« Max leerte seinen Becher. Er wischte sich den Mund ab. »Bin mir halt nicht so sicher, was er davon hat. Ich meine, ich weiß es, aber eigentlich weiß ich's nicht, oder?« Er lachte ein bisschen.

Am besten gar nicht reagieren. Sie bückte sich, um mit spitzen Fingern die durchnässte Küchenrolle aufzuheben und in die Mülltonne fallen zu lassen. Sie wusch sich gründlich die Hände, gründlicher als nötig.

»Ich find's einfach nicht gut«, sagte er, »wenn ich das Gefühl habe, er wird ausgenutzt.«

Alex wischte sich die nassen Hände an ihrer Shorts ab. »Klar.«

»Ich meine«, sagte Max, »wieso seid ihr hier? Er soll eigentlich Annie in Ruhe lassen, und schon gar nicht in ihr verficktes Haus einbrechen. Wieso kann er nicht einfach mit zu dir?«

Sie war völlig aus dem Konzept – ihr Kopf war leer, es schwebte keine Antwort herauf wie sonst immer. Alex zwang sich, mit den Achseln zu zucken.

»Hast du überhaupt ein Auto? Du weißt, dass er siebzehn ist, oder?« Alex rührte sich nicht. Max zog die Augenbrauen hoch. »Oh, Shit«, murmelte er lächelnd.

Bevor sie reagieren konnte, kam Jack zurück in die Küche.

»Hey«, sagte Jack. Er ging zu ihr, um sie zu berühren. Sie spürte Max' Blick.

»Ich bin müde«, hörte sie sich sagen. Ihre Stimme war schwach. »Ich leg mich mal kurz hin.«

Max betrachtete sie, während sie aufstand, und auch Jack wirkte befangen, seine sämtlichen Gefühle entblößt, und sie wollte das alles nicht sehen.

Max bewegte die Finger in ihre Richtung. »Schlaf schön.«

ES VERGINGEN WEITERE fünfzehn Minuten, bevor Alex Max' Auto in der Auffahrt hörte. Jack tauchte in der Tür des Schlafzimmers auf. Der Raum war dunkel. Der Hund atmete hörbar, lag eingerollt auf dem Teppich.

»Er ist weg«, sagte Jack. »Bist du sauer oder so was?«

Was war das für ein Gefühl? War es ein Sich-dumm-Vorkommen?

Ihre Augen brauchten kurz, bis sie sich an Jacks Gesicht gewöhnt hatten. Sie musste wegschauen: Mit seinen Babyspeckwangen sah er in dem Moment besonders jung aus.

»Bist du sauer?«

»Ich bin« – sie hielt inne. Sie wusste es nicht. Er war siebzehn. Aber lieber nichts wissen, nichts fragen. Je weniger Information, desto leichter würde die Sache laufen. Sie sollte Jack überzeugen, nach Hause zu gehen. Denn egal wie sie die Dinge im Kopf zusammensetzte, hier sollten sie wahrscheinlich nicht bleiben. Definitiv nicht zusammen, und vielleicht könnte sie nicht mal allein bleiben, jetzt, wo Max sie hier gesehen hatte, jetzt, wo Jack bestimmt würde Rechenschaft ablegen müssen für den Tag, den er verschwunden gewesen war. Oder die Tage? Es war schon Samstag, dachte sie, wie war das denn passiert?

»Bitte«, sagte Jack, und seine Worte schwappten ineinander, »sei nicht sauer.«

»Er macht sich Sorgen. Dein Dad.« Sie sprach in entrücktem Tonfall. »Wir sollten nicht hier sein.«

Jack öffnete den Mund, dann schloss er ihn.

»Sorry«, sagte er schließlich. »Ich wusste nicht, dass er so sauer sein würde. Können wir nicht noch eine einzige Nacht bleiben? Er ist ja schon sauer, noch schlimmer kann's eigentlich nicht werden.«

Sie sollte darauf bestehen. Sie war längst in die Sache verwickelt.

Wusste er, was ihr auf der Zunge lag? Er wählte diesen Moment, um ihr Handy aus seiner Tasche zu ziehen. Er hielt es ihr hin, eine Opfergabe. »Ich glaub, es funktioniert wieder«, sagte er.

»Ernsthaft?«

Kein Stottern, kein Zucken, als Alex das Telefon einschaltete: Ihr Hintergrund erschien, hell und klar, als wäre nie etwas gewesen.

»Und, geht's?«, fragte er, aber er sah Alex an, dass es ging, was ihn offensichtlich freute.

Alex wischte sich durchs Handy, überprüfte den Browser. Alles bestens.

»Verdammt«, sagte sie.

»Wusste ich's doch«, sagte er, aber auf eine liebenswürdige Art.

Alex nahm das Telefon in die Hand. Sie versuchte sich die kommende Nacht vorzustellen. Es war einfacher, nicht zu insistieren, einfacher, hierzubleiben – wohin sollte sie auch sonst? Sie würde sich morgen etwas einfallen lassen.

10

ALEX HIELT MIT dem Fahrrad auf demselben Strandparkplatz, umringt von denselben Dünen. Sie lehnte das Fahrrad an den Holzzaun, der Hund war an ihrer Seite. Jack hatte noch geschlafen, als sie aufgebrochen war. Es war noch früh genug, dass der Strand größtenteils leer war, obwohl es ein langes Wochenende war. Ein paar Surfer, die ihre Bretter durch den Sand schleppten, ein alter Mann in Neoprenanzug und Haube, der erbitterte Längen schwamm. Noch kein Rettungsschwimmer an seinem Posten, keine Familien, die mit ihren Strandmuscheln und Eimern Reviere absteckten. Der Hund rannte zum Wasser, dann rannte er zu Alex zurück, sein Fell war nass und eigen. Als sie den Hund unterm Kinn kraulte, schoss seine Zunge hervor, und die knittrigen schwarzen Furchen kamen zum Vorschein.

Das Meer war rau. Die Wellen waren hoch genug, um Alex Angst zu machen. Aber sie war extra hergekommen. Sie wartete, bis eine Reihe vorbei war, dann zwang sie sich, Anlauf zu nehmen. Das Timing war falsch: Als sie auftauchte, krachte eine Welle über ihr zusammen, traf sie mit solcher Wucht, dass sie in den Sand gedrückt wurde. Sie prustete unter Wasser, bis sie sah, wie sich der weiße Schaum über ihr auflöste.

»Alles okay?«

Der Mann im Neoprenanzug dümpelte in der Nähe, die

Haube war nach hinten gezogen, die Nasenlöcher mit einem Stück Plastik zusammengekniffen.

Sie nickte, verschnaufte. Überall war Sand: Sie spürte ihn auf der Kopfhaut, im Unterteil ihres Badeanzugs.

»Die letzte hat dich richtig umgehauen, was?«, sagte er.

Alex lächelte angespannt, nickte. »Alles bestens«, sagte sie, »danke.«

Er hielt inne, als wollte er noch etwas sagen. Irgendeine Warnung aussprechen. Dann zog er sich wieder die Haube über den Kopf und verschwand unter Wasser.

Sie zwang sich, noch eine Weile länger im Wasser zu bleiben, sich für die nächste Welle zu wappnen. Sich darauf zu konditionieren, die Angst auszuhalten. Sich zu verausgaben. Als sie wieder umgeworfen wurde, war es diesmal aufregend, ihr Kopf war klar, die Welt reduziert auf diesen unmittelbaren Augenblick.

Das Wasser war so warm wie den ganzen Sommer noch nicht. Was bedeutete dieser milchige Schimmer auf den Wellen? Sie versuchte sich zu erinnern, ob es ein Anzeichen für etwas war, ein Hinweis auf günstige oder ungünstige Bedingungen. Sie wusste es nicht, ob so oder so. Also spielte es keine Rolle.

Sie strampelte mit den Beinen, um auf der Stelle zu treten.

Sie musste den Jungen loswerden. Das war die Hauptsache. Sie hatte es schon verbockt, hatte zu viel Zeit mit ihm verbracht. Und da waren Dinge, über die sie sich bis morgen Gedanken machen musste. Bestimmte Dinge, für die sie Simon gegenüber eine Erklärung brauchte, Einzelheiten, die sie womöglich würde herunterspielen müssen. Für Dom musste nach wie vor eine Lösung gefunden werden. Sie ließ keine Gedanken darüber zu, ob sie in der Zwischenzeit neue Probleme verursacht hatte. Das Gemälde bei George. Ob diese Sache mit Jack sauber enden würde – wie sie dem Jungen sagen sollte, dass sie gehen würde, dass es mit ihrer zeitweiligen Welt vorbei war. Sie würde sich zu Simon begeben, und Jack würde sich um sich selbst kümmern. Zurückkehren in sein eigenes Zuhause, zu seiner eigenen Familie.

Sie tauchte unter Wasser. Als sie auftauchte, war sie weiter draußen. Ihr Körper bewegte sie fort. Bewegte sie fort wie immer schon. Wasser strömte in ihre Augen, übte Druck aus auf ihre Ohren. Sie wischte sich die Nase ab.

Sie wusste, irgendwann wäre sie erschöpft. Wie weit raus könnte sie kommen, bis das geschah? Eine Meile? Mehr? Sie konnte nicht mal ansatzweise schätzen; in diesem Moment fühlte es sich nicht unmöglich an, dass sie ewig schwimmen könnte, dass sie niemals müde werden würde.

Es war nichts Schreckliches passiert, sagte sie sich, nichts Unüberwindbares – es war nur ein kurzer Traum gewesen, ein Riss im gewöhnlichen Gefüge, und nun war es erklärt, richtiggestellt. Sie hatte weitergemacht, ausgeharrt, weil ein Teil von ihr wusste, dass alles wieder so werden könnte, wie es vorher war, und dass sie bis dahin nur zu überdauern brauchte.

ALS ALEX ENDLICH aus dem Wasser kam und sich ans Ufer begab, sah sie das Blut. Eine Schnittwunde am Knie, die beim Abwischen weiß leuchtete, sich dann sofort wieder mit Blut füllte. Das Rot wirkte zu hell, wie die schlechten Spezialeffekte in dem Film, den sie sich angesehen hatten.

Der Schnitt tat nicht weh, prickelte nur vom Salzwasser. Sie saß da und drückte sich das Handtuch gegen das Knie. Irgendwann hörte das Bluten auf.

Sie aß ein kaltes Stück Pizza, das sie in Alufolie mitgebracht hatte, und dann ein zweites Stück. Das war der Rest gewesen. Essen heute Abend – ihnen würde schon etwas einfallen. Eine Nacht noch, die sie überstehen musste – das war nichts. Ihr Handy ging wieder. Die Party war morgen. Das Ende war in Sicht.

In dieser Verfassung, mit schwirrendem Kopf, fiel Alex erst nach einer Weile auf, dass der Hund weg war. Es schien nicht möglich. Sie stand im Sand, überprüfte den Strand. Ihre Augen hüpften dahin, landeten aber nie auf dem Ding, das sie sehen wollte. Sie ging in die eine Richtung. Dann in die andere. Sie rief nach dem Hund. Sie kletterte auf eine Düne, beschattete die Augen. Sie joggte zurück zu ihrem Handtuch. Rechnete damit, dass der Hund dort auf sie wartete. Der Hund war nicht da.

Die Suche war offenbar zwecklos. Dennoch lief sie in die andere Richtung los, pfiff nach dem Hund. Sie konnte nicht ohne den Hund zu Jack zurückkehren. Die Abwesenheit des Hundes machte ihre dräuende Fahnenflucht schlimmer. Wenn sie Jack einfach den Hund geben könnte, dann könnte sie zu Simon gehen und alles wäre gut. Dieser Austausch hatte etwas Sauberes. Dann würde irgendwie Gerechtigkeit herrschen.

Seemöwen bombardierten einen Mülleimer. Zerstoben dann genauso schnell wieder.

Ein weiterer prüfender Blick den Strand entlang.

Nichts. Der Hund hatte sich in Luft aufgelöst.

Der Hund war weg, wahrhaft verschwunden. Die Traurigkeit kam unverzüglich, stechend – ihre Augen tränten. Aber dann, fast genauso schnell, schien der Umstand des abwesenden Hundes mit einem Mal bloß wie ein Umstand, noch etwas, das sie nicht ändern konnte, für das sie nichts konnte.

»SHIT«, SAGTE JACK, als sie ins Haus kam. »Geht's dir gut?«

Sie brauchte eine Sekunde, um zu verstehen: das Knie.

»Sieht schlimmer aus, als es ist.« Sie ließ die Hand über die Schnittwunde schweben. Pause. »Der Hund ist weggelaufen.«

Jack reagierte nicht. Als würde sie, wenn er wartete, noch etwas anderes sagen.

»Es ist meine Schuld. Ich hab nicht auf ihn aufgepasst.«

»Ich check das nicht«, sagte Jack. »Hast du nach ihm gesucht? Hast du gesucht?«

»Klar«, sagte sie. »Aber ab einem gewissen Punkt war's, ich weiß nicht. Da war nichts zu machen. Ich hab gesucht. Lange. Er ist weg.«

Dass Jack sie zu beschwichtigen versuchte, machte es schlimmer.

»Ich bin sicher, es war nicht deine Schuld«, sagte er.

Aber war es das nicht?

»Wir können morgen suchen«, sagte sie. Wobei sie morgen nicht mehr hier wäre. »Aber ich meine, vielleicht wollte er nach Hause. Oder? Zurück zu seinen richtigen Besitzern.«

Diese Aussicht schien Jack zu trösten.

»Sorry«, sagte er immer wieder. »Sorry.«

»Wieso entschuldigst du dich? Es ist meine Schuld, nicht deine.«

Sie redete zu entschlossen. War es offensichtlich, wie wenig Energie sie noch für ihn übrig hatte? Selbst eine weitere Nacht erschien ihr endlos. Viel zu ungeduldig sah sie dem Beginn ihres neuen Lebens entgegen.

Als er sie in den Arm nehmen wollte, merkte er da, dass sie erstarrte? Er hatte ihre plötzliche Kühle ihm gegenüber nicht verdient – es war nicht seine Schuld.

»Hey, ich hab ne Idee.« Er versuchte aufgeregt zu klingen, versuchte sie zurückzurekrutieren. Den Abstand zwischen ihnen zu schließen. »Hast du Lust, Molly zu nehmen?«

»Jetzt?«

Sein Gesicht hellte sich auf, als er ihr Interesse sah.

»Ich hab welches«, sagte er. Freute sich, dass er etwas anzubieten hatte. »Ich hab's von Max.«

»Willst du's wirklich heute nehmen?«

»Du nicht? Wär doch lustig.«

Sie spürte die Dringlichkeit hinter seinem Lächeln. Panik auf kleiner Flamme. Ein ihr nicht unbekanntes Gefühl, nur dass Alex wusste, wie man es verbarg.

Eine Nacht konnte Alex ihm noch geben. Sie war ihm etwas schuldig. Eine letzte Runde. Jetzt, wo er nicht mal mehr den Hund hatte. Alex würde bis morgen früh warten, um ihm zu sagen, dass sie ging.

Dann würde sie sich zu Simons Party begeben. Alles ging voran.

ALS ES BEGANN, dunkel zu werden, klapperte Jack mit seiner Pillendose in Alex' Richtung.

»Bist du so weit?«

Darin waren ein paar Pillen, die sie nicht erkannte – seine Medikamente? –, und ein kleines, mit Sternen bedrucktes Pergamintütchen. Es war mit einem graubraunen Pulver gefüllt, größere Kristalle, die Jack zerkleinerte, indem er mit dem Boden eines Trinkglases auf die Tüte hämmerte.

»Wir müssen einfach schätzen«, sagte er.

Jack trennte das Pulver in zwei Häufchen: Nie waren Leute fokussierter und professioneller als beim Aufteilen von Drogen, mit einem Mal hyperkorrekt. Er befeuchtete einen Finger und tauchte die Spitze in das Häufchen vor sich, bevor er das Pulver ablutschte. Sie tat dasselbe. Das Pulver war bitter, legte sich über Mund und Kehle. Sie trank Wasser, aber es half nicht dagegen.

»Bäh.« Sie wischte sich mit dem Handrücken über die Zunge.

»Wie lange müssen wir warten?«, fragte Jack.

»Halbe Stunde? Weniger? Keine Ahnung.«

»Lass uns in den Whirlpool gehen.«

»Der ist kalt«, sagte sie. »Die Heizung ist aus.«

»Drehen wir sie halt an.«

SIE LEGTEN SICH ins Bett, während sie auf das Aufheizen des Whirlpools warteten. Alex ließ sich von Jack küssen. Ließ sich auf die rein physische Empfindung ein. Was nicht unangenehm war. Und wen kümmerte es zu diesem Zeitpunkt? Warum Widerstand leisten, warum unnötig aufbauschen? Es war alles fast vorbei.

Jack lag bäuchlings auf dem Bett, Alex betastete die Unebenheiten auf seinem Rücken, die grellroten Pickel, die sich aus seiner Haut schoben.

»Guck da nicht hin«, sagte Jack und wand sich weg.

»Ach komm.«

Er drehte sich um. »Nein, Gott, das ist echt krank.«

»Bitte?«

»Das ist krank.«

»Ich will aber.«

»Warum?«, fragte er.

»Aus Spaß. Lass mich mal.«

Er legte sich zurück aufs Bett. Sie setzte sich rittlings auf seinen Arsch.

Es ging jedenfalls schnell: Alex fand die gespannten Stellen, drückte die Haut, bis sie plötzlich ausbrach. Sie wischte sich die Finger am Bettzeug ab.

»Ich bin eklig.« Jack schob sein Gesicht in die Matratze.

Sie rollte sich auf den Rücken, sodass sie Seite an Seite lagen.

»Oh«, sagte er. Seine Augen schlossen sich fest.

Der Rausch setzte schlagartig ein. Alex' Kiefer verkrampfte sich – sie zwang sich, locker zu lassen. Jack spannte die Hände an, die Zehen auch.

»Ich wünschte, der Hund wäre hier«, sagte er. »Das wär schön, oder?«

Keiner von beiden bewegte sich.

Als sie zur Toilette ging, war ihr Gesicht im Spiegel gerötet. Sie mochte den Anblick ihrer Augen nicht – es war fast keine Farbe übrig, nur reines Schwarz. Als wäre keine Menschlichkeit in ihr.

All das Adrenalin könnte in diese oder jene Richtung ausschlagen, gut oder schlecht. Sie versuchte die Neigung zum Guten zu halten. Erzählte sich die Geschichte: Die Dinge sahen rosiger aus, bald wäre sie bei Simon. Eine einzige Nacht noch, die sie durchstehen musste, das war's. All das käme zum Abschluss.

»Guck mal, was ich gefunden hab«, sagte sie, als sie zurück ins Schlafzimmer kam. Ein Nachthemd hatte an einem Haken im Badezimmer gehangen: altmodisch, weiß mit einer rosa Schleife am Ausschnitt. »Das zieh ich an.«

Sie schlüpfte aus dem Top, um sich das Nachthemd über den Kopf zu ziehen.

»Du siehst hübsch aus.«

»Ist doch nur Spaß.« Sie betrachtete sich im Spiegel auf der Kommode. Da waren sie, ihre Augen wie schwarze Löcher. Sie wich dem Spiegelbild aus.

»Ich bin so rosa«, sagte sie und kam zurück ins Bett. »Mein Gesicht. Ich seh verrückt aus.«

»Du siehst hübsch aus«, sagte Jack und starrte sie an. »Du bist echt hübsch.«

Wärme breitete sich in ihrem Brustkorb aus. Sie sah sich im Zimmer um. Wo war ihr Handy? Hatte sie es im Badezimmer liegenlassen?

»Ich hab ganz schwitzige Hände«, sagte er.

»Macht nichts.« Ihre Hände schwitzten auch. Sie kaute am Innern ihres Mundes.

»Ich fand dich auf den ersten Blick schon hübsch«, sagte Jack fast flüsternd. »Und dann war ich so froh, als du mit mir geredet hast.«

»Das ist schön.« Das sagte sie sich immer wieder, dass alles schön sei. Jacks Augen wirkten feucht.

»Kennst du den Anfang von *Siddhartha*?«, fragte er. »Hast du's mal gelesen? Soll ich's dir vorlesen?«

»Wenn du willst.«

»Okay, bleib einfach hier. Ich hol's schnell. Dauert keine Sekunde. Bist du dann noch hier?« Wusste er, dass das ihre letzte Nacht war? Irgendetwas an seinem drängenden Ton ließ sie denken, er ahne es, ahne, wie sehr sie sich schon entfernt hatte.

IM SCHATTEN DES *Hauses, in der Sonne des Flußufers bei den Booten, im Schatten des Salwaldes, im Schatten des Feigenbaumes.*

Alex schaltete ab, lauschte Jacks Stimme, ohne bewusst jedem Wort zu folgen. Ihre Augen waren geschlossen. Die Momente verschmierten, seine Stimme strömte dahin.

Liebe rührte sich in den Herzen der jungen Brahmanentöchter, wenn Siddhartha durch die Gassen der Stadt ging, mit der leuchtenden Stirn, mit dem Königsauge, mit den schmalen Hüften.

Beruhigend, sich vorlesen zu lassen. Es bot einen soeben ausreichenden Rahmen für ihr Hirn, um sich hineinfallen zu lassen, als würden Jacks Worte ihre eigenen Gedanken überbrücken. Sie konnte sich keine Einzelheiten merken von dem, was er vorlas. Nur das Gefühl einer Vorwärtsbewegung, einer Reise. Ein Mann, der auf der Suche nach etwas war.

Siddhartha hatte begonnen, Unzufriedenheit in sich zu nähren. Er hatte begonnen zu fühlen, daß die Liebe seines Vaters, und die Liebe seiner Mutter, und auch die Liebe seines Freundes, Govindas, nicht immer und für alle Zeit ihn beglücken, ihn stillen, ihn sättigen, ihm genügen werde.

War der Hund im Raum? Alex spürte seine Präsenz. Aber nein, der Hund war verschwunden. Aber wohin? Jack las weiter.

Seine Stimme schlug einen gleichmäßigen Rhythmus an, einen beschwörenden Summton.

Und das Gefäß war nicht voll, der Geist war nicht begnügt, die Seele war nicht ruhig, das Herz nicht gestillt. Die Waschungen waren gut, aber sie waren Wasser, sie wuschen nicht Sünde ab, sie heilten nicht Geistesdurst, sie lösten nicht Herzensangst. Vortrefflich waren die Opfer und die Anrufung der Götter – aber war dies alles? Gaben die Opfer Glück?

Alex konnte nicht sagen, wie lange Jack gelesen hatte, als er schließlich aufhörte. Der Raum schien sich irgendwie verändert zu haben. In der Stille. Als habe er die Atmosphäre verändert.

»Cool, oder?«, fragte Jack.

»Mh.«

»Alex?«

Sie wollte die Augen nicht aufschlagen. Als würde es dieses neue Gleichgewicht stören. Doch ihr war klar, dass sie es tun musste. Als sie es endlich tat, sah sie, dass Jack das Buch weggelegt hatte.

»Ich glaube, das klingt verrückt«, sagte Jack. »Aber ich liebe dich irgendwie. Ist das verrückt?«

»Irgendwie schon. Ja. Ich kenn dich doch erst seit ein paar Tagen.«

»Aber so geht's mir.«

»Weinst du?« Sie streckte die Hand aus, um sein nasses Gesicht zu berühren. »Das nennt man wohl weinen.« Sie wollte einen Spaß machen, aber am Ende klang es doch ernst.

Er schob seinen Kopf gegen ihre Brust. Sie fuhr mit den Händen durch seine Haare, die Kopfhaut war heiß und feucht. Das hatte sie auch für Simon getan, ihm mit den Nägeln die Kopfhaut gekrault.

Simon. Simon hatte sie nicht geliebt. So viel schien klar.

Aber es war der Sache schon nahegekommen. Und das reichte völlig aus.

Es bewegte sich so schnell auf sie zu. Ihr neues Leben. Stürzte auf sie zu.

»Ich fühl mich dir total nahe«, sagte Jack. »Wirklich.«

»Das sind die Drogen«, sagte sie, doch ihre Stimme war schwach – er konnte sie nicht hören, oder tat so als ob.

Sie lehnte sich zurück, sodass sie sein Gesicht nicht sah.

»Wo bist du?«, fragte er. Seine Stimme flackerte im Raum. »Wieso bin ich ganz allein?«

ALEX DACHTE, ES sei Jacks Telefon, beide fuhren hoch beim plötzlichen Klingeln – kurzzeitig ergab es keinen Sinn, wo das Telefon lag, denn das Klingeln kam von unter ihnen, kam aus dem Bettzeug.

Jack tastete umher, bis er das Telefon fand, Jack nahm selbstsicher den Anruf entgegen, wobei sie genau in dem Moment, als er es sich ans Ohr hielt, begriff, dass es ihr Telefon war. Selbst ihre Dringlichkeit fühlte sich entrückt an, in Watte gepackt.

»Hallo«, sagte Jack, halb lachend.

»Hör auf«, sagte sie und griff nach dem Handy. »Gib her.«

Auch sie lachte, doch als sie den Namen auf dem Display sah, war sie plötzlich entsetzlich nüchtern.

Dom. Auf dem Anruf-Timer tickten die Zahlen schon vor sich hin.

14 Sekunden.

19 Sekunden.

Konnte sie einfach auflegen? Sie sollte einfach auflegen.

24 Sekunden.

Aber sie legte nicht auf. Sie versuchte, sich in Position zu bringen. Zwang sich, die Situation in den Fokus zu nehmen. Es war mühsam, sich zu merken, was gerade geschah.

Auflegen, warum nicht?

Aber ein anderer Gedanke drängte sich ans Licht – vielleicht könnte sie ihm, Dom, die Sache einfach erklären, ihm einfach die Wahrheit sagen.

Alex hielt sich das Telefon ans Ohr.

»Hallo?«

Pause. Die sich anhörte, als würde das Universum durchs Telefon pfeifen, dabei waren es nur Störgeräusche.

»Wer ist das?«, sagte Jack gerade. »Wer ist dran?«

Alex stand vom Bett auf, ohne Jack anzusehen, und ging ins Badezimmer. Sie schloss die Tür hinter sich.

»Hi.« Klang ihre Stimme normal? Das Gitternetz der Fliesen unter ihren Füßen wirkte besonders nackt. War er in der Stadt? Oder war er irgendwo hier draußen? Sie wollte nicht nachfragen.

»Tja«, sagte Dom. »Ich hab dich einhundert verfickte Male angerufen.«

»Mein Telefon war kaputt«, sagte sie.

Alex saß auf dem Badewannenrand. Ihr Telefon war kaputt gewesen, sie sagte die Wahrheit. Warum hatte sie das nie zuvor versucht, einfach mal die Wahrheit zu sagen?

»Hör zu«, fuhr Alex fort. »Ich kann dir das Geld nicht zurückgeben.«

Er sagte nichts. Was schlimmer war.

Noch ein Zögern.

»Alex?«

»Ich schaff das nicht. Ich dachte, ich schaff das, und ich hab mir echt Gedanken gemacht, wie das gehen soll. Wie ich's wieder in Ordnung bringe. Aber ich schaff's nicht.« Das auszusprechen war eine Erleichterung.

Schweigen. Sie sprach weiter.

»Ich hätte es dir sagen sollen. Vorher.«

»Alex.«

Warum sagte er immer wieder auf diese Weise ihren Namen?

Die Luft rauschte durch das Telefon.

»Du verarschst mich«, sagte er in gleichmäßigem Ton.

»Es ist weg«, sagte sie. »Alles.«

Und sie wünschte, es wäre nicht wahr, sie wünschte es sich wahrhaftig. Zählte das nicht auch ein bisschen?

»Alex«, sagte Dom erneut. Aber müsste er nicht eigentlich wütender klingen? In seiner Stimme lag etwas beunruhigend Triumphales. Als wäre diese Information nicht neu.

Sie blinzelte. Das Telefon wärmte ihr die Wange.

Die Wahrheit hatte nichts gebracht. Warum hatte sie das gedacht?

»Denkst du, man kommt davon mit so ner Scheiße?«, murmelte Dom. In den Worten schwang ein Lächeln mit. »Ich weiß, dass du bei diesem Typen wohnst. Bei diesem Simon.«

Alex hörte auf zu atmen.

Dom schien ihr Schweigen als Sieg aufzufassen. »Siehst du?«, sagte er. Er war sehr ruhig. »Ich hab's dir gesagt. Dass du diese Sache nicht einfach wegzaubern kannst.«

War er ihr gefolgt? Oder hatte er sich irgendwie in ihr Hirn gebohrt, sich dort eingenistet? Wusste er, was sie dachte, bevor sie es dachte? Nichts erschien völlig unmöglich, nichts jenseits seines Einflussbereiches.

»Scheint ja ein netter Typ zu sein«, sagte Dom. »Scheint so, als wüsste er eher wenig über dich, hab ich recht?«

Sie war still.

»Hab ich recht, Alex?« Es klang, als hätte er großen Spaß. »Hab ich recht, dass ihn das ein oder andere überraschen könnte?«

Eine Lösung. Ihr würde eine Lösung einfallen. Eine Erwiderung. Sie würde etwas Zeit gewinnen. Aber ihr Kopf war leer.

Sie beobachtete das Display. Die Ziffern rasten weiter, Sekunde um Sekunde. Auch Dom hatte nicht aufgelegt.

Sie drückte den roten Knopf, und die Zahlen blieben stehen, ihr Startbildschirm tauchte auf.

Dom war weg, das Portal hatte sich geschlossen.

»WER HAT DENN angerufen?«, fragte Jack. Er drückte Alex' Oberschenkel. »Wer war das?« Es war einfach, seine Hand zu nehmen. Die Frage zu ignorieren.

»Lass uns rausgehen«, sagte Alex. Es fühlte sich dringend an. »Komm.«

»Ich weiß nicht. Ich find's gut hier drin.«

»Lass uns einfach nur die Füße in den Pool hängen.« Sie hielt seine Hand zu fest, lächelte zu breit. »Okay?«

Der Whirlpool war immer noch kalt. Die Heizanlage funktionierte nicht – Stunden waren vergangen, und das Wasser hatte immer noch dieselbe Temperatur. Noch etwas, das kaputt war. Alex saß auf der Terrasse, die Knie angezogen unter dem Nachthemd.

Es gab Dinge, die ließen sich tatsächlich nicht in Ordnung bringen.

Dennoch. Es muss einen Moment geben, wo das alles weggeht, sagte sie sich. Einen Moment, wenn die Angst den gesamten psychischen Treibstoff, der sie am Laufen hält, verbrannt hat, und dann, allein schon aus Erschöpfung, wird es wegfallen müssen.

Aber es würde niemals aufhören. Das wusste sie. Da war ein hohles, fremdes Gefühl in ihren Schläfen. Kein Entkommen. Kein Korrigieren dieses Fehlers. Sie würde niemals entspannen können, niemals wirklich. Sie hatte den Faden verloren.

JACK KAM MIT einer lauwarmen Flasche Cidre wieder nach draußen. Sie nahmen abwechselnd einen Schluck aus der Flasche. Die billigen süßen Bläschen. Sie konnte nicht still sitzen. Die Wirkung der Droge hatte noch nicht nachgelassen, aber sie wusste, dass das bald der Fall sein würde, während die Ränder ihrer Gedanken zerfransten.

All diese Mühe. All diese Mühe für nichts.

Jack streckte die Hand nach ihr aus. Seine Hand schaffte nicht ganz den Kontakt zu ihrer Schulter. »Was ist denn?«

»Der Typ am Telefon.« Ihr Achselzucken erforderte außerordentliche Energie.

»Ist was passiert?«

Sie reagierte nicht. Sie war sich im Klaren darüber, dass ihr Schweigen alle möglichen Sorten von Krisen in Jacks Kopf entfachte. Wobei das ja durchaus berechtigt war.

»Wie heißt dieser Typ?«

»Du kennst ihn nicht. Egal.« Sie fasste nicht bewusst den Entschluss, Jack etwas Wahres zu erzählen. Aber was spielte es noch für eine Rolle? »Ich schulde ihm Geld. Viel Geld.«

Jack setzte sich auf. »Wer ist er?«

»So ein Typ. Er war mal ein Freund. Oder so was ähnliches. Er ist total abgefuckt. Ich weiß gerade nicht weiter.« Sie versuchte, einen verkürzten Lacher auszustoßen. »Ich hab Angst. Und zwar so richtig.« Es war die Wahrheit. Noch eine wahre Sache.

Er runzelte die Stirn.

»Wie viel Geld denn genau?«

DER SAFE SEI im Schrank seines Dads. Die Kombination war der Hochzeitstag seines Dads – von seiner ersten Ehe. Da lag Bargeld drin – wer wusste schon genau, wie viel, aber genug. Jack hatte ein Mal in den Safe geschaut, als sein Dad ihm gezeigt hatte, wo er sich befand. Mit ihm das Ganze ein Mal durchgegangen war. Für Notfälle. Eine Waffe im Safe. Ein Vorrat Antibiotika. Ein paar Goldmünzen, denn das sei die einzige vertrauenswürdige Investition. Wenn die Welt den Bach runterging.

Jack präsentierte diese Information, als wäre es eine absolut sinnvolle Lösung. Als wäre nie etwas offensichtlicher gewesen.

»Ach komm«, sagte Alex. »Hör auf.«

Aber Jack ließ es nicht fallen. Je mehr er redete, desto aufgeregter wurde er, mitgerissen von dem Drama. Vielleicht war dies eine Situation, die er verstehen konnte – Alex brauchte Geld. Jack hatte Geld. Was war daran kompliziert?

Es war lächerlich genug, dass es anfangs wie ein Witz erschien. Ein dummer Plan, die Fantasien eines Teenagers. Jack wollte so tun, als sei er entführt worden, dann von seinem Vater Lösegeld fordern.

»So wie dieser Junge«, sagte er, »mit dem Ohr. Der hat sich selbst entführt.«

»Wie sollte das denn gehen?«

»Ich bin sicher, mir würde was einfallen«, sagte er.

»Das ist verrückt.«

Jack reizte die Chance, seinen Vater dazu zu zwingen, seine Liebe für ihn genau unter Beweis zu stellen. Die stumpfen emotionalen Berechnungen, die angestellt werden müssten. Dann war er kurzzeitig besorgt, der Schuss könne nach hinten losgehen.

»Was ist, wenn er nicht zahlt?«, sagte Jack stirnrunzelnd.

»Nein, er würde zahlen. Es wäre ihm viel zu peinlich, wenn rauskommen würde, dass er nicht zahlen wollte.«

»Ach komm.« Es schien immer noch nicht echt. Ein Spiel, das er spielte. »Und du schnappst dir dann einfach das Geld aus dem Briefkasten, oder was?«

»Genau, weil er würde ja bestimmt die Polizei rufen oder was weiß ich. Werden die Scheine dann nicht sowieso irgendwie zurückverfolgt?«

»Es ist nicht dein Problem«, sagte Alex. »Mir fällt schon irgendwas ein.«

Doch noch während sie das aussprach, hörte sie, wie wenig überzeugend sie klang. Dass ein Teil von ihr noch immer Raum offenließ, damit ein anderer ihr Problem löste.

Und dann schlug er einfach vor, ins Haus zu gehen und das Geld zu nehmen.

Die einfachste Option.

Der Vater würde nicht mal merken, dass etwas fehlte. Warum sollte er überhaupt nachsehen? Und bis dahin würde es keine Rolle mehr spielen.

»Aber das ist verrückt«, sagte Alex. »Ist er nicht zu Hause? Ist deine Stiefmutter nicht da, oder wer auch immer?«

Er zuckte mit den Achseln. »Klar, aber nicht morgen. Es ist Labor Day. Da machen die immer so ne Bootsfahrt. Jedes Jahr. Wir gehen einfach rein. Ich wohn ja schließlich da. Und er schuldet mir was.«

DIE LETZTE NACHT.

Alex war besonders liebevoll zu dem Jungen. Aufmerksam. Sie drückte seine Hand. Sie küsste ihn mit geschlossenen Augen und voller Konzentration. Er sah berauscht aus vor Glück – so empfänglich für jedes Zeichen der Zuneigung.

All die Probleme hatten sich in Luft aufgelöst. All die Sorgen fielen von ihr ab.

Ihr bevorstehender Aufbruch machte es ihr leicht, lieb zu sein. Ihm immer wieder über die Haare zu streicheln. Wenn er ›Ich liebe dich‹ sagte, ›Ich liebe dich auch‹ zu erwidern und sich noch fester von ihm umarmen zu lassen. Und auf gewisse Art liebte sie ihn ja wirklich – er hatte alles gelöst.

Sie würde ihre Schulden bei Dom begleichen.

Sie würde zu Simon zurückkehren.

Alle Fehler würden korrigiert werden.

Schon jetzt nahm Alex im Geiste Abschied. Abschied von dem Jungen. Abschied von dem Bett. Abschied von dem kleinen Haus.

Jack redete davon, was er ihr in der Stadt alles zeigen wollte. Redete von einer gemeinsamen Zukunft. Sie ließ ihn reden. Ließ ihn sich in einen Wahn lullen, bis die Worte ineinander verschwammen. Seine Augen blitzten in der Dunkelheit. Sie könnten sich zusammen eine Wohnung suchen, sagte er. Irgendeinen Weg finden, um das alles auf die Reihe zu kriegen.

»Klar«, sagte sie immer wieder. »Ja. Das klingt gut.« Sie kraulte mit ihren Fingern über seine Kopfhaut. So wie Simon es mochte. Jack gab ein lustvolles Stöhnen von sich.

Er seufzte, als sie aufstand. »Geh nicht.«

»Ich hol mir nur einen Pullover.«

Als sie den fliederfarbenen Pullover aus ihrer Tasche zog und auseinanderrollte, fiel das kleine Tier aus Onyx heraus.

»Scheiße.«

»Ich hab's.« Jack hängte sich über den Rand des Bettes, um darunter den Boden abzutasten. Er setzte sich auf und spreizte die Finger, um das Tier in seiner Handfläche zu enthüllen. »Das gefällt mir«, sagte er. Er hielt es ihr hin. Das Gewicht des kleinen Tieres überraschte sie. Der Stein fühlte sich kühl an, aufgeladen. Bevor sie zu lange darüber nachdenken konnte, reichte sie es ihm zurück.

»Behalt's«, sagte sie. »Es gehört dir.«

»Echt?«

Sie spürte einen Stich, als sie sah, wie sich seine Hand um den Gegenstand schloss. Doch dann, wie alle Gefühle, ging es vorbei.

»Ich liebe dich«, sagte er. Berauscht von seiner eigenen Andächtigkeit. Er glaubte wahrscheinlich, das Leben würde sich immer so anfühlen. So gesteigert, so lebendig. Ein Dauerzustand emotionaler Trunkenheit.

Alex erwiderte es.

Ich.

Liebe.

Dich.

Mit Überzeugung, sie sagte es mit Überzeugung. Wobei sie das vertraute Pulsieren eines finsteren Blickes in ihrem Gesicht spürte. Jack ließ einen Finger auf der Furche zwischen ihren Brauen ruhen.

»Du runzelst immer die Stirn«, sagte er. »Sogar wenn du schläfst.«

»Ja«, sagte sie und stieß seinen Finger weg. Sie rieb die Stelle, als ließe sich die Falte ausradieren.

Er schlief vor ihr ein. Ins Kissen gequetscht, den Mund geöffnet. Sie konnte seinen Atem riechen. Seine Lippen waren spröde. Er sah aus wie der Teenager, der er war.

Er würde ihr fehlen, sagte sie sich. Im Endeffekt war er ein lieber Junge. Oder? Und es war besser so. Für sie beide.

11

LABOR DAY. ENDLICH.

Schlimme, angstvolle Träume, eine Blase des Grauens in ihrer Brust, als Alex erwachte. Doch sie konnte sich kaum an das erinnern, was sie geträumt hatte, nur an ein unterschwelliges Drängen, das Wissen, dass es eine Aufgabe gab, an der sie scheiterte, an der sie immer scheitern würde. Nach dem Aufstehen war das Gefühl verschwunden. Nicht mal mehr eine Erinnerung.

Der Morgen war verhangen, die Büsche draußen schienen voller Feuchtigkeit, ein frostiger Atem stieg von den Fenstern auf. Zerrissene Wolken. Würde es am Abend der Party regnen? Simons Rasen nass und sumpfig und die Gäste zusammengekauert unter einem feuchten, tröpfelnden Zelt. Sie hatte sich einen perfekten Tag ausgemalt, ein Wiedersehen unter blauem Himmel. Aber wahrscheinlich würde der Regen vorbeiziehen, bis die Party anfing. Simon bekam meist die Dinge, die er wollte.

Jack war nicht im Bett. So war es einfacher – sie hatte etwas Zeit für sich. Jeder Gedanke, der in ihrem Hirn auftauchte, war psychotisch glattpoliert. Sie spielte im Kopf die nächsten Schritte durch, und dann noch mal.

Einen Umweg zu Jack nach Hause. Jack würde das Geld holen. Sie würde sich mit Dom treffen, dieses Problem aus der Welt schaffen. Dann würde sie auf die Party gehen.

Dom hatte zugestimmt, sie am Bahnhof zu treffen. Ein öffentlicher Ort, ein Ort, der halbwegs beruhigend war. Sie hätte das Geld dabei.

Keine Spielchen, hatte Dom geschrieben. Und einen Screenshot von Simons Firmenwebsite geschickt.

Alex stand sehr lange vor dem Badezimmerspiegel. Putzte sich so kräftig die Zähne, dass ihr Gaumen blutete, schrubbte sich mit der Zahnbürste die Zunge. Sie wollte sauber sein, makellos. Sie kämmte sich die Haare, zog sich zweimal den Scheitel neu, sodass eine weiße Linie aus Kopfhaut zum Vorschein kam. Zog sich minutiös mit Eyeliner einen Lidstrich. Diese Arbeit fühlte sich befrachtet an, bedeutsam. Es war wie Meditation, der Beweis ihrer Frömmigkeit, ihrer guten Absichten.

Ihre letzten drei Pillen.

Sie schluckte sie, eine nach der anderen, mit einer Handvoll Wasser aus dem Hahn. Beim Anblick der leeren Pillendose zog sich alles in ihr zusammen. Sie legte das Gefühl zu den Akten. Denn bald wäre sie wieder bei Simon. Heute. In wenigen Stunden. Schluss mit Grabbeln, Schluss mit Wühlen.

Alex bewegte sich langsam. Sammelte ihre Sachen ein. Faltete ihre Kleidung mit Sorgfalt zusammen, bevor sie sie in die Tasche packte. Bereitete ihren Abgang vor. Sie würde ihr bestes Benehmen an den Tag legen. Sie würde nie wieder Mist bauen, das stand fest. Sie würde dankbar sein für das, was sie hatte.

Jack hatte ihr zugestimmt, dass es sinnvoll wäre, wenn sie sich trennten, wenn er anschließend nach Hause ginge, als sei alles normal. Sie hatte so getan, als würde sie ihn in ein paar Tagen wiedertreffen. Und was würde Jack tun, wenn das nicht geschah? Wenn ihm aufging, dass sie verschwunden war? Jack würde schon damit klarkommen. Er würde zurückkehren in sein eigenes Zuhause, zu seinen liebenden Eltern. Oder halbwegs guten Eltern. Er kannte ihren vollen Namen nicht. Was könnte er ihr schon antun, wie sollte er sie überhaupt wiederfinden?

Bald wäre sie wieder bei Simon. Dom würde aufhören zu existieren. All das wäre lustig im Nachhinein. Sie würde es als amüsante Unterbrechung der natürlichen Ordnung betrachten, als einen Ausflug in die Wildnis, der immer nur genau das gewesen war: ein Umweg, etwas Vorübergehendes.

ALS ALEX DIE Stufen herunterkam, lag Jack in seinen glänzenden Basketballshorts und seinem weiten T-Shirt ausgestreckt auf der Couch. Seine Stirn schillerte vor Schweiß. Als er sich umdrehte und sie ansah, wirkte er besorgt – was erfasste er in ihrem Gesicht?

Sie hatte das Gesicht verzogen. Sie rang sich ein Lächeln ab.

»Du hast es verpasst«, sagte er. »Es hat geregnet.« Er blickte flüchtig aus dem Fenster. »Aber es klart auf«, fuhr er fort. »Meinst du nicht?«

»Bestimmt.«

Er sah sie erneut an. Ein schiefes Lächeln. »In ungefähr einer Stunde brechen sie auf zu dem Boot.«

Das Warten machte sie kribbelig. Sie schminkte sich die Augen neu. Trank immer wieder ein halbes Glas Wasser und vergaß dann, wo sie es abgestellt hatte.

Die Vorbereitungen für Simons Party würden bald auf

Hochtouren laufen. Die Caterer würden rückwärts ihre Trucks an Simons Diensteingang heranfahren. In gestärkten weißen Hemden und dunklen Hosen auftauchen, Heizplatten und lange Klapptische aufstellen. Verlängerungskabel im Gras, Schirme blühend im Garten.

Was trieb Lori in diesem Moment? Durch die Gegend rennen, den Laden schmeißen, versuchen, den Hund von den Barkeepern fernzuhalten.

Und Simon? Schon schwieriger, sich auszumalen, was er gerade machte. Sie gab sich der Vorstellung hin, er sei im Pool, durchschneide das Wasser. Bahnenschwimmen entspannte ihn immer.

Sie kackte eine ängstliche kleine Wurst im Badezimmer oben. Legte sich Ohrringe an, die Ohrringe, die Simon ihr geschenkt hatte. Sie zitterten in ihren Ohrläppchen.

Es war Jacks Idee gewesen, oder nicht? Sie hatte ihn nicht darum gebeten, hatte ihn zu nichts gezwungen. Er wollte es tun. Und was, wenn es schiefging? Würde sie Rechenschaft ablegen müssen, Dinge erklären? Der wichtigste Punkt, den es klarzumachen galt, war, dass der Junge es angeboten hatte. Und wirklich, der springende Punkt schien zu sein, dass für eine Weile, jene kurze Abfolge von Tagen, alles gut gewesen war. Oder nicht? Der Junge schlief lange. Der Junge war glücklich, und sie schwammen im Meer und kamen mit Salz in den Haaren zurück. Sie hatten beide etwas davon gehabt. Ein fairer Tausch letztendlich.

SIE STIEGEN SCHWEIGEND ins Auto. Jack stellte die Spiegel ein. Er holte tief und flatterig Luft. »Bist du bereit?«

»Nur, wenn du dir sicher bist«, sagte Alex. Als wäre es ihr egal, als könnte er es sich tatsächlich noch mal anders überlegen.

Er fuhr mit untypischer Konzentration – spielte nicht an seinem Telefon herum, plapperte nicht drauflos, machte keine Musik an.

Alles war okay, sagte sich Alex. Als käme etwas in Schwung, in das sie sich sinken lassen könnte. Und es regnete nicht. Nur ein feiner Dunst in der Luft, und die Sonne brach schon durch die Wolken.

Die Zeichen waren alle gut.

Vielleicht trafen schon die ersten Gäste bei Simon ein. Die älteren Paare und Eltern mit Kindern, die Ausländer, die pünktlich zur Startzeit kamen. Es gäbe Essen in silbernen Rechauds und rülpsende Saucen auf Heizplatten und sautierte, kurz aufflammende Scampi. Schwitzende Flaschen in Eiskübeln.

Besser erst auftauchen, wenn die Sache schon in vollem Gange war. Wenn die Party ihre eigene Logik hätte, ihre eigene unvermeidliche Entwicklung. Das Dom-Problem wäre gegessen. Sie schaute durchs Fenster, driftete ab in eine angenehme Trance, während die grüne Welt vorbeiflirrte – hier war sie, fast wieder in ihrem Besitz

AN EINER AMPEL küsste Jack sie mit drängender Zuwendung, Alex spürte seine Lippen, seine Zunge. Er starrte ihr mit Intensität in die Augen. Mit verstörender Intensität. Ein Fremder, dachte sie bei sich, diese Person ist ein Fremder. Doch bevor der Gedanke sie allzu sehr stören konnte, sprang die Ampel auf Grün. Dennoch starrte Jack ihr weiter in die Augen. Das Auto hinter ihnen hupte, dann schwenkte es plötzlich um sie herum, bevor es davonbrauste.

Alex drückte ihm das Knie. »Danke.«

Liebte sie ihn in diesem Moment? Ja, so ähnlich.

WAS ALS NÄCHSTES geschah:

Jack schlüpfte in das große weiße Haus seiner Eltern, tauchte auf lässige, beiläufige Art mit dem Geld wieder auf, als habe er auf ein Glas Milch vorbeigeschaut.

Alex gab Dom das Geld. Er wurde aus ihrem Leben gelöscht.

Alex ging auf die Party.

Simon freute sich, sie zu sehen. Simon pflügte durch das Gras, um sie zu begrüßen, nahm ihre Hände in seine. Er küsste sie.

Alles war gut.

ODER SO HÄTTE es Alex sich gewünscht. Sie sah alles schon vor sich, jedes Einzelbild rückte klickend heran, sodass es sich schon real anfühlte – natürlich hatte sie all ihre Probleme gelöst. Natürlich hatte sich alles gefügt.

Was tatsächlich geschah: Jack räusperte sich. Er nahm eine Straße, durch die sie schon gekommen waren.

Wusste sie schon Bescheid?

Verriet ihn sein Tonfall?

»Hör zu«, sagte er.

Zwischen ihnen öffnete sich die Stille – da begriff sie.

»Es gibt keinen Safe«, sagte der Junge. Er sah weiter auf die Straße. »Ich weiß nicht, warum ich das gesagt hab.«

Alex schwieg.

Also war es vorbei. Also würde sie nicht gerettet werden.

Ha. Ha ha.

Er warf ihr einen hastigen Blick zu. Seine Wangen waren rot. »Tut mir leid, okay? Tut mir leid.«

Gut. Gut. Ein Anfall von Wut, der kurz darauf wieder verging. Ihre Gedanken rasten. Eine manische Dringlichkeit begann sie zu übermannen, eine Ausgelassenheit, die kurz vor der Panik kippelte. Es war noch nicht alles verloren. Das konnte nicht sein. Sie konnte noch immer etwas tun. Sie würde etwas tun. Aber was? Sie konnte Dom unmöglich treffen. Aber sie konnte auf die Party gehen. Sie würde auf die Party gehen, und sie und Simon würden sich versöhnen. Und dann würde sie alles erklären. Alles darlegen. Und er würde ihr helfen. Es würde immer noch gut ausgehen.

Alex zwang sich, eine ausdruckslose Miene zu machen.

»Kannst du mich absetzen?«, fragte sie.

Ein Flackern in Jacks Gesicht, ein Runterschalten. »Dich absetzen? Wo denn?«

»Bei einem Freund.«

»Welcher Freund?« Seine Stimme war gereizt. Er hatte mit irgendeiner Reaktion gerechnet, sicherlich, aber nicht mit dieser.

»Ein Freund. Aber wir können bald wieder zusammen abhängen.« Die Lüge war offensichtlich. Ihre Worte waren schlaff, ihre Darstellung halbherzig. Sie hätte beruhigender sein müssen. Sie sollte so tun, als kümmerte sie seine Lüge nicht, als kümmerte sie das Geld nicht. Sie sollte eine Zukunftsvision zusammenspinnen, um ihn zu besänftigen, ein Spiel, das sie beherrschte. Aber nein. Sie brachte nicht die nötige Energie auf, um diese Situation zu beschönigen.

»Jetzt?«, fragte er.

»Kannst du mich einfach an der Kreuzung absetzen«, sagte sie, »vor der Ortseinfahrt? Da, wo der Markt ist?«

»Aber, ich meine, jetzt sofort? Genau in dieser Sekunde?«

Jack sah ängstlich und jung aus. Es war quälend, wie jung er war. Ein Baby, ein Kind. Er flehte sie wortlos um Führung an. Er griff nach ihrer Hand.

Sie zwang sich, nicht zurückzuzucken, aber er merkte es trotzdem.

»Komm, Alex, ich hab gesagt, es tut mir leid. Ich war halt drauf. Es hörte sich wahr an, als ich's gesagt habe. Ich bin blöd. Tut mir leid.«

»Schon gut«, sagte sie. »Wirklich. Lass uns später reden, okay?«

»Ich will dir ja helfen. Uns fällt schon noch was ein. Ich liebe dich«, sagte er, und war das nicht Warnhinweis genug, wie schnell ihm das über die Lippen kam, während seine Gefühle verzweifelt nach einem Landungsplatz suchten?

»Du bist ein lieber Junge, okay?«

»Fuck«, flüsterte er, »fuck«, und er drehte sich mit rauem, wildem Gesicht zu Alex. »Kannst du vielleicht mal warten? Wieso musst du ausgerechnet jetzt gehen?«

Es war abrupt und erschreckend, wie er in sich zusammenfiel.

»Es tut mir leid«, sagte Jack, seine Schultern bebten, und er wischte sich mit dem Unterarm die Nase. »Okay, es tut mir total leid. Geh nicht, bitte. Bitte.«

Sie sollte ihn trösten. Aber sie war erstarrt.

»Mir geht's nicht gut.« Seine Stimme war näselnd. »Mir geht's echt nicht gut gerade, verstehst du?«

»Tut mir leid.« Sie hatte wirklich ein schlechtes Gewissen, hatte wirklich Mitleid, aber alles, was sie sagte, klang nüchtern und matt und blutleer.

»Alex«, sagte er. »Bitte. Komm schon.« Jack weinte nach wie vor. Unglaublich, diese Flut von Tränen. Wieso eigentlich überraschte sie das? Er war ein Kind.

Er änderte die Taktik. »Wo willst du hin? Sag's mir. Okay? Du musst es mir sagen.«

Ihr Kopf hämmerte: Sie stählte sich bereits für die folgende ermüdende Logistik. Sie sprach sehr klar und langsam. »Du musst jetzt nach Hause«, sagte sie. »Lass mich einfach am Strand raus, okay?«

Es war gut, dass er weiterfuhr, dass sie Abstand schufen zwischen sich und dem Haus, aber sie kannte diese Straße nicht, die Häuser wurden spärlicher, die Dünen struppiger und waldiger, das Auto nahm Fahrt auf.

»Wir müssen reden«, sagte Jack, die Hände weißgeknöchelt am Lenkrad. »Du kannst nicht einfach gehen, das ist nicht fair.«

Alex klammerte sich fester an ihre Tasche auf dem Schoß.

Es gab etwas, das sie sagen konnte, irgendeinen Weg, ihn von dieser Sache abzubringen – sie war schon immer gut darin gewesen, mit Enttäuschung umzugehen –, sie musste nur einen Moment nachdenken, und wie sollte sie nachdenken, während er so weinte?

»Rede doch mit mir«, sagte Jack. »Bitte. Ich liebe dich.«

Sein Gesicht war gequält, aufgewühlt von reinem Unglück. Er schluchzte und wischte sich die Augen. Sagte immer und immer wieder ihren Namen.

»Jack.« Sie versuchte mit ruhiger Stimme zu sprechen. Ihre Stimme war kratzig, als hätte sie geschrien: Hatte sie geschrien?

»Es tut mir leid«, sagte Jack mit bebenden Schultern. »Okay, es tut mir total leid. Geh nicht, bitte. Bitte.« Seine Worte waren gedrängt. »Ich weiß nicht, was ich sonst mache. Vielleicht mach ich was Schlimmes. Wenn du gehst.«

Sagte er die Wahrheit?

»Hast du mich gehört? Ist dir das scheißegal?«

Der Junge würde nicht wirklich etwas machen, sagte sich Alex. Es würde ihm gut gehen.

»Jack.« Was sollte sie bloß als Nächstes sagen? Sie wusste es nicht.

Sie achtete auf das Gesicht des Jungen, nicht die Straße, und sie sah, wie der Junge erschrak, seine Miene sich verkrampfte, und dann sah auch sie es.

Ein Reh auf der Straße. Staksend, die weichen Lauscher alarmiert aufgestellt. Mitten im Weg. Warum bewegte das Tier sich nicht, dachte Alex, warum hatte es keine Angst?

Die Bäume rauschten auf die Windschutzscheibe zu.

Dann, ein gewaltiges Geräusch.

ALEX KONNTE SICH kurzzeitig nicht bewegen. Kurios, war ihr erster Gedanke, kurios. Der Junge. Der Junge tauchte auf in ihrem Hirn. Das Prickeln ging von ihrer Wirbelsäule aus.

Hatte sie ins Lenkrad gegriffen? Nein. Der Junge war ausgeschert, oder? Wie jeder es getan hätte.

Beweg dich, dachte sie, und ihre Augen rollten in ihrem Schädel herum. Beweg dich.

Jack hustete. Er zwinkerte auf seltsam schläfrige Art mit den Augen. Sein Kopf drehte sich langsam zu ihr.

»Gott«, sagte er. Seine Stimme war weggetreten, wacklig. »Alles okay?«

»Ja. Bei dir?«

»Haben wir's angefahren?«

Alex' Tür klemmte, dann ging sie auf. Es dauerte einen Moment, bis ihr klar wurde, dass das Fenster nicht heruntergelassen war: Das Glas lag verstreut auf der Straße. Sie stand da, neben dem Auto, drückte die Knie durch.

Der Junge war ebenfalls ausgestiegen. Stand an der Fahrertür. Er sah okay aus.

»Du siehst okay aus«, sagte sie.

Sie hatten das Reh nicht angefahren. Aber sie hatten die Leitplanke getroffen. Die Stoßstange war Schrott, aber nicht die Motorhaube. Kein Glas mehr in den Fenstern auf ihrer Seite. Die Windschutzscheibe war intakt.

»Fuck«, sagte er leise. »Fuck. Mein Dad wird so krass sauer sein.«

Er sah zum Auto, sah zu Boden. Er drückte sich eine Faust gegen die Stirn. »Fuck«, sagte er wieder, diesmal ruhiger. »Sollen wir jemanden anrufen?«

Er wartete darauf, dass Alex etwas sagte. Wartete darauf, dass sie die Antwort hätte.

Dabei hatte sie genau dasselbe gedacht: Wie lange, bis sich jemand anders um das Ganze hier kümmert?

Alex hatte die Luft angehalten – sie merkte es erst, als ihr schwindlig zu werden begann.

»Ja«, sagte sie. »Ja. Lass uns jemanden anrufen. Ich mach's.« Das Handy war in ihrer Tasche, die irgendwie nach hinten gewandert war. Als sie es fand, wirkte das Display scharf, ungewöhnlich scharf, Wörter und Nachrichten schwebten dort unglaublich detailliert. Dom hatte geschrieben, Dom hatte angerufen. Wo sie sei, wollte Dom wissen. Er warte. Sie ignorierte alles.

Sie wählte die Nummer.

Sie sagte, es habe einen Unfall gegeben. Einen kleinen Unfall.

Sie sagte, der Fahrer sei unverletzt. Im Moment könne sie sich nicht an seinen Namen erinnern.

Sie sagte, sie wisse nicht, wo sie seien.

Ein Straßenname, sagte der Mann am Telefon, sehen Sie sich um, aber es gab nur Bäume.

»Wo sind wir?«, fragte sie Jack.

»Detrick Road. Sag Detrick Road, vom Highway ab.«

Sind Sie verletzt, sagte der Mann.

War sie's? Sie antwortete nicht.

»Danke«, sagte sie und beendete den Anruf.

ALEX SOLLTE BEI dem Jungen bleiben, dort mit ihm am Straßenrand warten, bis jemand kam. Das war es, was sie tun sollte. Aber was würde es nützen? Ob sie blieb oder nicht blieb? Es änderte nichts an dem, was bereits geschehen war. Es könnte alles nur schlimmer machen. Für sie. Vielleicht für sie beide.

»Ich geh nur mal gucken, ob hier ein Haus ist oder so was«, sagte sie, ohne ihm direkt in die Augen zu sehen. »Ich komm zurück und hol dich, okay?«

Mach's gut, sagte sie im Geiste.

»Soll ich mitkommen?«

Sie zuckte mit den Achseln.

»Bleib du hier.«

Wusste der Junge, dass sie log? Bestimmt war ihm aufgefallen, dass Alex ihre Tasche mitgenommen hatte. Aber er lächelte trotzdem. Vielleicht war auch er gut darin, so zu tun als ob – diese Möglichkeit hatte sie nie in Betracht gezogen.

ZU SIMON. DAS war alles, was Alex tun musste.

Nicht anhalten, einfach weitergehen, obwohl sie spüren konnte, dass etwas nicht stimmte, ihr Nacken war verkrampft, ihr Gang irgendwie schief. Aber es ging ihr gut, solange sie den Blick nach vorn richtete, solange sie nicht stehen blieb oder langsamer wurde.

Alex sah Dinge, ohne sie richtig wahrzunehmen: die Radler, die mit blitzenden roten Warnleuchten in einer Reihe vorbeifuhren, die Gabelung, wo der Highway sich teilte.

Alles war gut.

Alles war bestens.

Wunderbar, sogar.

Guck, die Hortensien. Die weißen Blumen mit dem leisesten Hauch von Gelb. Die glänzenden Blätter mit den gezackten Rändern, wie kleine Tierzähne. Guck, die Häuser, graugeschuppt mit Schindeln, eine Flagge über der Tür, die sich aufbläht in der Brise und dann wieder erschlafft.

Alex bog in die erste Straße ein, die sie sah. Sie kam vorbei an noch mehr Häusern mit Zäunen und Toren, Autos in den Auffahrten, und der Anblick dieser Dinge beruhigte sie, sie bewiesen die fortdauernde Existenz anderer Leben. Ein Hund in der Ferne begann unregelmäßig zu bellen.

Sie konnte das Meer riechen. Kamen ihr die Straßen

nicht bekannt vor? Diese Weide, dieser hölzerne Zaun. Waren sie und Simon nicht mal durch diese Straßen gefahren? Alles wirkte scharf konturiert und schien ein wenig in ihrem Blickfeld zu schweben.

Ihre Hände zitterten. Sie hatte Sorge, verrückt zu werden. Gleichzeitig wusste sie, dass sie niemals wirklich verrückt werden würde.

Ihr Handy klingelte. Jack war dran. Sie ignorierte den Anruf.

Eine Nachricht von Jack:

Wann kommst du zurück?

Ihr linkes Auge schien zu pochen. Sie wollte es kratzen. Aber sie sagte sich, dass sie sich den Schmerz nur einbildete. Sie wollte es unbedingt glauben. Und das Gefühl ging wieder weg.

Sie musste es nur zur Party schaffen. Das war alles, was noch zu tun war. Nach all der Mühe. Das würde sie doch hinkriegen.

ALEX LIEF WEITER, bis sie auf einen Strandparkplatz traf. Die Strandluft war unbestimmt, dunstig. Ein Rettungsschwimmer war auf dem Turm, das Kinn in die Hand gesackt. Sein Gesicht war versteckt im Schatten seiner Mütze. Ein paar Familien saßen im Sand, und ein älteres Paar in weißen Kleidern schlenderte die Brandungslinie entlang. Die Frau warf Alex einen Blick zu, als sie vorbeigingen: Es sah aus, als habe die Frau geweint. Wurde die Miene des Mannes finster, als er Alex sah?

War alles gerade dabei, wiederaufzuerstehen, aus den vermeintlichen Verstecken zu kommen?

Nein, sagte sie zu sich. Alles war bestens.

Sie sah auf ihrem Handy nach dem Weg. Es war noch ziemlich weit bis zu Simons Haus. Aber egal. All diese Energie, die sie durchströmte. Sie könnte ewig weiterlaufen.

Alles neigte sich dem Ende zu. Dieses Chaos. Alles würde wieder werden, wie es war.

Sie zog sich in der Strandtoilette um. Ein kupferfarbenes Partykleid mit Spaghettiträgern: Noch ein Kleid, das Simon ihr gekauft hatte. Sie zog ihre Unterwäsche aus, damit sich nichts abzeichnete. Der Stoff des Kleides war knittrig. Seide war ungnädig in der Hinsicht. Sie sagte sich, es würde nicht auffallen.

Der Spiegel in der Toilette war aus unebenem Metall, nicht aus Glas. Also konnte sie ihr Spiegelbild nicht wirklich sehen. Alex machte ein Handyfoto von sich. Sie betrachtete das Bild. Sie sah gut aus. Ihr Auge war nicht rosa, sagte sie sich. Sie bildete es sich nur ein. Sie blinzelte kräftig.

Noch ein Pling:

Wo bist du?
Kommst du zurück?
Alex?
Alex?

Mit Jack würde alles bestens sein. Bestimmt. Bestimmt schüttete er schon Wasser in sich hinein und überlegte, wie er das Auto seines Vaters abschleppen lassen könnte, und bald wäre er wieder zu Hause. Gesund und munter.

Vielleicht würden alle mit heiler Haut aus dieser Sache hervorgehen.

Und Simon?

Sie sah ihn vor sich. Simon, wie er dastand auf seiner Party, in seinem frischen weißen Hemd. Simons Gesicht, das sich zu einem Lächeln verziehen würde, wenn er Alex kommen sähe. Er würde seine Hand heben und winken, Simon, und er würde ihr bedeuten, zu ihm zu kommen.

Selbst seine Gestalt würde beruhigend sein. Es war die Gestalt ihres Lebens.

Sie musste es nur irgendwie dorthin schaffen.

Das war alles.

Ganz einfach. Nur ein strammer Spaziergang.

Sie war ein Glückskind. Oder nicht?

Wieder rief Jack an.

Sie ignorierte ihn.

Weitere Nachrichten von Jack:

Alex.

Ich mach vielleicht was Schlimmes.

Kein Scherz.

Sie konnte den Jungen vergessen. Sie konnte Dom vergessen, der am Bahnhof auf sie wartete. Mit ein bisschen Mühe, konnte sie das alles vergessen.

Aber vielleicht konnten manche Dinge niemals gelöscht werden. Vielleicht färbten sie den Kern der Erfahrung ein, und selbst wenn man die Oberfläche freischabte, hatte sich darunter schon Fäule entwickelt.

Der Kratzer auf dem Gemälde, das Jucken in ihrem Auge.

Falls das stimmte – falls das alles gezählt hatte.

Aber vielleicht hatte es das ja nicht.

Wieder klingelte das Telefon. Dom, diesmal.

DER NÄCHSTE TEIL war einfach:

Alex starrte das Telefon an. Das Telefon, das nach wie vor klingelte.

Alex schaltete das Telefon aus.

Alex ließ das Telefon kurzerhand in den Abfalleimer der Toilette fallen.

DIE LUFT WAR schwer, als Alex Simons Haus erreichte. Doch der Himmel war blau, der morgendliche Regen nur eine Erinnerung. Er hatte seinen perfekten Tag bekommen. Sie hatte es immer gewusst. Sie freute sich für ihn.

So viele Autos parkten entlang der kiesbedeckten Auffahrt. So viele Gäste waren schon da. Es war so weit.

Alex begab sich zum Eingang des umzäunten Grundstücks. Ihr Körper trug sie dahin mit der Fluidität eines Traums.

Erwartete sie Widerstand? Es gab keinen. Die große hölzerne Tür stand weit offen. Als liefe alles zusammen, um Alex' Ankunft zu ermöglichen. Sie voranzutreiben. Schon hatte sie den Marsch hierher vergessen: Hätte nicht sagen können, wie lange er gedauert hatte, welche Straßen sie passiert hatte. Der Tisch war reingemacht worden.

HIER WAR SIE. Die Welt. Genau wie sie sie verlassen hatte.

Alex trat über die Schwelle.

Sofort wurde ihr ein Glas Rosé gereicht.

Niemand auf der Party kam ihr bekannt vor. Niemand von diesen fremden Menschen, die sich in Form von schwatzhaften Nebeln im Garten versammelt hatten, die zusammenkamen, auseinandergingen. Aber wieso hätte sie diese Leute kennen sollen? Simon hatte alle möglichen Freunde. Natürlich hatte sie nicht alle kennengelernt. Noch nicht.

Alex lief quer über den Rasen. Eine Gruppe Frauen schien ihr Gespräch zu unterbrechen, als sie vorbeiging. Sie bildete es sich bestimmt nur ein. Sie prostete ihnen zu.

Ein Schluck Wein. Ihre Hand am Stiel war schweißnass.

Sie sah sich um nach einem Fluss von Geplauder aus Richtung der Terrasse, ein jähes, röhrendes Lachen, das besonders laut klang – war die Musik verstummt, war überhaupt Musik gelaufen?

Alex stand da. Lächelte unverwandt weiter. Das Gras war nass, sie spürte, wie ihre Sandalen feucht wurden. Die Rosen waren in der letzten Woche explodiert – war das möglich, dass sie alle gleichzeitig blühten, so spät im Sommer? So viele weiche luftige Farben, die an der Fassade hochkletterten. Es war ein wunderschönes Haus. Wärme breitete sich in ihr aus. Ein ausgedehntes, großzügiges Gefühl, und als Simons Hund auf sie zugesprungen kam, freute sie sich, ihn zu sehen. Als Alex ihm ihre Finger hinhielt, schnupperte der Hund daran. Dann machte er eine komische schlottrige Kehrtwende und galoppierte zurück, von wo er gekommen war. Abrupt, er war so abrupt gegangen. Aber egal. Denn da war Lori, die auf altbekannte Weise umherwuselte. Lori, die den Laden zusammenhielt. Alex empfand ein wenig Zuneigung für Lori. Für das alles hier.

Sie winkte Lori zu. Lori kräuselte unmerklich die Nase. Alex winkte erneut und ging hinüber zu Lori.

»Hi.«

Was hatte Alex erwartet? Irgendeine Reaktion. Und sei es eine negative. Doch Lori nahm sie kaum wahr. Ihr Gesicht war eine Maske.

»Schön, dass du's geschafft hast«, sagte Lori. Ziemlich steif. Vielleicht war sie einfach nur überrascht, Alex zu sehen. Oder besorgt, Alex könnte eine Szene machen. Aber sie brauchte sich nicht zu sorgen. Alex würde sich diesmal benehmen. Sie würde keinerlei Umstände machen.

Alex lächelte breiter.

»Der Rasen«, sagte Alex. »Sieht toll aus. Ihr habt die Löcher gestopft.«

»Bitte?«

»Das Gras«, sagte sie. »Sieht schön aus.«

Ein Schweigen trat ein. Lori lächelte verkrampft zurück. Alex blinzelte. Der Schweiß begann an ihrem Haaransatz zu prickeln.

»Nun.« Lori wischte sich die Hände an ihrer Hose ab. »Also, du entschuldigst mich.«

Dann verschwand Lori. Ließ Alex einfach stehen.

Ach, na ja. Kein Problem. Nichts konnte sie aus der Ruhe bringen. Nicht jetzt.

Alex stellte sich in eine Essensschlange. Rindermedaillons mariniert in Essig und Blut, eine silberne Schale Brechbohnen und lila Zwiebeln, ein Pastasalat, den sie nicht anrührte. Ein Stück Lachs, der zu durch aussah, verschmorte Zitronenspalten klebten auf der Haut. Der Typ, der zuständig war für die gefächerten Schweinelendchen unter dem mörderisch roten Leuchten einer Wärmelampe.

Alex nahm einen Teller Wassermelone mit Minze. Sie aß mit den Fingern – die nassen rosa Würfel waren weich, zergingen auf ihrer Zunge. All diese Süße in der Welt. Sie setzte den Teller für einen Moment ab, um sich eine Serviette zu holen. Als sie zurückkam, war der Teller weg.

Alex strich sich die Haare aus den Augen. Sie musterte die Szenerie. Die Oberfläche des Pools war ein bisschen aufgeraut in der Brise, das Wasser schießpulvertrüb. War da nicht vorher ein Rand gewesen? Um das Wasser herum? War das nicht gefährlich, ein Pool, der so abrupt in die Erde abfiel? Wäre es nicht leicht, hineinzufallen?

Alex musste ins Haus, ihre Tasche ablegen. Lieber unbelastet sein, wenn sie endlich Simon sah.

»Entschuldigung«, sagte Alex und versuchte sich an einem Mann vorbeizuquetschen. Er rührte sich nicht, war ins Gespräch vertieft mit einem Paar. »Entschuldigung«, sagte sie erneut. Er warf ihr einen Blick zu, dann drehte er sich weg. Zeigte die breite Schwarte seines Rückens im blauen Hemd. Warum kam ihr das Paar, mit dem er redete, so bekannt vor? Die dünne Frau, der kleine, unglücklich wirkende Mann?

George – der Name blubberte in ihrem Gehirn hoch. George und seine dünne Frau und das von ihr ruinierte Bild.

Wusste George von dem ruinierten Bild?

Nein, sagte sie sich, nein.

Und vielleicht war das gar nicht George.

Konnte man nicht genau sagen.

Wahrscheinlich nicht. Natürlich nicht.

Alles war bestens. Sie lächelte weiter.

Sie zwang sich, den Blick von dem Paar abzuwenden, zwang sich, in Bewegung zu bleiben. Der Körper mit seiner eigenen Dynamik. Trug sie vorwärts.

Simon war hier, sicherlich. Sie musste ihn nur finden.

Er war nicht in der Nähe der Bar. War nicht auf dem Rasen, war nicht in der Nähe des Essens.

Es machte ihr keine Sorgen. Es gab keine Eile. Es lief ja alles hervorragend.

ES WAR RUHIG im Haus. Vertraut. Der Eingang war so, wie Alex ihn verlassen hatte. Der Spiegel, der sich von der Wand aus über ihr auftürmte, die Vase mit Blumen aus dem Schnittgarten. Sie wich ihrem Spiegelbild aus. Die Kälte des Betonbodens durchdrang ihre Sandalen, während sie den Flur hinunterging. Da war die Küche. Sah aus, wie sie immer ausgesehen hatte. Sie öffnete eine Schranktür – da waren sie, die blassgrünen Gläser schön aufgereiht, genau wie sie es in Erinnerung hatte.

»Kann ich Ihnen helfen?«, fragte ein Kellner. Sein Ton war unfreundlich. »Wenn Sie ein Getränk brauchen, bring ich es Ihnen gern nach draußen.«

Hatte er vor, so lange dort stehen zu bleiben, bis sie ging? Es schien so. Sie lächelte verkniffen. Den Mann traf keine Schuld. Er wusste nicht, dass sie hierhergehörte. Das Kleid klebte an ihrer feuchten Haut. War die Seide dunkel von Schweiß? Nur ein bisschen. Ihr Auge brannte: Sie ignorierte es. Sie verspürte den Drang, auf ihr Handy zu schauen, doch ihre Hände waren leer. Sie hatte das Telefon weggeworfen. Das Telefon war nicht mehr da.

Falls Jack gerade anrief, wusste sie nichts davon. Falls

Dom gerade anrief, wusste sie nichts davon. Also war es doch so, als riefen sie gar nicht an.

ALEX SPAZIERTE DURCH die anderen Sphären der Party. Durchquerte anderer Leute Gespräche – der kleinste Schwall fremden Geplauders, fremden Lebens fiel auf sie wie Licht aus einer sich öffnenden Tür. Seltsam, den kahlen Garten plötzlich bevölkert zu sehen. So viele Menschen mit offenen, mahlenden Mündern und Gläsern in der Hand, ihre privaten Alkoholmonde. Der Mond würde bald wanken: Dieser Umstand kam ihr ungebeten in den Sinn, fiel wieder weg. Da war ein Mann mit Mehrstärkengläsern, bei dem man unmöglich abschätzen konnte, wohin er schaute, wobei sein Blick direkt auf Alex gerichtet zu sein schien. Sah er ein bisschen so aus wie Dom? Kam ihr auch die Frau, die sich eine dünne Strickjacke über die hageren Schultern zog, bekannt vor, irgendeine aufkeimende Erinnerung, die sich dann wieder verflüchtigte?

Ein Kind sauste vorbei, verfehlte Alex um ein Haar, und kaum hatte sie sich davon erholt, rannte ein zweites Kind vorbei, jagte das erste, und dieses Kind knallte gegen ihre Hüfte. Alex taumelte ein bisschen. Aber sie fiel nicht hin – sie fiel nicht hin. Sie lächelte, für den Fall, dass sie beobachtet wurde. Sie schluckte mühsam. Der Wein legte sich unangenehm auf ihre Kehle.

Alex blinzelte. Die Sonne wie eine Natriumflamme.

Und dann sah sie ihn.

Simon.

Alex hatte irgendwie gewusst, dass es passieren würde, bevor es passierte. Simon zu sehen. Alles begann sich unvermeidlich anzufühlen. Fortbewegt durch irgendeine höhere Macht.

Simon.

Er stand auf der hölzernen Terrasse draußen vor der Küche. Plauderte mit einem Paar, das an dem schmiedeeisernen Tisch saß. Waren es George und seine Frau? Sie drückte die Frage weg, bevor sie sie beantwortete. Und es spielte keine Rolle – denn hier war er nun.

Simon.

Er hatte einen Fuß auf einem Stuhl und beugte sich leicht nach vorn, stützte sich auf sein Knie. Er gestikulierte mit seinem Glas. Etwas an der trägen Art und Weise, wie sich seine Hand bewegte, fühlte sich sehr intim an, als schickte er ihr eine Botschaft. Als kritzelte er ein Zeichen in die Luft.

Vielleicht dachten sie beide dasselbe, sie und er. Synchrone Gedanken. Vielleicht spürte auch er es. Wie die Sekunden vorbeiwirbelten. Wie nah das Ende war.

Wie unschuldig ihre vergangenen Fehler wirkten. Die Welt war plötzlich wohlwollend, absorbierte unverzüglich ihre Verfehlungen und zeigte, wie gut eigentlich alles war, absolut bestens.

Hier, er war hier. Simon, endlich. Er sah aus, wie er immer ausgesehen hatte. Als hätte sich nichts verändert. Als wäre die letzte Woche gelöscht worden.

Nur ein Rasen lag zwischen ihnen.

Irgendeine Störung, ein Stottern, ein Murmeln vonseiten des Paars, und Simon drehte sich zu ihr um.

Simon.

Die Brise peitschte sein Hemd. Sein Körper war auf ihren Körper gerichtet.

Sie lächelte erneut. Alles hatte sich zum Guten gewendet. Sie spürte, wie sie hinaus ins Universum lächelte, wie die Sonne scharf vom Wasser des Pools zurückgeworfen wurde, entlang ihres Blickfelds tanzte.

Aber das jetzt war völlig falsch – warum machte Simon dieses Gesicht? Warum schien sein Blick auf etwas jenseits von ihr gerichtet?

War es möglich, dass Simon sie nicht erkannte?

Alex hob die Hand und winkte. Winkte ganz schwach.

Sie hörte ihren Atem in den Ohren, den Herzschlag, der immer wiederkam, Schlag um Schlag.

Würde er zu ihr kommen?

Simon rührte sich nicht.

Okay. Ihr Lächeln wurde breiter.

Okay. Simon hatte auf sie gewartet. Sie würde zu ihm gehen. Er wartete auf Alex, und sie brauchte nicht mehr zu tun, als hinüberzugehen.

Jetzt, sagte sie zu sich, rief ihre Glieder auf, sich in Gang zu setzen. Sie rührte sich nicht.

Jetzt.